지도사를 위한

독서디베이트 가이드 북

전민자 박정화 현정희 박성숙 안정애 최수정 지음

책머리에

이 책은 독서디베이트 지도사들이 학생들과 독서디베이트 수업을 실제로 진행할 때 참고할 수 있도록 만든 안내서입니다. 6명의 저자들이 독서디베이트 지도사로 학생들과 함께 수업했던 경험을 바탕으로, 지도사들에게 실질적인 도움을 줄 목적으로 제작하였습니다.

이 책의 특징은 지도사들이 독서디베이트 수업에 바로 활용할 수 있는 36권의 책과 그 책에서 생각해 볼 수 있는 논제와 논점 그리고 학생들과 함께 토의할 활동지가 담겨 있다는 것입니다. 초급용 12권, 중급용 14권, 고급용 10권의 책을 담았는데, 학년에 관계없이 독서 디베이트를 접하는 학생들의 수준에 맞춰 수업을 진행할 수 있도록 하였습니다.

지도사들이 바로 수업에 활용하도록 하기 위한 실용적 용도에 집중하였기 때문에 독서디베이트의 이론은 간단히 소개하였고, 독서디베이트를 지도할 때 겪게 되는 문제 상황이나 어려움들을 우리의 수업 경험을 바탕으로 정리하여 Q & A에 모아 보았습니다.

무엇보다 이 책에서 우리가 가장 공을 들인 부분은 초급, 중급, 고급에서 각각 두 권씩 총 여섯 권의 책을 선택하여 독서디베이트의 전 과정 즉, 입론부터 최종변론까지 독서디베이트 형식과 순서, 그리고 시간에 따라 실전 디베이트한 것을 전부 기록한 것입니다. 흔히 '완판'이라 부르는 이 작업을 위해 디베이트 전 과정을 녹취하여 옮겨 쓰고 다듬는 데 많은 시간과 노력이 투입되었습니다. 그러나 총 여섯 권이나 되는 책의 독서디베이트 완판을 싣는 작업은 최초의 시도이고, 그러한 시도에 우리가 도전한다는 것에 많은 의미와 보람을 느꼈습니다. 이 작업을 통해 우리 또한 한 단계 성장하고 발전할 수 있었던 것도 사실입니다.

이 책을 함께 쓴 우리는 신촌 한겨레교육문화센터에서 진행하는 디베이트코치 양성과정을 통해 배출된 지도사 동창생들입니다. 디베이트코치 양성과정에서 디베이트 이론과 방법을 배웠지만 학생들에게 디베이트를 실제로 가르치는 것은 쉬운 일이 아니었습니다. 그래서 우리는 연구모임을 조직해서 학생들이 디베이트 수업을 즐겁게, 잘 할 수 있는 방법들을 고심하고 연구하고 자료들을 서로 나누었습니다.

처음에는 시사 논제로 연구모임을 진행했는데, 디베이트를 책에 적용하여 학생들이 책을 읽고 독서디베이트를 한다면 책을 보다 넓고 깊게 이해하고 분석할 수 있을 것이라 판단했습니다. 독서디베이트에 적합한 책을 선정하고, 디베이트 논제와 논점을 찾고, 다양한 생각들을 이끌어 낼 수 있는 발문을 고민하고 연구하였습니다.

매달 2~3번씩 만나서 각자가 연구해 온 것을 발표하고, 수정·보완해야 할 부분에 대해 토론하면서 몇 번의 여름이 지나고 우리들의 결과물도 누적되었습니다. 그리고 우리가 한겨레교육문화센터나 도서관, 또는 여러 학교의 방과후 수업이나 특별활동으로 독서디베이트 프로그램을 지도한 경험들도 점점 쌓여갔지요. 이렇게 모아진 독서디베이트 수업 및 연구 경험과 활동지, 논제와 논점의 예시 등을 정리하여 이 책을 세상에 내놓게 되었습니다.

우리가 처음에 겪었듯이, 처음 독서디베이트 수업을 시작하는 지도사들도 무척 불안하고 막막함을 느낄 것이라 생각합니다. 이 책이 그런 불안과 막막함을 해결하는 데 조금이라도 도움이 되고, 우리가 제안한 이 예시들을 통해 많은 지도사들이 실질적으로 도움받기를 바랍니다.

이 책을 만들기 위해 밤새 토론하고 고민하며 마음과 시간을 맞추던 많은 시간들이 기억납니다. 여럿이 함께 작업하는 과정에서 즐거울 때도, 힘든 시간도 있었습니다. 그러나 우리는 믿습니다. '빨리 가려면 혼자 가라. 멀리 가려면 함께 가라.'라는 말처럼, 느려 보이지만 '함께' 할 때 더 많은 것들을 이뤄낼 수 있다는 것을…….

2016년 1월 저자 일동

차례

1부 독서디베이트 : 이론

1. 독서디베이트의 이해

1) 디베이트란 무엇인가?

디베이트(debate)는 영어사전에 '의회, 집회 등에서의 토론, 토의'라고 설명되어 있으며, 두 사람 이상이 모여서 어떤 문제를 해결하기 위하여, 상대방과 의견을 나누는 것을 토의 또는 토론이라고 한다. 일반적으로 토의(discussion)는 어떤 문제의 합의점을 도출하기 위하여, 자유로운 분위기 속에서 다양한 의견을 주고받는 집단적 대화 형태를 가리키는 반면, 토론(debate)은 어떤 문제에 대해 논쟁점을 중심으로 찬성이나 반대 등 대립적인 주장을 주고받는 논쟁의 형식을 의미한다. 그러나 통상 혼용하여 사용하는 경우가 많다.

디베이트(debate)는 토론과 영어 표기가 동일하다. 'debate'나 'discussion'을 한국어로 번역하면 토론 또는 토의이지만 토의나 토론이 지나치게 광범위한 의미로 혼용되고 있는 실정이다. 토론이나 커뮤니케이션을 지도하는 많은 이들은 토론과 디베이트를 구분하기 위하여 형식이 분명한 토론은 발음 그대로 한국어로 표기하여 '디베이트'로 부르고 있다.

한편, 디베이트를 논쟁적 토론으로 표현하기도 한다. 논쟁적 토론으로써 디베이트는 '논쟁적, 형식적, 과정적' 사고를 중시한다. 디베이트에서는 찬성과 반대의 입장이 분명하게 나뉘고, '승패의 이분법'이라는 경쟁적인 성격도 지닌다. 이런 경쟁적인 성격 때문에, 소모적인 말싸움이나 감정싸움으로 치달을 수 있는데, 이를 방지하기 위해서 엄격한 절차와 형식을 강조한다. 제한된 시간과 순서 내에서 양측에 동일한 발언 기회를 제공하기 때문에, 그러한 형식과 절차 속에서 상대측의 논리에 대해 반박하고, 자신들의 관점을 옹호함으로써 승리하는 것을 목표로 삼는다. 때문에 디베이트는 과정과 절차를 중시하는 일종의 '언어 게임'이자 '절차적 대화 방식'으로 간주된다.[1]

디베이트는 심판이 참가자들의 논쟁 과정을 판정하기 때문에 일종의 토론시합이라고도 한다. 즉 참가자들이 찬성과 반대의 양팀으로 나뉘어, 찬성과 반대의 쟁점이 분명한 논제에 대해, 절차와 규칙을 지키면서 각자의 논리를 주장하는 과정에 대해 심판이 어느 팀이 승리했는지 판정하기 때문이다. 디베이트는 각각의 입장을 찬성과 반대 중 하나를 정해서 시작하는데, 처음의 입장을 끝까지 고수하면서 심판이나 청중을 설득해야 한다. 이렇게 찬반의 입장을 정해서 진행하는 디베이트는 입론, 반론, 교차질의, 최종변론 등의 형식을 따르도록 되어 있다. 또한 발언시간이나 발언 순서 등에도 규칙이 있으며, 그 결과에 대해서 점수를 내거나 판정을 내리는 게임적 요소를 적용하는 것이다.

2) 독서디베이트란 무엇인가?

독서디베이트는 독서와 디베이트 활동을 함께 수행함으로써 독서의 효과와 디베이트의 효과를 극대화하고자 고안한 독서 지도 방법이자 디베이트 지도 방법이다. 독서와 디베이트는 '어떤 대상을 매개로 상호작용한다'는 점이 유사하다 하겠다. 독서가 저자와 독자 사이의 상호 작용이라면, 디베이트는 글이나 정보에서 얻은 지식을 바탕으로 다른 사람과 상호작용하는 활동이라고 할 수 있다.

독서디베이트는 독서한 내용을 바탕으로 디베이트하는 활동이므로 독서에 대한 이해가 깊으면 디베이트의 효과가 높다고 할 수 있다. 독서는 문자나 문장 등을 읽는 단순한 개념에서부터 저자의 사상과 감정의 의미를 해득하는 복잡한 개념에 이르기까지 그 폭이 넓을 뿐만 아니라 목적도 다양하다.

기본적으로 독서는 세 가지 기초 조건이라고 할 수 있는 읽을 자료, 독자의 지식, 생리적 · 지적 활동인 독서력의 상호 작용에 의하여, 인쇄된 필자의 사상과 감정을 독자의 마음속에 깊이 재구성하는 과정이라 할 수 있다.[2] 따라서 독서란 독자의 기존 지식을 활용하여 글을 분석, 종합, 추론, 판단하는 주체적인 사고과정을 거쳐서 책의 내용과 표현, 구조, 가치 등을 판단하고 평가하는 적극적이고 능동적인 행위라 할 수 있다.[3] 이러한 행위의 독서 효과를 높이기 위해서 다양한 방법이 활용되고 있는데, 독서디베이트는 디베이트를 활용하여 독서의 효과를 극대화하고, 동시에 디베이트의 효과를 높이고자 한다.

독서디베이트는 책을 철저하게 이해하고 분석하면서 독서한 내용을 근거로 하여 토론하되, 주제를 내포하는 논제를 중심으로 찬성과 반대의 입장으로 나누어 일정한 형식에 따라 토론하는 것이다. 토론은 정해진 발언 시간과 순서, 역할 등 엄격한 규칙에 따라서, 두 팀이 각자 자신의 주장을 입증하고 상대의 논리적 타당성을 검토하면서 진행된다. 즉 독서디베이트는 독서의 효과를 극대화하기 위하여 디베이트 방식으로 독후활동을 하도록 설계되었으며, 책을 읽고, 읽은 책의 내용을 토대로 찬성과 반대로 나누어지는 논제를 추출해서, 토론 시간과 순서, 역할 등의 정해진 형식을 엄격하게 지키면서 토론하는 방식이다.[4]

2. 독서디베이트의 형식[5]

디베이트는 형식이 매우 중요하므로, 발언 순서와 시간, 단계별 역할, 교차조사와 교차질의 등 각각의 단계를 어떻게 운영할 것인지 규칙을 정해야 한다. 특히 독서디베이트는 디베이트를 통해서 독서의 효과를 극대화하기 위한 방식이다. 그러므로, 독자가 글을 읽을 때, 자신이 이해한 의미를 다른 사람과 상호 작용하여 나누는 과정에서 의미를 재해석하고 재구성하는 과정을 돕고, 독자들의 상호 작용을 자연스럽게 이끌어낼 수 있는 체계적인 절차로 구성되어야 한다.

이러한 특성을 고려하여 입론, 교차질의, 반론, 전원교차질의, 최종변론 그리고 작전시간으로 독서디베이트를 구성하였다. 순서는 아래의 형식으로 이루어진다. 진행은 토론 참여자를 양팀으로 나누고, 양팀의 대표가 가위바위보를 하여 이긴 팀이 찬성과 반대 중 하나를 고르거나, 발언순서를 선택한다. 예를 들면 이긴 팀이 찬성을 선택하였다면, 진 팀에서는 발언순서를 선택할 수 있다.

특히 독서디베이트에서는 찬성팀과 반대팀 중 어느팀에서나 먼저 입론을 할 수 있기 때문에 양팀이 독자적으로 입론을 구축할 수 있고, 사전에 준비할 수 있다. 이러한 특성은 처음 디베이트를 시작하는 초보자들의 부담을 덜어주는 방식이라 할 수 있다. 그리고 입론을 먼저 시작한 팀이 반론과 최종변론도 먼저 하게 된다.

이 책에서 제시하는 독서디베이트 형식과 단계별 특징은 다음과 같다.

<table>
<tr><th colspan="3">독서 디베이트 형식(3:3)</th></tr>
<tr><th>찬성팀</th><th>시간</th><th>반대팀</th></tr>
<tr><td>입론</td><td>3분</td><td>입론</td></tr>
<tr><td colspan="3">교차질의 3분</td></tr>
<tr><td colspan="3">작전시간 2분</td></tr>
<tr><td>반론</td><td>3분</td><td>반론</td></tr>
<tr><td colspan="3">전원교차질의 5분</td></tr>
<tr><td colspan="3">작전시간 2분</td></tr>
<tr><td>최종변론</td><td>3분</td><td>최종변론</td></tr>
<tr><td colspan="3">총 30분</td></tr>
</table>

1) 입론

입론은 서론과 본론, 결론으로 구성한다. 서론에서는 책의 줄거리를 간략하게 소개하고, 논제에 포함된 용어의 개념을 정의하며, 팀의 입장을 밝힌다. 이 때 찬성이나 반대의 입장을 반영하여 줄거리를 요약하면, 앞으로 전개될 디베이트의 흐름을 좀 더 유리하게 이끄는 기반이 될 것이다. 한편 지나치게 주관적으로 해석해서 상대편에게 반박의 여지를 준다면 오히려 불리해질 수 있음을 유념해야 한다. 그리고 두 번째 입론자는 앞서 발언한 입론의 용어 정의를 수용할 경우에는 용어 정의를 생략해도 되지만, 다른 의미로 해석하려면 팀의 입장과 앞으로 전개될 논점을 고려하여 용어정의를 새롭게 해야 한다.

본론에서는 자기팀의 입장을 지지하는 논점을 구축하되, 3~4가지로 정리하는 것이 가장 효과적이다. 여러 가지 주장을 나열한다고 해서 디베이트를 유리하게 이끌어가는 것은 아니다. 논점을 3~4가지로 정리해서 말하는 것이 발언자도 명확하게 정리된 상태에서 발언할 수 있고, 심판이나 청중의 입장에서 알아듣기가 용이하다. 논점을 세우면, 각 논점을 지지하는 근거를 책에서 인용하여 제시하고, 관련 사례나 전문가의 논문, 통계, 설문조사, 신문 기사 등을 활용하여 논리의 타당성을 강화하도록 한다.

결론에서는 주장하고자 하는 바를 종합해서 간단하게 한두 문장으로 요약하여 자기팀의 입장을 분명하게 강조한다. 모든 형식의 디베이트와 마찬가지로 독서디베이트에서도 입론에서 제시하는 논점을 중심으로 디베이트를 하게 되므로 입론은 디베이트의 기본이 된다. 특히 독서디베이트에서는 디베이트 시작하기 전에 찬성과 반대의 입론을 독자적으로 준비할 수 있으므로, 내용을 보다 충실히 준비할 수 있다.

2) 교차질의

찬성과 반대팀의 입론이 끝나면, 양 팀의 입론자는 단상에서 교차질의를 실행한다. 먼저 발언한 입론자가 질문을 시작하면 다음부터는 서로 자유롭게 질문과 답변을 주고받는다. 질문은 각 팀 입론에서 제시한 근거 자료나 출처의 신빙성, 주장의 사실 여부나 논거의 타당성에 대해 이루어진다. 질문은 '예, 아니오'로 답변하도록 유도하는 닫힌 질문이 좋으며, 교차질의는 질문의 권한이 양측 모두에게 있기 때문에, 답변이 끝나면 즉시 질문할 수 있는 자세가 필요하다.

또한 교차질의를 잘 하려면, 우선 의문을 가지는 태도가 필요하다. 토론자는 상대방의 발언에 대해 의문을 가져야 하고, 그 의문을 해결하기 위해서는 분석적 듣기와 비판적 사고력이 필요하다. 분석적 듣기를 잘 하려면, 상대팀이 발언하는 내용 가운데 핵심 내용을 받아 적는 것은 물론, 질문할 내용이나 반박할 내용이 떠오르면 즉시 메모해야한다. 또한 3분이라는 시간 내에 상대팀 논거의 허점을 지적하는 질문을 던지거나, 반대로 상대팀의 질문 공세에 막힘없이 답변할 수 있는 논리적 순발력이 요구된다.

3) 작전시간

일반적으로 작전시간은 각 팀에서 디베이트 도중에 다음 발언을 준비하기 위해 심판의 허락을 받아서 사용한다. 그러나 독서디베이트에서는 교차질의 또는 전원교차질의의 다음 단계에 작전시간이 고정되어 있다. 이것은 독서디베이트를 대회용보다는 교육용으로 활용할 목적이기 때문에, 이 시간을 이용하여 다음 발언을 준비하는 시간을 확보하고, 내용을 충실히 준비하도록 하기 위해서이다. 작전시간은 2분에 지나지 않지만 팀원들은 서로 협력해서 이 시간을 최대로 활용하여 다음 단계를 준비해야 한다. 또한 독서디베이트는 3명이 한 팀으로 구성되는데, 비록 각자의 역할은 다르지만 팀 전체 논조의 일관성을 유지해야하므로, 작전시간을 활용해서 의사소통 능력을 키우고, 의견을 조정하는 훈련을 하게 된다.

4) 반론

반론은 상대방이 입론에서 제시한 논점에 대해 1:1로 대응하여 반박해야 한다. 즉 상대방이 3가지 논점을 제시하였다면 3가지 논점에 대해 반박하는 것이 원칙이다. 반론자는 상대방의 첫 번째 입론과 교차질의의 내용을 분석해서, 상대편 논점의 타당성이나 논제와의 관련성을 검토하고, 논리적 오류는 없는지, 근거 자료는 신빙성이 있는지 살펴봐야 한다. 이처럼 반론의 과정은 상대방의 주장에 대해 다양한 관점에서 따져봐야 한다. 또한 상대가 제시한 문제를 해결하기 위해 상대가 던지는 주장의 요점을 파악하고, 왜 그런 주장을 했는지 이유를 찾아서 논증을 재구성한다.

독서디베이트의 반론에서는 책의 내용을 이해함은 물론, 자신의 배경 지식으로부터 도출된 판단 기준을 통해 글을 재해석하고, 새로운 문제 해결 방안을 창조해내는 창조적 해석이 필요하다. 이러한 재해석을 근거로 상대 논리를 반박해야 하고, 교차질의에서 제기된 자기 팀에 대한 공격에 대해 효과적으로 방어해야 한다. 또한 입론에서 제시하지 못한 새로운 주장이 있다면, 이 단계에서 밝혀야 한다. 심판과 청중들은 반론을 들으면서 논쟁점이 무엇인지 알 수 있게 된다.

5) 전원교차질의

입론을 시작한 팀에서 질문을 시작하면 다음부터는 서로 자유롭게 질문과 답변을 주고받는다. 앞서의 교차질의가 양측 입론자 2명이 질의응답을 주고받는 과정이라면, 전원교차질의는 양측 토론자 6명이 모두 참여하여 질문하고 답변한다. 진행 방법은 교차질의와 동일하나, 이 단계에서 양 팀은 서로 수용할 부분과 공격할 부분을 찾아서 대치되는 논쟁점을 부각하기 위해 노력해야 한다. 또한 다음 순서인 최종변론을 의식해서, 상대팀의 허점을 드러내고 심판에게 자기팀의 날카로움을 보여주도록 한다.

6) 최종변론

최종변론은 요약, 재반론, 마무리발언으로 구성한다. 먼저 자기팀의 논점을 개념화하여 요약하게 되는데, 본 독서디베이트에서 자기팀의 강점이 되는 논점을 강조하여 요약한다. 이어서 상대팀의 반론 내용을 간략하게 요약한 후, 반박이 약한 논점을 중심으로 재반박을 한다. 특히 자기 팀에게 유리한 핵심적인 논점을 강조하여 앞서의 반론에서 미약했던 부분을 보충한다. 또한 반박의 쟁점을 분명하게 드러내야 하고, 공격의 초점을 심판이나 청중의 기억에 각인해야 하므로, 상대방이 제시한 논점 중에서 가장 약한 논점을 집중공략하여 상대편의 허약함을 효과적으로 드러내야한다.

이어서 디베이트를 마무리 짓는다. 마무리발언은 감성적으로 접근하는 것이 효과적이다. 즉 속담이나 격언, 신문기사, 또는 자신이 직접 경험한 사례를 들어 청중과 심판의 감성에 호소하는 설득화법이 효과가 높다 하겠다. 이러한 설득화법으로 심판이나 청중으로 하여금 나의 주장을 믿고 받아들이게 하는 것이다. 또한 나의 주장을 상대방으로 하여금 받아들이게 하려면, 자기 팀이 주장하고자 하는 핵심에 집중하여, 그 쟁점에서 우리 팀이

명확한 우위에 있음을 부각한다.

또한 심판이나 청중을 설득하려면, 먼저 설득하고자 하는 측에서 열정을 지녀야 한다. 듣는 사람의 생각은 복잡하다. 그런 복잡한 사람의 마음을 움직이려면 나의 지식과 정보, 감정과 경험을 총체적으로 제시하는 것이 좋다. 따라서 책에 대한 비판적 독해와 관련 지식을 바탕으로 한 계획과 전략이 필요하다.

3. 독서디베이트의 교육적 효과

일반적인 독서 지도 방법으로 활용되는 독서 토론은 책을 읽은 소감을 말하거나, 서로의 의견을 얘기한 후 입장이 다르면 각자의 입장을 설명하거나, 상대방에게 질문하면서 의견을 나누는 활동이다. 이러한 독서 토론은 엄격한 절차에 의해 진행되기 보다는 자유로운 형식으로 진행되므로, 누구나 쉽게 부담 없이 참여하여 생각을 나눌 수 있고, 보다 편안한 분위기에서 자기 생각을 말할 수 있는 장점이 있다. 반면, 적극적으로 자기 의견을 밝히는 참가자에게 발표의 기회가 집중되는 반면, 소극적인 참가자에게는 발표의 기회가 적을 수 있다. 그리고 주장이 강한 발언자의 의견이 마치 전체의 의견인 것처럼 결론지어 질 수 있다.

그러나 독서디베이트는 정해진 규칙 즉 발언 시간과 순서, 그리고 역할에 따라 참가자 모두가 공평하게 발언하게 된다. 즉, 참가자 모두에게 공평한 기회와 역할이 주어지므로 각자가 주체적으로 책임감을 가지고 디베이트에 참여하게 된다. 또한 찬성과 반대로 나뉘어 일정한 절차에 의해 공평한 발언 기회를 부여하므로 감정적인 소모를 줄이고, 논쟁점에 대해 논리적으로 대립하게 된다. 그 밖에도 독서디베이트를 통해서 다음과 같은 효과를 얻을 수 있다.

1) 비판적 독서 능력을 기른다.

독서디베이트를 하려면, 토론자는 책의 배경과 내용을 이해하는 것은 물론 구석구석 철저하게 분석하고 비판하면서 읽어야 한다. 그러기 위해서는 먼저 등장인물의 특성을 파악하고, 서로간의 갈등관계는 무엇인지, 갈등을 해결하기 위한 방법은 무엇인지 생각하여야 한다. 그리고 나열되는 사건의 기승전결을 살펴보고, 사건과 사건은 어떤 인과 관계로 구성되는지를 파악해야 한다. 또한 가장 갈등이 큰 사건은 무엇이며, 그 갈등은 전체 내용에서 어떤 위치를 차지하는지 구체적으로 검토하면서 읽어야 한다. 자신의 지식과 경험을 활용하여 갈등의 원인과 양면성에 대해 생각하고, 갈등의 해결점에 대해 다각적으로 분석하면서 읽어야 한다. 따라서 이러한 독서 과정을 통해서 비판적 독서 능력을 기르게 된다.

2) 비판적 사고력이 향상된다.

독서디베이트는 책의 주제를 내포하면서 찬반의 논쟁점을 형성하는 논제를 중심으로 이루어진다. 따라서 토론자는 읽은 내용에서 자신의 입장을 대변하는 논점을 구체화하고, 책 내용과 관련해서 자신의 주장을 뒷받침할 수 있는 근거를 찾아서 그 타당성을 입증해야 한다. 뿐만 아니라 자기 주장의 타당성을 높이기 위해서는 상대방의 주장이나 근거에 대해 논리적으로 반박해야하고 논리적 오류를 입증해야 한다. 이처럼 저자의 주장이나 논거에 대해 또는 상대방의 발언에 대해 분석하고 검토해서 논증해야 하므로 비판적 사고력이 향상된다.

3) 언어 표현 능력과 발표력을 기른다.

독서디베이트에서는 발표하는 방법과 상황에 맞는 적절한 표현 방식을 배우게 된다. 즉 적절하지 않은 용어를 선택하거나 잘못된 내용을 말하게 되면 불리한 상태가 되기 때문에, 단어의 개념을 이해하고 신중하게 선택해서 사용해야 하므로, 언어 표현 능력이 향상된다. 그리고 참가자는 역할에 따라 논리적이고 설득력 있는 발표를 해야 하므로, 자신의 생각을 논리적으로 표현하고, 정해진 시간에 맞추어 말하는 능력을 기르게 된다. 또한 상대방의 발언에 대응하여 자신의 주장을 표현해야 하고, 설득의 효과를 올려야 하므로 언어 순발력과 창의적 발표력도 향상될 것이다.

4) 경청하는 태도와 의사소통 능력을 기른다.

독서디베이트에서는 발표하는 것만큼 상대방의 발언을 듣는 태도가 중요하다. 단순히 듣기만 하는 것이 아니라 상대방의 의견을 검토하고 분석하면서 들어야 반론을 펼 수 있으므로, 비판하며 듣는 훈련을 하게 된다. 또한 상대방이 말할 때는 그 핵심을 파악하려고 노력하여야 하므로 경청하는 태도를 기르게 되고, 대화할 때 상대방을 존중하는 태도를 배우게 되므로 의사소통 능력을 기른다.

5) 협동적 문제해결능력을 기른다.

독서디베이트에서는 상대방의 개별 활동이 아니라 2명 이상의 팀원이 협력하여 팀의 논리를 구축하고 발표해야 하므로, 팀원과의 의견조율 능력과 리더쉽을 배양할 수 있다. 또한 디베이트를 하는 동안 계속해서 다양한 각도에서 분석적으로 비판하여야 하고, 상대방의 질문에 대하여 해결 방안을 찾아야 하고 수시로 변화하는 상황에 즉각적으로 대처해야 하므로 사고의 순발력이 향상됨은 물론 문제해결 능력이 키워질 것이다. 또한 이러한 과정에서 문제에 대해 다양한 관점에서 생각하게 되고, 창의성을 발휘하여 문제를 해결하는 적극적인 태도를 형성하게 된다.

1 윤영돈, "논박 기법과 도덕교육," 윤리교육연구, 제32집(2013. 12), p. 66.

2 손정표, 신독서지도방법론, 수정증보 2판(대구 : 태일사, 2010), p. 14.

3 박정화, 공공도서관 독서디베이트 프로그램 운영의 효과 분석(석사학위논문, 경북대학교 대학원 문헌정보학과, 2015), p. 11.

4 박정화, 전게논문, p. 27.

5 박정화, 전게논문, p. 29~32.

4. 독서디베이트 지도사를 위한 Q & A

Q. 책 선정은 어떻게 하나요?

- 책 선정은 무엇보다도 학생들의 의견을 반영하는 것이 중요합니다. 학생들은 자신이 읽고 싶은 책을 읽을 때 가장 몰입도가 강합니다. 일반 독서토론 수업을 진행한 후 찬반논제 한두 개를 정해 디베이트를 하는 것도 좋지만, 시사주제로 디베이트를 한 후 관련 도서를 추천해 읽은 후 독서디베이트를 하기도 합니다. 이럴 경우에는 논제에 대한 사전 지식이 바탕에 깔리게 되므로 디베이트의 질이 높아질 수 있습니다. 물론 반대로 독서디베이트를 한 후, 관련 시사논제로 시사디베이트를 하는 경우도 많습니다. 어떤 경우라도 원칙은 학생 중심입니다. 학생들이 디베이트에 흥미와 관심을 지속적으로 느낄 수 있도록 지도사는 세심히 배려해야 합니다.

Q. 문학도서와 비문학도서 중 어떤 것이 좋은가요?

- 독서디베이트에서 도서 선정은 매우 까다로운 작업입니다. 작가의 가치관과 주장이 담겨있을 수밖에 없는 책에서 찬반의 논거가 골고루 나오기란 쉽지 않기 때문입니다. 분명 한쪽으로 치우칠 수밖에 없다하더라도 찬반의 입장을 책에서 다양하게 찾아볼 수 있는 도서가 적합합니다. 때문에 세대를 초월해 다양한 해석이 가능한 문학고전은 디베이트를 하기에 가장 좋은 책입니다. 또한, 디베이트를 통해 고전의 다양하고 깊이 있는 해석이 가능해집니다.

  하지만 처음부터 너무 어려운 고전으로 디베이트를 시작하는 것은 바람직하지 않습니다. 처음 독서디베이트를 시작할 때는 학생들이 공감할 수 있는 배경이나 주제를 다룬 문학도서를 권장합니다. 갈등구조가 잘 드러나 있어 편안하게 읽힐 뿐 아니라, 자신이 실생활 속에서 찬반의 논거를 찾아냄으로써 디베이트가 적극적으로 이루어질 수 있기 때문입니다. 이후 디베이트의 수준과 단계가 높아질수록 역사와 사회과학, 철학, 과학, 예술 등 다양한 분야를 망라해서 커리큘럼을 만들면 좋은 수업을 이끌어 갈 수 있을 것입니다.

Q. 독서디베이트 과정에서 논거들은 책 속에서만 찾아야 하나요?

- 논거는 가능한 한 책 속에서 찾아야 합니다. 특히 문학도서로 독서디베이트를 할 때는 더욱 그렇습니다. 논거를 책 밖에서 찾다보면, 책은 논제를 정하기 위한 수단으로 전락하고, 독서디베이트가 아닌 시사디베이트를 하게 됩니다. 그렇게 되면 책을

열심히 읽을 필요가 없겠죠. 독서디베이트를 제대로 하기 위해서는 책을 꼼꼼히 읽고, 논제와 관련해서 각 논점별로 근거가 될 수 있는 내용들을 찾아 디베이트의 논증 과정에 활용해야 합니다. 그래서 책에서 논거들을 찾으려는 노력이 필요한 것이죠. 그러나 책 안에는 저자의 주장이 담겨있게 마련이며, 저자의 주장과 반대되는 입장을 선택한 팀에서는 책 속에서만 논거를 찾는 것이 디베이트에 불리할 수밖에 없습니다. 특히 비문학도서를 다룰 때 이런 현상이 많이 일어납니다. 그럴 때는 같은 저자의 다른 책이나 같은 주제를 다룬 다른 저자의 책을 참고하는 것이 좋습니다. 그래도 부족할 때는 전문가 의견, 실제의 사건 · 사례 등을 근거로 내세울 수 있습니다.

Q. 디베이트에 참여하려 하지 않는 아이들은 어떻게 하나요?

- 방과후 수업 등에서 이런 학생들이 많습니다. 본인의 의사와 상관없이 엄마가 신청해서 수업에 들어온 경우이거나, 부끄러움을 많이 타고 소극적인 성격을 가진 학생인 경우입니다. 이런 학생들은 지도사가 지속적으로 관심을 가져주고 시선을 맞춰주는 것이 필요합니다. 또 디베이트를 바로 시키기 보다는 타임 키퍼나 심판 등의 역할을 주어서 디베이트의 현장에 지속적으로 참여할 수 있는 기회를 늘려주는 것이 좋습니다. 다른 친구들이 디베이트하며 성장하는 모습을 통해 자신도 할 수 있을 것 같다는 자신감이 생길 수 있겠지요.

Q. 책을 안 읽어 오는 경우는 어떻게 대처하나요?

- 중고등학교 수업의 경우에 학생들이 책을 안 읽어오는 경우가 많습니다. 학원에 많이 다니는 학생이거나, 주로 중간 · 기말고사를 앞두고 책을 읽을 여유가 없기 때문인데요. 수업을 진행해야 하는 지도사 입장에서는 무척 난감한 일입니다. 학생들이 책을 읽어오지 않았을 때 대처하는 방법 몇 가지를 소개합니다.

1) 책의 주제와 일맥상통하는 시사논제로 바꾸어서 디베이트를 진행합니다.
안락사, 왕따, 가정폭력, 입양, 동물원의 필요성 등 조금만 일반화시키면 시사디베이트가 가능한 논제가 나올 수 있는 책은 시사논제로 바꾸어 수업을 진행하면 됩니다.

2) 책 내용을 최대한 자세하게 브리핑하고 토의 후 디베이트합니다.
시사디베이트로 연결하기 어려운 책이라면 책의 내용을 학생들에게 자세하게 설명해주고 활동지의 〈책 속으로〉 부분을 공들여 진행하는 것이 좋겠습니다. 책 내용에 대해 설명을 듣고 나서 책을 꼭 읽어봐야겠다고 결심하는 학생들도 있고, 어떤 학생은 "저는 책을 읽긴 했는데… 이 책이 그런 내용이었어요?" 하고 묻기도 합니다. 지도사의 친절한 해설이 책에 대한 호기심을 불러일으키는 것이죠.

3) 짧은 읽을거리를 미리 준비해 두었다가 현장에서 바로 읽히고 토의 후 디베이트합니다. 책을 안 읽고 오는 학생들이 있을 때를 대비해서 늘 짧은 읽을거리를 준비해 둡니다. 일종의 응급처치용 키트라고 할 수 있지요. A4용지 1~1.5매 정도 분량으로 타이핑되어 있는 읽기 자료와 관련 발문지를 USB 또는 클리어파일에 담아 가지고 다니다가 프린트해서 수업합니다. 그림책을 스캔해 두었다가 활용하는 것도 좋고, 『닭이 된 독수리』, 『오멜라스를 떠나는 사람들』 등의 짧은 동화나 소설을 추천합니다.

Q. 학생 수가 너무 많을 때 디베이트를 할 수 있나요?

- 방과후 수업이나 도서관 등의 특강에서 학생 수가 20명을 넘어가는 경우가 많이 있습니다. 이럴 경우에는 우선 4~5명씩 모둠을 지어주고 발문지를 활용한 토의를 진행합니다. 토의가 끝나고 논제를 정할 때는 모둠별로 논제를 선정한 후 발표하게 하고, 각 모둠에서 선정한 논제들 중에서 가장 좋은 논제를 투표 또는 거수로 선정합니다.

이제 디베이트를 시작합니다. 20명의 학생들을 배치해 볼까요? 우선 토론자는 찬성팀 3명, 반대팀 3명 총 6명이고요, 진행을 맡아줄 타임키퍼, 사회자 각 한 명이 필요합니다. 교차질의 시간에 토론자들을 도와줄 교차질의 도우미를 양 팀에 3명씩 세우고, 나머지 학생들은 평가단이 됩니다. 그렇게 되면 토론자 6명, 도우미 6명, 진행 2명, 평가단 6명 총 20명의 학생들을 커버할 수 있습니다. 인원이 더 추가되면 도우미 숫자와 평가단 숫자를 늘릴 수도 있고, 타임키퍼를 두 명 지명할 수도 있습니다. 지도사는 평가단을 맡은 학생들을 위해 학생용 평가지를 미리 준비해 둡니다. 디베이트가 끝나면 평가단 학생들이 자신들의 평가 점수를 모두 합산하여 승리팀과 패배팀을 선출합니다. 선출 결과는 평가단의 대표가 앞으로 나와서 발표하도록 합니다.

이런 형식으로 수업을 진행하면 학생 수가 많더라도 소외되는 학생 없이 모든 학생들이 디베이트에 참여할 수 있습니다.

Q. 지나친 승부욕이 불러오는 부작용, 어떻게 해야 할까요?

- 디베이트의 승패 결정은 학생들의 수업 참여도를 높이는 반면, 다양한 문제를 발생시

키기도 합니다. 그 중에 가장 주의해야 할 점이 바로, 논제를 바라보는 시각을 자신의 주장에 맞춰 고정화하는 경우입니다. 물론 깊이 있는 디베이트가 이루어진 후, 자신만의 신념으로 발전하는 것이라면 문제는 없습니다. 하지만 효율성을 강조하며 이기적인 성향을 나타내는 학생들의 경우 주의가 필요합니다. 아직 가치관 형성이 제대로 이루어지지 않은 시기인 만큼 지도사로서 많은 고민이 되는 부분이기도 합니다.
이런 경우, 학생들을 주의 깊게 관찰한 후 찬반의 입장을 지도사가 결정하는 것이 필요합니다. 바람직한 가치관의 입장에서 디베이트를 할 수 있도록 지도사가 유도하는 것입니다. 물론 매번 이런 시도를 할 수는 없습니다. 가장 바람직한 방법은 학생 스스로 변화의 가능성을 열어둘 수 있도록 하는 것입니다. 준비된 논제 뿐 아니라 일상 속 논제에서 다양한 시각이 존재하는 이유를 설명해주시고, 사고의 변화가 성장하는 과정임을 일깨워주시기 바랍니다.

Q. 그 외에도 독서디베이트 수업 시 유의할 점은 무엇입니까?

- 디베이트에 대한 오해 중의 하나는 말싸움을 조장하고 상대에게 상처를 준다는 것입니다. 이것은 사실과 다릅니다. 독서디베이트는 비판적 독서를 바탕으로 논리적으로 사고하고, 자신의 입장과 다르게 생각하는 사람들을 논증적으로 설득하는 활동입니다. 독서디베이트를 잘 하기 위해서는 무엇보다도 상대의 주장을 경청해야 하고, 책 속에서 드러난 다양한 근거자료들을 잘 활용해야 합니다. 인신공격이나 상대방의 말꼬리를 잡고 늘어지는 태도, 상대 학생에게 상처를 주는 태도는 감점의 요소가 됩니다. 독서디베이트 지도사들은 학생들이 지나치게 승부에 집착하지 않고 디베이트를 즐길 수 있도록 신경써야 합니다. 경어를 사용하고 경청하는 태도 등의 상대를 배려하는 태도에 대해서는 칭찬을 많이 해서 격려하도록 해야 합니다. 그것이 바로 독서디베이트가 가진 교육적 장점을 살리는 길입니다.

2부 독서디베이트 : 실제

1 초급 활동지

1. 공주의 발
2. 프린들 주세요
3. 수일이와 수일이
4. 귓속말 금지구역
5. 내 가슴에 해마가 산다
6. 목수들의 전쟁
7. 장건우한테 미안합니다
8. 지엠오 아이
9. 유진과 유진
10. 허생전, 호질, 양반전
11. 아빠 나를 죽이지 마세요
12. 간디

1

공주의 발

아녜스 드자르트 지음/조현실 옮김/문학과 지성사/2004

●박정화

도서 선정 이유

이반이 10살이 되자 엄마는 일을 시작하고, 이반은 발 관리사인 모리세트 할머니의 조수가 된다. 공주의 발을 만나게 되리라는 기대를 가지지만, 흉측하고 징그러운 발들을 마사지하게 된다. 완벽하게 프로그램 된 로봇처럼 쉴 새 없이 앉았다 일어섰다 하고, 뽀뽀 받느라 뺨을 내밀고, 발 마사지를 하며 임무를 완성하는 동안 이반은 변화한다.

모리세트 할머니의 행동을 관찰하고, 또 할머니의 말씀을 들으면서, 이반이 할머니의 새로운 모습을 알아간다. 진정한 공주의 발이 무엇인지 깨달아가는 과정을 통해서 아이들도 삶의 진정성을 배우게 될 것이다. 10살의 이반은 발 마사지를 하면서 이성에 대한 호기심도 느끼게 된다. 과연 이반이 모리세트 할머니의 조수를 계속하는 것이 좋을까?

① 들어가기 전에

1) '공주'하면 떠오르는 모습을 이야기해 봅시다!

2) 40년 후의 나의 '발'은 어떤 모습일까요?

② 책 속으로

1) 이 책에 나오는 인물에 대해 각자의 생각을 이야기해 봅시다.
이반, 이반 부모님, 세바스티엥 형, 라파엘 형, 모리세트 할머니

2) 이반이 모리세트 할머니의 조수 노릇이라는 시련을 달콤한 동화로 바꿔 생각하게 된 것

은 무슨 이유인가요?

3) 발 관리 센터에서 일하고 난 후 이반이 깨달은 할머니의 매력은 무엇인가요?

4) 모리세트 할머니와 같이 일하면서 공주에 대한 이반의 생각은 어떻게 변하였나요?

③ 넓고 깊게 생각 나누기

1) '나'는 10살인데 일을 한다고 생각하는 것에 대해 어떻게 생각하나요?

"나도 일을 하면 되잖아."
나는 내 패거리를 생각하며 이렇게 말했다. 마리오, 이렌, 야신은 틈만 나면 리볼리 거리로 나가 차창 닦는 일을 했다. 엄마는 머리를 흔들더니, 갑자기 눈을 커다랗게 떴다.
"그래, 그거 참 좋은 생각이다. 너 지난번에 모리세트 할머니가 조수를 못 구해서 걱정하시는 것 들었지? 수요일마다 거기 가서 도와 드리면 되겠다."(12쪽)

2) 어려운 상황을 만났을 때 여러분도 이반처럼 생각한 경험이 있나요?

아무리 봐도, 내가 할머니를 벗어날 가능성은 전혀 없어 보였다. 난 차라리 내게 닥친 새로운 상황에서 끌어 낼 수 있는 좋은 점을 따져 보기로 했다. 어차피 선택의 여지도 없는 이상, 어정쩡하게 있느니, 열성을 갖고 뛰어드는 편이 나을 것 같아서였다. (16쪽)

3) 모리세트 할머니는 이반에게 발 관리사는 남자 애가 할 일이 아니라고 합니다. 여러분은 모리세트 할머니의 말에 대해 어떻게 생각하나요?

"이건 너 같은 남자 애가 할 일이 아니야."
"그래요? 왜요?"
나는 순진한 척 물었다.
"너 같은 남자 애들은 더 좋은 공부를 해서, 정치도 하고 그래야지."(35쪽)

4) 아빠와 엄마의 생각 중에 어느 편이 옳다고 생각하나요?

> 아빠가 한 말이 있다. 일을 너무 잘 하면, 미움을 받는 수가 있다는 것이었다.
> "너무 잘 하려고 들지마. 최소한만 해. 너무 튀려고 하지 말라는 얘기야. 이 점만 명심하면 어딜 가도 성공할 거다."
> 난 이런 아빠의 충고가 너무도 반가웠지만, 엄마는 바보 같은 걸 가르친다며 화를 냈다. 아들이 별 볼 일 없는 사람이 되는 건 싫다는 것이었다.(38쪽)

5) 이반이 많이 배웠다는 것은 어떤 것일까요?

> "맞아, 사실은 내가 과장을 좀 한 거고, 별별 사람이 다 있어. 특히 다리통이 엄청나게 굵고 발은 괴물 같이 생긴 할머니들이 많지. 아무리 무서운 꿈 속에서도, 그렇게 징그러운 발은 못 봤을걸."
> "그것 참 끔찍하겠네."
> 형은 마치 딱한 노인네와 불쌍한 고아 소년을 다 구제해 주고 싶다는 듯한 표정으로 물었다.
> "아냐. 얼마나 배우는 게 많은데."(52쪽)

6) 이반이 모리세트 할머니의 얼굴만 떠올리면 초능력이 생기는 것 같다고 하는데 그것은 무슨 의미일까요?

> "일주일 내내 학교에서 난 신기한 체험을 했다. 곤란한 상황에 부딪힐 때마다, 새롭게 발견한 모리세트 할머니의 얼굴만 떠올리면 초능력 같은 게 생기는 것이었다.(53쪽)

7) 밑줄의 공주는 이반이 발 관리소에 가기 전에 생각한 공주와 어떻게 다른지 이야기해 봅시다.

> 그 날 오후는 다른 날들과 별로 다를 게 없었지만, 난 평생 그 날을 잊지 못할 것 같다. 아주 중요한 사실 하나를 발견했기 때문이다. 오로지 공주만이 맨발로도 축구를 할 수 있다는 걸.(76쪽)

④ 논제와 논점의 예시

논제 : 이반은 모리세트 할머니의 조수를 계속하는 것이 좋다.

찬 성	반 대
일에 대한 대가로 용돈을 받는 것이 경제교육과 자립심을 키우는데 좋다.	이반은 일을 하기에는 아직 어린 나이이다.
이반은 모리세트 할머니를 통해 사람들을 이해하게 된다.	사춘기 남자 어린이에게 여자손님들의 발마사지는 적당한 일이 아니다.
어머니가 하고 싶은 일을 할 수 있는 여건을 만들 수 있다.	이반은 친구들과 차창 닦는 일을 하고 싶어했으므로 그 일을 하는 것이 좋다.

2

프린들 주세요

앤드루 클레먼츠 창작/햇살과나무꾼 옮김/사계절/2001

● 박정화

도서 선정 이유

단어의 생성에 대해 배우던 어느 날, 닉은 재미로 볼펜을 '프린들'로 부르기 시작하고, 친구들과 힘을 합쳐 볼펜 대신 '프린들'이라는 단어를 사용한다. 그로 인해 사전이야말로 아이들을 가르치는 훌륭한 도구이고, 낱말과 언어에는 규칙이 있으며, 그 규칙에는 납득할 만한 역사가 있음을 강조하는 그레인저 선생님과 전쟁이 시작된다.

학생들이 볼펜을 '프린들'로 부르는 것은 학교의 사건이 되고, 온 나라에 퍼지고 상품화되면서 닉은 부자가 된다. 사전을 신봉하는 선생님과 사전의 권위에 도전하는 닉의 행동을 통해서 교육의 역할과 언어의 특성에 대해 생각하게 된다. 많은 은어가 생성되고 사라지는 현실과 비교하여 다양한 토론이 이루어질 것이다.

① 들어가기 전에

1) 왜 사람을 '사람'으로, 개를 '개'로 불렀는지, 궁금한 적이 있었나요?

2) 사전은 어떻게 만들어졌을까요?

3) 언어의 특성(역사성, 사회성, 법칙성, 창조성)에 대해 알아봅시다.

② 책 속으로

1) 등장 인물에 대하여 이야기해 봅시다.
   닉, 그레인저 선생님, 닉의 부모님

2) 가장 기억에 남는 장면은 무엇인가요?

3) 닉이 프린들을 만드는 과정에서 그레인저 선생님은 어떤 역할을 하였나요?

③ 넓고 깊게 생각 나누기

1) 그레인저선생님이 부모님께 보낸 편지에 쓴 낱말공부 방법과 닉의 낱말을 찾는 방법 중에서, 여러분은 어느 방법이 좋다고 생각하나요?

학생들이 각자 숙제를 할 수 있도록 집집마다 좋은 사전을 갖추어야 합니다. 모든 학생은 맞춤법과 문법, 어휘 실력을 쌓아야 합니다. 국어를 잘해야 명쾌하게 생각할 수 있고, 또 5학년은 어휘력을 늘리기에 가장 좋은 시기입니다.(24쪽)
닉은 딱히 사전이 필요하진 않았다. 낱말을 무척 좋아하는 데다 적절히 사용할 줄도 알았다. 닉이 알고 있는 모든 낱말은 책을 읽다가 자연스레 익힌 것들이다. 닉은 모르는 낱말이 나오면 형이나 아빠, 주위 사람들한테 물어보았고, 그러면 대개는 아는 대로 가르쳐 주었다.(25쪽)

2) 사전에 있는 낱말들은 다 그럴 만한 이유가 있어서 사전에 오른다고 하였는데 어떤 이유들이 있을까요?

"그 사전은 아주 똑똑한 사람 수백 명이 오랜 세월에 걸쳐서 만든 것이기 때문에 우리한테는 법이나 마찬가지란다. 물론 법도 변하지만, 꼭 변해야 할 때만 변하지. 새 낱말을 만들어야 할 때도 있지만, 사전에 있는 낱말들은 다 그럴 만한 이유가 있어서 사전에 올라 있는 거야."(51쪽)

3) '이제 프린들은 어엿한 말이 되었어요.'라고 한 이유는 무엇인가요?

"안 돼요, 아빠. 그래 봤자 소용없어요. 이제 프린들은 어엿한 말이 되었어요. 처음에는 제 것이었지만, 이제는 아니에요. 막을 수 있는 방법이 있다면 저도 그렇게 하겠어요. 하지만 이제는 안 돼요."(87쪽)

4) 여러분은 선생님의 의견에 동의하나요? 반대하나요? 그 이유는 무엇입니까?

선생님은 카메라를 똑바로 쳐다보며 말했다.
"저는 사전이야말로 어린이를 가르치기에 가장 훌륭한 도구라고 말해 왔고, 지금도 그렇게 생각합니다. 어린이들은, 낱말과 언어에는 규칙이 있으며, 그 규칙은 납득할 만한 역사를 가지고 있다는 사실을 배워야 합니다. 나무랄 데 없이 훌륭한 낱말을 버리고 그저 재미로 지어낸 말을 쓰다니, 저는 그런 일을 가만히 구경만 할 수는 없습니다."(112쪽)

5) 언어의 특성에 사회성과 창조성이 있습니다. 여러분은 사회성이 중요하다고 생각하나요? 창조성이 중요하다고 생각하나요?

6) 그레인저 선생님은 이 물건을 무엇이라고 부를까요?

이 물건은 로렐레이 그레인저 선생님 것이며,
선생님이 어떤 이름으로 부르셔도 좋습니다.
사랑을 담아서 니콜라스 앨런 드림

④ 논제와 논점의 예시

논제 : 닉이 '프린들'을 만든 것은 모범적이다.	
찬 성	반 대
풍부한 창의력으로 새로운 단어를 만든 것은 모범적인 행동이다.	닉은 5학년 학생으로서 사전을 통하여 낱말과 언어의 규칙과 역사를 배워야 한다.
닉이 프린들을 만든 것은 언어의 창조성을 실현한 모범적인 행동이다.	언어의 사회성을 무시하고 의사소통에 혼란을 초래하게 된다.
아이디어를 실천에 옮기는 닉의 행동은 교육의 모범적인 사례이다.	닉의 행동은 수업을 방해하고 학교를 혼란에 빠트렸다.

3

수일이와 수일이

김우경/우리교육/2002

●박성숙

도서 선정 이유

복제된 자신이 이 세상 어딘가에 존재한다면 자기 자신을 좋아하는 사람이나 자기 자신을 싫어하는 사람이나 다 마뜩잖아 할 것이다. 수일이가 가짜 수일이를 직접 만들었어도 가짜 수일이를 본래 모습으로 돌려보내야겠다고 마음먹기까지는 긴 시간이 걸리지 않았다. 이 지구에서 자신은 한 명이어야 '나'라는 존재를 만들고, 고유성을 지켜나갈 수 있으니까. '나'답게 산다는 것을 생각해 보는 대목이다.

학교는 방학인데 학원에 다녀야 하는 수일이는 불만이다. '부모들이 일방적으로 결정하고 아이들은 무조건 따라가는 것이 아닌 아이들이 원하는 대로 하게 해서 '행복한 생활', '주인 되는 삶'을 살게 해야 한다.' 아니면 '아이들이 좋고 편한 것만이 아닌 하기 싫은 것도 하게 하고, 힘든 고통도 이겨내도록 해 앞으로 성공적인 사회인이 되도록 어릴 때부터 인내의 삶을 준비시켜야 한다.'로 의견이 양분되어 있다. 현재 대한민국 교육이 가진 딜레마이다. 이 책을 읽으며 중용을 찾을 수 있는 지혜가 번뜩이길 바란다.

① 책 속으로

1) 수일이가 가짜 수일이를 만들고 싶어 한 이유는 무엇이고, 어떤 방법으로 만들었나요?

2) 사람이 된 가짜 수일이의 처음 반응은 어떠했나요?

3) 수일이가 가짜 수일이를 본래 모습으로 돌려보내야겠다고 생각한 이유는 무엇인가요?

4) 덕실이 외에 반신반의하면서도 변신을 믿어 준 존재는 누구누구인가요?

5) 수일이가 준 과자에 자기를 죽이려고 쥐약이 묻어있다는 것을 가짜 수일이는 어떻게 알았을까요?

6) 가짜 수일이의 계략으로 쥐가 된 수일이와 덕실이는 방울이를 만나 어떤 방법으로 되돌아올 수 있었나요?

7) 옛날얘기에 나오는 자기 복제를 한 인물들은 누가 있나요?

8) 이 책에서 가장 기억에 남는 장면이나 문장은 무엇인가요?

② 넓고 깊게 생각 나누기

1) 수일이는 방학인데도 놀지 못하고 학원을 여러 군데 다니는 게 싫었습니다. 그 일을 남에게 미루려고 가짜 수일이를 만들기까지 합니다. 어렵고 하기 싫은 일을 참으면서 억지로 해야 할까요? 아니면 하고 싶은 일을 하며 살아야 할까요?

> "이게 뭐야. 에이. 방학 동안 학원에만 왔다 갔다 했어!"
> 컴퓨터를 끄자마자 맥이 탁 풀리며 짜증부터 났다. 달력을 보니 방학이 일주일도 안 남아 있다. 오늘이 8월 25일이니까 정확하게 6일 남았다.
> "엄마 때문이야. 우리 엄마 시키는 대로 다 하려면 내가 둘은 있어야 해."
> 수일이는 걸상 옆에 앉아 있는 덕실이가 엄마라도 되는 듯이 덕실이를 곁눈질로 흘겨보며 말했다. 그리고는 영어 학원 가방을 집어서 퍽 소리가 나도록 방바닥에 떨어뜨렸다.
> "으으. 진짜 내가 하나 더 있었으면 좋겠어! 그래야 하나는 학원에 가고 하나는 마음껏 놀 수가 있지."
> (12쪽)

2) 수일이가 가짜 수일이를 본래 모습인 쥐로 되돌려 준다는 데도 가짜 수일이는 사람으로 계속 있으려 합니다. 수일이가 되어 가짜 수일이에게 왜 본래 모습으로 되돌아가야 하는지 설득해 봅시다.

"저기 나랑 한 번만 같이 가 보자."
"무슨 소리야. 어디를?"
"그 빈집에. 거기 한 번만 가 보면 네 마음이 달라질 거야. 거기 가면 네 옛날 모습을 훨씬 더 또렷하게 떠올릴 수 있어. 어쩌면 네 진짜 식구들을 만날지도 몰라. 옛날 친구들도. 생각 안 나? 그때 거기서 네가 울먹이며 그랬잖아. 어떻게든 돌아가게 좀 해 달라고."
"기가 차서! 그래서 그때 돌아가게 해 줬니? 해 줬어?"
가짜 수일이가 소리를 바락 질렀다. (115쪽)

3) 현재 생명복제 기술 수준은 복제하기 어렵다는 개를 복제할 정도입니다. 언젠가는 인간 복제를 할 수 있는 기술에 도달할 것입니다. 인간복제에 찬성하나요?

언젠가 텔레비전에서, 과학자들이 어미 양과 똑같은 새끼 양을 실험실에서 만들어 낸 이야기를 본 적이 있었다. 어미 양 몸에서 세포를 떼 내 어떻게 어떻게 만들었다는데, 그 새끼 양 이름이 '돌리'였다. 텔레비전에서는 아주 놀랍고 대단한 일이라며 돌리 모습을 보여주었다. 그러면서 머지않아 사람도 그렇게 똑같이 하나 더 만들 수 있을지도 모른다고 했다.
'돌리는 어미 양의 새끼? 아니면 또 다른 어미 양?'
지금 다시 그 생각을 하니 수일이는 가슴이 서늘해졌다. 그때는 그런 일이 대단하고 좋은 일인 줄만 알았는데, 다시 생각하니 한편으로는 무섭고 끔찍한 일이기도 하다. 자기랑 똑 닮은 또 다른 자기가 같은 세상에 버젓이 살고 있고, 더구나 진짜 자기보다 더 귀한 대접을 받는다면? (118쪽)

4) 늙은 쥐 입장에서 수일이가 사람인지 아닌지 알기 위하여 낼 만한 문제 3가지를 내보세요.

"너희가 진짜로 사람이고 개란 말이냐?"
늙은 쥐가 물었다.
"예, 그래요."
"그럼 몇 가지 물어보겠다. 너에게 먼저 묻겠어."
늙은 쥐가 수일이를 보며 말했다.
"우리 쥐들은 한 번에 많게는 10마리 정도 새끼를 낳지. 사람은 아기를 낳을 때 한 번에 얼마씩 낳는지 아나?"

"하나요. 가끔 쌍둥이도 낳아요."
수일이는 대답을 하면서 엄마 뱃속에서 자라고 있는 동생을 떠올렸다.
"뭘 먹고 크지?"
"엄마 젖을 먹어요. 우유도 먹고요."
"그래. 소젖을 먹고 크지. 이번엔 너에게 묻겠어" (204~205쪽)

5-1) "남한테 길들지 않고 사는 것이 훨씬 고양이답다는 것을 알게 되었지"가 의미하는 것은 무엇인가요?

5-2) 나는 누구에게 길들여 살고 있나요, 나답게 살고 있나요? 각자가 나답게 산다는 것은 어떻게 산다는 것일까요?

"옛날에 한때, 나도 길들여진 고양이였어. 사람이 주는 밥을 먹고, 사람과 한 이불 밑에서 잠도 자고..... 그런데 나를 길들인 사람이 이사를 가면서 나를 버리고 가 버렸지."
"그랬구나."
"처음엔 참 힘들었어. 나를 다시 길들여 줄 사람을 찾으려고 헛되게 애도 많이 썼지. 그러다가 차츰 깨달았어. 남한테 길들지 않고 사는 것이 훨씬 고양이답다는 것을 알게 되었지." (216쪽)

6) 방울이는 가짜 수일이를 내쫓아주는 대가로 자기 목에 달린 방울을 떼어 달라고 합니다. 수일이가 지금 당장 떼어준다는데도 책임을 다하기 위해, 자기 맘을 다잡기 위해 일을 하고 난 후에 떼어 달라고 도움을 청합니다. 자기 일인데도 하기 싫거나, 힘든 일을 할 때 자신에게 내거는 조건이 있다면 무엇이 있나요?

내가 도와주면 너도 나한테 한 가지 도와줄 수 있어?"
"뭔데?"
"이 방울, 이것 좀 목에서 떼어 버렸으면 좋겠어."
고양이가 목을 흔들며 말했다.
"딸....랑."
어둠 속으로 방울 소리가 울려 퍼졌다.

"지금 바로 떼어 줄게."
"아니, 나중에. 내가 그 쥐를 쫓아 버리고 나면 그때."
"왜?"
"나도 얼른 떼어 버리고 싶지만, 지금 바로 떼어 버리면 내 마음이 어떻게 바뀔지 알 수 없어서 그래. 널 도와주는 일을 귀찮게 여길지도 모르지." (214~215쪽)

7) 이야기가 끝맺음 없이 열린 결말로 나왔습니다. 뒷이야기를 완성해 봅시다.

③ 논제와 논점의 예시

1) 초등학생도 나답게 살아야 한다. (초등학생은 어른에게 길들면 안된다.)

2) 가짜 수일이를 만들어 생겨난 문제들은 수일이만의 책임이다.

논제: 가짜 수일이를 만들어 생겨난 문제들은 수일이만의 책임이다.	
찬성	반대
수일이가 가짜 수일이를 스스로 만들었다.	엄마가 학원을 억지로 다니라고 했다.
수일이가 힘든 점을 부모와 상의하지 않았다.	덕실이가 가짜 수일이를 만드는 방법을 알려주었다.
수일이는 자신의 생활에 책임을 다하지 않았다.	가짜 수일이가 사람으로 계속 살아가려는 욕심을 부렸다.

4

귓속말 금지구역

김선희 지음/살림어린이/2011

● 현정희

도서 선정 이유

세라에게서 회장 자리를 빼앗기 위해 귓속말로 왕따를 만드는 예린이와 예린이의 편에서서 세라를 힘들게 하는 친구들. 엄마까지 합세한 학교 속 풍경은 어른들의 세계를 모방한 아이들의 권력 투쟁 모습을 보여주며 어린 독자들에게 커다란 공감대를 형성한다.

예린이의 강제 전학으로 일련의 사태를 해결하는 과정이 피해자였던 세라의 눈에도 씁쓸하기만 하다. 과연 예린이를 강제 전학시키기까지 부모와 교사, 학교는 무엇을 했던 것일까? 예린이의 강제 전학은 누구를 위한 선택일까? 이 책은 완벽하게 혼자가 되는 예린이를 통해 영원한 가해자도 방관자도 피해자도 없음을 이야기 해주며, 교내 왕따 문제의 근본적인 원인과 바람직한 해결안을 학생들과 함께 고민해 보게 한다.

① 들어가기 전에

1) 교내 왕따 문제의 원인에 대해 이야기해봅시다.

2) 학교 폭력 방관자 처벌의 필요성과 문제점을 알아봅시다.

3) 학교 폭력 가해자 강제 전학의 필요성과 문제점을 알아봅시다.

② 책 속으로

1) 책 속의 두 주인공 예린이와 세라를 소개해봅시다.

2) 예린이와 세라의 엄마를 비교해서 설명해봅시다.

3) 세라를 회장에서 탄핵시키려 했던 세라의 계획은 어떻게 실패로 돌아갔나요?

4) 태주가 예린이의 말을 잘 들었던 이유는 무엇인가요?

5) 학교는 예린이와 예린이 엄마 문제를 어떻게 해결했나요?

6) 예린이는 전학 간 학교에서 어떻게 생활했나요?

③ 넓고 깊게 생각 나누기

1) 예린이와 세라의 학급 회장 선거 연설문입니다. 연설문만 보고 반장을 뽑는다면, 누구를 반장으로 뽑겠습니까? 그 이유는 무엇인지 이야기 해봅시다.

2) 예린이와 세라의 연설문에는 공약만 있을 뿐 실천 계획과 방법이 없습니다. 실천계획과 방법을 추가해 신뢰할 수 있는 연설문을 만들어봅시다.

"저는 오늘 시대가 오구해서 이 자리에 섰습니다. 이 시대는 초등학생들에게 많은 것을 희생하라고 요구하고 있습니다. 학원과 학원을 오가며, 개인의 생활은 전혀 없는 로봇 같은 삶을 살아가고 있습니다. 도대체 행복이란 무엇입니까? 어린이답게 하루하루 즐겁게 사는 것이 우리들이 원하는 작은 행복 아닌가요? 전 여러분에게 행복을 드리겠습니다. 저를 뽑아주십시오. 결코 후회하지 않는 선택이 될 거라고 자신 있게 말씀드릴 수 있습니다."(14쪽)

"저는 회장이 되면 우리 반을 웃음이 넘치는 반등로 만들겠습니다. 한번 웃으면 한 번 젊어지고, 한 번 화내면 한 번 늙는다는 말이 있습니다. 저는 우리 모두가 웃으면 생활할 수 있었습니다. 좋겠습니다."
(…)
"전 여러분께 지키지 못할 공약은 하지 않겠습니다. 그냥 우리 반을 위해 최선을 다하겠다는 말씀밖에는 드릴 말씀이 없습니다. 감사합니다."(17쪽)

3-1) 세라 아빠의 의견에 대해 어떻게 생각하나요? 자신이 세라의 부모라면 어떻게 이 문제를 대처할지 이야기 해봅시다.

3-2) 세라의 전학 결정을 세라가 직접 할 수 없는 이유는 무엇일까요? 자신의 전학 결정을 부모님이 하는 것이 옳은 일일까요?

아빠는 두 눈을 들여다보며 물었다.
"만약에 전학을 가면 이 문제가 해결될까?"
나는 긍정의 표시로 고개를 세차게 끄덕였다.
"내 생각에는 전혀 해결될 것 같지 않은데? 만약에 말야, 다른 학교로 전학을 갔을 때 거기에도 예린이 같은 애가 있다면 그땐 어쩔거야? 아니, 예린이보다 더 심한 애가 나타나면 그 때도 또 다른 학교로 전학 갈 거야?"(84쪽)

아빠는 하나는 알고 둘은 모른다. 그렇게 한숨을 내쉬어서 풀릴 문제라면 그런 고민을 하지도 않는다. 아무리 부모라고 해서 내 고민을 대신 짊어질 수는 없다. 아빠도 엄마도 결국 내 문제를 해결해 주지 못했다. 결론은 지금 당장 전학은 안 된다는 거였다.(85쪽)

4) 지현이를 비롯해 세라를 회장에서 탄핵시키는 것에 찬성했던 여자아이들은 이후 예린이에게도 등을 돌립니다. 이 친구들은 왜 이렇게 행동하는 것일까요? 따뜻한 마음을 나누고 정의로운 행동을 하기 위해 우리에게 필요한 것은 무엇일까요?

5) 세라는 반 아이들이 자신을 탄핵하려는 상황에 아무 말도 하지 못합니다. 자신이 세라라면 어떻게 대응했을지 이야기해봅시다.

"저는 우리 반 회장이 임무를 제대로 해내지 못한다고 생각합니다. 우리나라는 대통령도 잘못을 하면 탄핵을 시킬 수 있습니다. 그러니까 회장도 일을 못하면 탄핵을 시켜야 한다고 생각합니다."(93쪽)

"자, 그럼 이 문제를 본격적으로 토의해 보도록 하겠습니다. 먼저 왜 회장이 탄핵되어야 하는지 그 이유를 말씀해 보실 분 있습니까."
여자아이들 절반이 손을 들었다. 예린이는 가장 먼저 지현이를 지목했다.
지연이가 일어나서 말했다.
"회장은 지난번 요리 실습 시간에 준비물도 가져오지 않았습니다."
정은이도 일어나서 말했다.
"회장이 우리 반을 위해 일하는 것을 한 번도 본 적이 없습니다."

이승주가 쭈뼛거리며 일어나 자신 없는 목소리로 말했다.
"부회장이 일을 더 잘합니다."(96쪽)

그때 박종빈이 손을 번쩍 들더니 말했다.
"그래도 우리가 뽑은 회장입니다. 앞으로 임기가 남았는데 더 기회를 줘야 한다고 생각합니다."(97쪽)

6-1) 세라는 자기가 회장이 되고 싶어 했던 것이 권력욕 때문이었다고 고백합니다. 과연 학급 회장 자리는 권력인가요? 아니라면 무엇이라고 생각하나요?

6-2) 회장 자리가 권력이라면, 그 권력을 부여하는 이유는 무엇일까요?

그렇게 누군가에게 보여지는 나는, 늘 회장을 도맡아하고 성실하며 책임감이 강한 박세라였다. 반을 위해 내 한 몸 희생한다는 생각으로, 늘 학기초마다 회장 선거에 나갔다. 그리고 회장에 당선되어 여지껏 인정받으며 학교 학교 생활을 해 왔다.
너는 왜 그렇게 한사코 회장이 되려고 하지?
마음 깊은 곳에서 진실된 울림이 들려왔다.
넌 반 아이들을 위해 봉사하고 희생한다는 껍데기를 쓴 것뿐이야. 사실 넌 회장이라는 권력을 탐내고 있었던 거야. 모두들 내 앞에서 쩔쩔매고, 널 우러러보고, 너에게 함부로 하지 못하는 것을 즐겼던 거지. 권력욕에 눈이 먼 탐욕스러운 인간, 그게 바로 너야.(100쪽)

7) 예린이의 귓속말은 무기가 되어 세라를 왕따 시킵니다. 하지만 귓속말은 둘만의 비밀을 간직하거나 좋은 감정을 나눌 수 있는 좋은 대화 방법이 될 수도 있습니다. 과연 교실에서 귓속말을 금지시키는 것이 타당한가요?

예린이는 지현이를 경멸스러운 눈빛으로 힐끔힐끔 보더니 또 다시 나한테 귓속말을 했다.
그런데 지현이 표정이 곧 울 것처럼 울상이 됐다. 저런 기분 알 것도 같았다. 내가 내내 당했으니까. 똥물을 뒤집어쓴 기분 말이다.
나는 지현이가 들을 수 있도록 일부러 큰 소리로 말했다.
"떡볶이 먹으러 가자고? 난 싫은데?"

이번에는 예린이 얼굴이 흑빛이 되었고, 지현이 얼굴이 밝아졌다. 예린이가 나를 노려보았다. 하지만 전혀 겁나지 않았다. 이제 나에게 귓속말 따위, 통하지 않는다는 걸 너도 알아야 해.(115쪽)

귓속말을 금지해야 하는 이유는 세 가지로 정리됐다.
첫째, 귓속말을 상대를 이유 없이 주눅들게 만든다.
둘째, 귀솟말은 서로에게 불신을 조장한다.
셋째, 귓속말은 나쁜 거다.
귓속말 때문에 내가 얼마나 힘들었는데. 막상 귓속말 금지가 통과되고 보니 기분이 날아갈 것처럼 좋아야 하는데 그렇지가 않았다.(148쪽)

8-1) 학교가 학부모들에게 청소, 급식, 교통, 환경미화 등의 도움을 받는 것에 대해 어떻게 생각하나요?

8-2) 학부모들이 학생들에게 간식 및 선물을 나누는 것을 학교가 금지하는 것에 대해 어떻게 생각하나요?

학부모님들의 학교 출입을 전면 금지합니다.
지금까지 학부모들은 자유롭게 학교 출입을 할 수 있었습니다.
학교는 학부모들의 도움을 필요로 했고, 또 학부모들은 자녀를 위해 바빠도 학교에 출입하는 일이 많았습니다. 그동안 학교는 학부모들에게 청소, 급식, 교통, 환경미화 등의 부문에서 많은 도움을 받아온 게 사실입니다.
하지만 그로 인한 불편과 불만도 계속 끊이지 않았습니다. 간혹 불미스러운 일도 발생했습니다. 불법찬조금을 걷는가 하면, 직장에 다니는 부모들은 대리로 도우미를 고용하면서까지 학교 일에 참여해야 했습니다.(146쪽)

9) 예린이에게 등을 돌린 여자 아이들과 전학을 요구하는 학부모들의 행동을 어떻게 생각하나요?

10) 과연 예린이를 강제 전학 시키는 것이 문제를 해결하는 최선의 방법일까요?

얼마 전까지만 해도 예린이에게 찰싹 달라붙어 나를 보며 귓속말을 하던 그 아이들이, 무능력한 회장을 탄핵시키고 부회장 차예린을 회장으로 추대해야 한다고 주장했던 그 아이들이 예린이에게 등을 돌렸다. 그리고 그 여자아이들은 다 내 주위로 몰려들었다.(149쪽)

그동안 네가 저지른 짓들, 너희 엄마가 학교에 했던 일들, 다 잘못됐다고 생각해. 그런데 그게 네가 전학을 가야 할 정도로 잘못됐다고는 생각하지 않아. 전학 가라는 건 널 학교에서 내쫓는 거잖아. 아무도 누군가를 학교에서 내쫓을 권리는 없어.

"나 전학 가기 싫어. 벌써 전학만 일곱 번이나 다녔어. 이번이 여덟 번째야. 이제 갈 데도 없어. 친구도 없고. 다들 날 싫어해"
문득 유기견 이야기가 떠올랐다. 여러 주인에게 버림을 받은 유기견들은 새 주인을 만나면 정말 살갑게 군다고 한다. 다른 사람에게는 잡아먹을 듯 짖어 대다가도 자기 주인만 보면 기절할 듯이 좋아하는 이유는, 새 주인에게 잘 보여서 또다시 버림받지 않기 위해서라고 한다.
그동안 예린이가 보였던 그 행동들이 어느 정도는 이해가 됐다. 나는 끝내 예린이를 붙잡지 못했다. 아니, 붙잡는다고 해서 어른들이 결정한 문제를 다시 되돌릴 수는 없었다.(153쪽)

4 논제와 논점의 예시

예린이를 강제 전학 시키는 것은 옳다.	
찬성	반대
심각한 학교 폭력 피해자인 태주를 보호해야 한다.	근본적인 해결법이 아니다. 다른 학교 가서도 똑같은 일을 반복한다.
세라에게 많은 상처를 안긴 학교폭력 가해자다.	반성하고 있으므로, 이곳에서 자신의 문제를 개선을 할 수 있도록 도와주어야 한다.
예린이에게도 새로운 생활을 시작할 수 있는 기회가 될 수 있다.	태주나 세라를 위해서도 예린이와 관계를 회복할 수 있는 기회를 주어야 한다.

5

내 가슴에 해마가 산다

김려령 글/노석미 그림/문학동네/2007

● 전민자

도서 선정 이유

공개입양된 하늘이는 유명한 정신과의사이자 입양홍보대사인 엄마와 함께 공개입양의 성공 사례로 매스컴에 등장한다. 그러나 하늘이와 엄마는 행복하지 않다. 혈연으로 맺어지지 않았다는 자격지심이 엄마와 하늘이 사이에 벽을 만들었기 때문이다. 엄마는 하늘이가 자신을 친엄마로 생각하는지 확인하려하고, 하늘이는 자신이 친자식이 아니라서 슬프다. 할머니조차 하늘이를 친손녀로 여기지 않는다.

이 작품은 한 입양가족이 여러 가지 갈등을 겪으면서 힘들지만 점차 진정한 가족으로 성장해가는 이야기이다. 혈연으로 맺어지지 않아도 서로 노력하고 만들어가는 과정을 통해 진정한 가족이 완성된다는 메시지를 담고 있다. 또한 입양에 대한 편견이 아직도 남아있는 대한민국 사회에서 공개입양된 주인공의 심리를 사실적으로 표현함으로써, 입양 사실을 공개하는 것과 비밀로 남겨두는 것 중 어떤 것이 더 나은지 생각해 볼 수도 있다.

① 책 속으로

1) 이 책에서 '해마'는 무엇을 말하나요?

2) 하늘이 엄마가 매일 바쁘신 이유는 무엇인가요?

3) 하늘이는 남부러울 것 없는 환경에서 살고 있지만 엄마와의 관계가 편안하지 않습니다. 두 사람에게 어떤 문제가 있는 걸까요?

4) 같은 입양아지만 하늘이와 한강이가 입양을 바라보는 시각은 다릅니다. 어떤 차이가 있나요?

5) 한강이가 입양아라는 사실을 알고 착한 행동을 하자 한강이 부모님은 어떻게 대응했나요?

6) 하늘이와 한강이는 입양가족 모임에 나가기를 싫어합니다. 그 이유는 무엇인가요?

7) 할머니는 중풍 치료를 위해 하늘이네 집에 와계십니다. 처음 오셨을 때 하늘이를 대하는 태도가 시간이 흐르면서 달라지셨는데요. 할머니는 어떻게 변하셨나요? 왜 그렇게 변하셨나요?

8) 하늘이가 꿈꾸는 하늘마을은 어떤 곳인가요?

② 넓고 깊게 생각 나누기

1) 하늘이는 성공한 유명인사 부모님 슬하에서 자라는 입양아입니다. 부모님 덕에 덩달아 유명해진 것을 하늘이는 싫어하는데요. 만약 여러분이 하늘이처럼 유명한 사람의 아들(딸)이라면 어떤 기분일까요?

> 나도 신문이나 잡지에 여러 번 등장했다. 봄만 되면 5월 가족의 달 특집이라며 우리 가족을 촬영하러 오는 사람들이 꼭 있다. 그러면 '입양 또 하나의 가족', '기쁨 두 배, 행복 두 배' 대충 이런 제목으로 우리 가족에 대한 기사가 잡지나 신문에 실린다. 엄마가 유명해서 그런지 많은 사람들이 나를 알아본다.(12쪽)

2) 이 책에서는 엄마는 심장병이 있는 하늘이를 입양해 사랑을 쏟지만, 가족들을 자신의 생각대로 좌지우지하려고 하기도 하고, 아픈 하늘이를 위해 죽을 쑤어주기도 하지만 하늘이가 만든 하늘마을을 망가뜨리는 등 여러가지 모습으로 등장합니다. 여러분 눈에 비친 하늘이 엄마는 어떤 사람인가요?

3) 심장병이 있는 하늘이를 입양해 건강하게 키운 엄마는 하늘이가 성장하여 자신의 보호막에서 벗어나는 것을 두려워하며 하늘이에게 집착합니다. 여러분은 하늘이 엄마에게 어떤 조언을 해주고 싶나요?

"당신은 뭐가 불안해서 항상 확인받고 싶어하는 거야!"
부릅뜬 아빠 눈이 빨갛게 달아올랐다.
"내가 뭘 확인받고 싶어 해?"
"당신은 누가 뭐래도 하늘이 엄마야. 그걸 왜 자꾸 확인하려 들어."
"누가 아니라, 정작 하늘이가…… 날 엄마로 인정하지 않으니까."
"인정 안 한 게 아니라, 당신 행동을 힘들어 하는 거라고. 당신 생각대로 하늘이를 꾸며놓고, 행동하게 만들고……. 그러지 마."(101쪽)

그렇게 나를 끔찍이 아꼈다면 계속 그렇게 해 줄 것이지, 왜 그렇게 못살게 굴어서 나한테 미움을 샀는지 모르겠다. 어려운 말이지만, 내가 일상생활에 큰 지장이 없을 만큼 나으면서, 엄마가 심한 상실감에 빠졌단다. 그 상실감이 내게 지나치게 집착하는 것으로 나타났다나. 병이 나으면 좋은 건데 왜 그랬을까?(146쪽)

4) 한강이의 가출 사건에서 우리 사회의 입양아에 대한 편견을 볼 수 있습니다. 이 외에 입양아에 대한 또다른 편견은 어떤 것이 있을까요?

"입양된 거 힘들겠지만, 지금 가출하기에는 너무 어리잖아……."
"아, 뭐야, 언니도 내가 입양된 거 때문에 가출한 줄 아는 거야?"
"그럼 왜 가출한 건데? 우리가 잘못하면 입양해서 그런다는 꼬리표 달리는 거 몰라서 그랬어?"(132쪽)
"어쨌거나, 너희 집에서는 네가 입양된 거 알고 나서 가출한 줄 알아……."
"그럴 줄 알았어. 나는 아무 말도 안 하는데 왜 자꾸 엄마 아빠가 그러나 몰라. 무슨 일만 터지면 입양이 어쩌고 해. 그렇게 말하고 싶어서 어떻게 살았대?"(136쪽)

5) 하늘이는 자신이 공개입양된 아이라는 것이 너무 싫습니다. 만약 내가 입양아라면 그 사실이 공개되는 것이 좋은가요? 공개입양에 대한 여러분의 의견은? (찬성/반대) 그 이유는?

내가 아주 어렸을 적에, “우리 하늘이는 가슴으로 낳았지.”하며 엄마가 안아주면 마냥 좋았다. 그 때만 해도 입양이 뭔지 몰랐고, 그것이 특별한 일인지도 몰랐으니까.(…)
이제는 가슴으로 낳았다는 말이 싫다. 아기는 가슴으로 나오는 게 아니라는 걸 알고 있으니까. 그래서 가끔은 그 말이 “난 널 낳지 않았어.”로 들리기까지 한다. 엄마 아빠는 알까? 입양가족 모임 홈페이지에 ‘자전거를 타는 하늘이’, ‘세 번째 생일을 맞은 하늘이’, ‘유치원에 간 하늘이’라는 제목으로 올려진 사진들을 내가 얼마나 지우고 싶어 하는지. 정말 싫다. (9쪽)

6) 한강이는 입양에 대해 하늘이와는 다른 태도를 취합니다. 두 사람의 시각을 비교해보고 만일 여러분이라면 어떤 입장을 취하게 되었을지 이야기해 봅시다.

“입양된 거 알았을 땐 어땠어? 정말 아무렇지도 않았어?”
“처음에는 놀랬지. 열받고 황당하고, 친엄마는 누굴까 궁금하기도 하고. 근데 학교만 가면 선배들 때문에 미치겠지, 우리 엄마는 늙어서 만날 골골대지…. 얼굴도 모르는 친엄마 챙길 시간이 어딨어. 언니도 쓸데없이 가슴으로 낳았네, 배로 낳았네 그러면서 피곤하게 살지 말고, 그냥 엄마 아빠다 하고 사셔. 양부모보다 못한 친부모들 세상에 널렸어. 하긴, 언니는 그런 거 신경 안 쓰는 것 같기는 하더라.”
한강이의 새로운 모습이었다. 부모에 대해 저렇게 간단하게 말할 수 있다니. 한강이는 저렇게 쉬운데 나는 왜 어려운 걸까. 나는 아직 엄마가 밉지만 친딸이었으면 좋겠고, 얼굴도 모르는 친엄마가 가끔 그립다.(136쪽)

7) 하늘이는 종이모형집 만드는 일에 큰 즐거움을 느끼지만 엄마가 그 집을 망가뜨리자 엄마와 크게 다툽니다. 하늘이에게 하늘마을과 집이 갖는 의미는 어떤 것일까요?

내가 살고 싶은 농부의 집 둘레에는 단단한 담장을 만들려고 한다. 정말 이런 집이 있다면 조용히 혼자 살고 싶다.(55쪽)
내가 기억할 수 없을 때 있었던 친부모와의 헤어짐. 그 뒤에 온 엄마 아빠와의 만남. 이런 것들이 나는 정말 힘들다. 아기는 엄마 뱃속이 아니라 잘 가꾼 꽃에서 나와, 마음이 아름다운 사람들에게만 나눠주는 곳, 그래서 친부모라는 말도, 입양이라는 말도 없는 곳, 그런 내 하늘마을에서 살고 싶다.(101쪽)

8) 할머니의 옛날 이야기를 듣던 하늘이는 깊은 잠에 빠지면서 해마 꿈을 꾸고 일어나 엄마와 화해하게 됩니다. 해마는 무엇을 의미하는 것일까요?

갈라진 벽을 모두 고치자 해마가 내 가슴으로 쏙 들어왔다.
"이제는 맘대로 나갔다 들어왔다 하네."
밉지만 할 수 없다. 그냥 데리고 있을 수밖에.
나는 해마를 진심으로 받아들였다. 그리고 손잡이에 머리를 기대고 계단에 앉았다. 해마는 내 가슴에서 나왔고, 나는 엄마 가슴에서 나왔다. 그렇게 미웠던 엄마가…… 보고 싶다. 자꾸 잠이 온다. (111쪽)

9) 하늘이 엄마가 동생을 입양한 날, 할머니는 태몽을 꾸셨습니다. 할머니가 꾼 태몽의 의미는 무엇일까요?

엄마가 임신이라니. 나는 분명히 아빠는 아기를 낳을 수 없다고 들었다.
"똑, 애비 가졌을 때마냥, 수박만 한 두꺼비가 니 엄마 치마 속으로 폴싹 뛰들어가더라. 이것이 분명 태몽은 태몽인디 뭔 일인가 몰러."(148~149쪽)
아, 엄마 아빠는 내 동생을 입양하려는 모양이다. 나는 할머니를 슬쩍 보았다. 웃음이 사라진 걸 보면 실망한 게 분명하다.
"긍께 그 뭐시냐, 한 식구가 되는 건 다 하늘의 뜻이라더니, 옛말 그른 거 한나 없어. 받으야지, 내 손주로 받으야지. 안 그려도 나가 태몽을 한나 꿨는디 고것이 고것인 게비다. 나헌티 저 온다고 꿈에서 미리 인사혔응께 고것이 내 손주지 뭣이냐."(153~154쪽)

③ 논제와 논점의 예시

하늘이를 공개입양한 것은 잘한 일이다.	
찬성	**반대**
공개함으로써 양부모는 더 책임감있게 입양 자식을 키울 수 있다.	친부모라고 생각하고 어린시절을 보내는 것이 더 행복하다.(예:한강이)
남에게 듣는 것보다 부모에게 직접 듣고 어릴 때부터 자연스럽게 적응하는 것이 더 낫다.	입양아에 대한 편견을 극복하는 것이 힘들다.
공개했기 때문에 홍보대사가 되어 입양에 대한 편견을 깨고 입양문화를 확산시킬 수 있었다.	하늘이와 엄마는 타인의 시선을 의식하느라 어려운 시간을 보냈다.

6

목수들의 전쟁

김진경 지음/문학동네 어린이/2000

● 현정희

도서 선정 이유

신의 손을 가지고 태어난 노반은 힘 있는 나라의 제후들을 도와 전쟁에서 이길 수 있도록 무기를 개발한다. 반면, 평화 사상가인 묵자는 성을 방어할 수 있는 기술을 개발하며 사랑으로 하나가 될 것을 주장한다. 이 책은 이들 사이에서 현실적인 이득을 위해 전쟁을 일으키려는 제후의 이야기를 통해 전쟁과 과학 기술의 양면성을 엿볼 수 있다.

첨예한 이해관계가 대립되는 국제상황에서 평화를 지킬 수 있는 방법은 무엇일까? 각종 무기개발과 물질만능주의, 환경 파괴 등 과학 기술의 폐해가 부각되는 현대 사회에서 과학자들의 올바른 윤리 의식은 어떻게 요구 될 수 있을까? 2500년 전의 이야기지만, 기술 정보 전쟁 시대의 빛과 그림자를 실감하며 현실적인 대안을 함께 고민해 볼 수 있다.

① 들어가기 전에

1) 이 책의 시대적 배경이 되는 춘추전국시대에 대해 알아봅시다.

2) 묵자의 사상과 배경을 알아봅시다.

3) 과학 기술의 양면성에 대해 알아봅시다.

② 책 속으로

1) 아버지의 죽음으로 목수 일을 그만 두었던 노반이 다시 일을 시작하게 된 이유는 무엇인가요?

2) 노반과 묵자의 스승은 마지막으로 '언사'에 대한 이야기를 남깁니다. 제자들에게 이 이야기를 통해 전하고자 한 메시지는 무엇인가요?

3) 스승의 제자 중 가장 나이도 많고 기술 또한 뛰어난 노반이 묵자가 되지 못하고, 아우뻘인 묵적이 묵자가 된 이유는 무엇인가요?

4) 그 당시 목수들은 전쟁에 대해 어떤 생각을 갖고 있었나요?

5) 노반이 묵적의 도움 요청을 거절하고, 초나라 왕을 돕기로 한 이유는 무엇인가요?

6) 초나라 왕이 송나라를 치지 않기로 결정한 이유는 무엇인가요?

③ 넓고 깊게 생각 나누기

1) 노반은 실수로 부모님을 죽음에 이르게 합니다. 하지만 뛰어난 기술력을 이용해 고의로 범죄를 일으키는 경우라면 어떻게 해야 할까요? 첨단 해커들에게 면죄부를 주고, 대신 그 기술력을 활용하는 일에 대해 어떻게 생각하나요?

"반아, 사람이 죽고 사는 건 하늘의 뜻이란다. 네 아버지가 죽은 일로 네가 일까지 그만두고 빈둥거리는 게 몹시 안타깝구나. 네 뛰어난 재주도 하늘이 주신 거야. 그렇게 함부로 썩혀서야 되겠니?"
노반은 아무 말 없이 듣고만 있었습니다. 어머니의 말이 아니더라도 노반의 가슴 속엔 이미 일하고 싶다는 생각이 크게 자리 잡고 있었습니다.(29쪽)

2) '천한 기술'과 '귀한 기술'은 쓰임의 차이라고 말하고 있습니다. 우리 주위에서 실례를 한번 찾아봅시다.

"언사의 기술은 신과도 같았지만 언사는 그 기술을 가장 천하게 썼다고 하셨습니다. 왕이나 제후에게 구경거리나 만들어 주었으니 그렇다고 했습니다. 그리고 왕이나 제후가 전쟁을 일으켜 죄 없는 사람들을 죽게 하는 데 기술이 쓰인다면 가장 나쁘게 쓰이는 것이라고 하셨습니다. 그렇기 때문에 많은 금은보화나 높은 벼슬을 받는다고 해서 기술이 귀하게 쓰인 건 아니라고요. 기술은 많은 사람들을 위해 쓰일 때 귀하게 쓰이는 거고, 자기 자신만을 위해서 쓰일 때는 천하게 쓰이는 거라고 하셨습니다.(44쪽)

3) 지금도 지구 곳곳에서는 전쟁으로 인해 고통 받고 죽어가는 사람들이 있습니다. 전쟁이 일어나는 다양한 이유에 대해서 생각해봅시다.

4) 묵적과 노반은 전쟁에 대해 다른 생각을 갖고 있습니다. 여러분은 누구의 생각에 동의하나요? 그 이유는 무엇인가요?

목수들은 자기들끼리 굳게 뭉쳐 있었습니다. 그리고 비슷한 생각을 가지고 있었습니다. 왕과 귀족들이 일으키는 전쟁으로 죄 없는 백성들만 죽고 괴로움을 당하니 전쟁을 막아야 한다는 생각이었습니다. 그리고 전쟁에 의해서가 아니라 사랑과 겸손에 의해 세상이 하나가 되어야 한다는 생각이었습니다.(38쪽)

송나라에 무슨 죄가 있습니까? 초나라에는 남아도는 것이 땅입니다. 많은 사람들을 죽여 가면서 남아도는 땅을 또 차지할 필요가 있습니까? 한 사람을 죽이는 일은 하지 않으시면서 아무 이익도 안 되는데 왜 이유 없이 많은 사람을 죽이려 하십니까?(80쪽)

"나도 선생님과 자네의 생각이 옳다고는 생각하네. 제후들이 일으키는 전쟁으로 얼마나 많은 백성들이 죄 없이 피를 흘리나? 전쟁 없이 사랑으로 천하가 하나로 될 수 있다면 얼마나 좋겠나? 하지만 그건 꿈일 뿐이지 현실은 아니야. 힘 있는 제후들이 전쟁을 일으키는데 우리 같은 목수들이 그걸 어떻게 막을 수 있겠나? 어차피 약한 자가 힘 있는 자에게 먹히는 게 세상의 이치라면 힘 있는 제후를 돕는 게 오히려 낫지 않을까? 하루라도 빨리 천하가 하나로 되어야 전쟁도 그치고 백성들이 피를 덜 흘리지."(49쪽)

5) 구름사다리와 까치가 개발되지 않았다면 초나라를 송나라를 공격하려 하지 않았을 수도 있습니다. 평화를 지키기 위한 첨단 무기 개발이 전쟁을 일으킨다는 주장에 대해 어떻게 생각하나요? 과연 첨단 무기가 전쟁을 막고 평화를 지켜줄 수 있을까요?

"노반 공은 늘 나를 놀래키는구려. 저 구름 사다리와 까치만 있으면 어느 성이든 공격해서 빼앗을 수 있겠소. 나는 노반 공을 십만 군사와도 바꾸지 않을 것이오."(65쪽)

"하지만 노반이 날 위해 구름 사다리를 만들었으니 그걸 안 쓸 순 없지. 할 수 없이 송나라를 공격해야겠는걸……"(94쪽)

6) 묵적은 나라간의 전쟁에서 평화를 지키기 위한 방법을 위와 같이 제시합니다. 묵적의 생각에 동의하나요? 현실적으로 첨예한 이해관계가 대립되는 국제 상황에서 평화를 지킬 수 있는 방법은 무엇일까요?

> 묵적은 여러 나라를 돌아다니며 '다른 나라를 공격해서 전쟁을 일으키지 말라.' '겸손함과 사랑으로 하나가 되어야 한다'는 자기 생각을 이야기 했습니다. 그리고 큰 나라의 공격을 받기 쉬운 작은 나라들에게 성을 지키는 기술을 가르치기도 하고, 성을 지키는 기구를 만들어 주기도 하였습니다. (70쪽)
>
> "성을 지키기 위해서는 성을 지키는 기술 이전에 더 중요한 것이 있다. 성 안의 사람들이 한 마음으로 화합해 있는지가 중요하다. 또 그 성의 제후가 가까이 있는 제후들과 화목해서 어려울 때 도움을 받을 수 있는가가 중요하지. 이 두 가지가 없으며 아무리 뛰어난 기술로 성을 지킨다 해도 끝까지 지키기 어렵다. 그렇기 때문에 제후라 해도 검소해야 하고, 백성과 다른 나라를 겸손함과 사랑으로 대해야 한다는 거야. (76쪽)

7) 과학 기술의 발전은 풍요롭고 편리한 생활을 누리게 해주었지만, 각종 무기 개발, 물질만능주의, 환경파괴 등 인간의 행복을 위협하기도 합니다. 과연 과학기술의 발전은 인간에게 득이 될까요? 오히려 해가 될까요?

8) 인간의 행복한 삶을 위해 과학 기술의 개발은 어떤 방향으로 나아가야 할까요?

④ 논제와 논점의 예시

노반은 발명품을 계속 만들어야 한다.	
찬성	반대
발명품 자체는 얼마든지 좋은 의도로 쓰일 수 있다.	발명품 자체가 전쟁 유발요인이 된다.
시대가 혼란하므로 대응해야 한다.	치열한 무기 경쟁이 지속된다.
노반이 아니더라도 누군가 만들 것이다.	발명품을 만드는 국가 재원을 백성들을 위한 정책에 활용해야 한다.

7

장건우한테 미안합니다

이경화 지음/바람의 아이들/ 2007

● 현정희

도서 선정 이유

공부도 잘하고 성격도 좋은 부잣집 아들 장건우. 집안 환경이 어려워 언제나 문제아로 여겨졌던 미진과 소영. 이들은 6학년 담임인 김진숙 선생님을 만나면서 커다란 변화를 겪게 된다. 미진과 소영이는 이제까지 한 번도 받아보지 못한 관심과 애정을 통해 자존감을 찾아가는 반면, 건우는 선생님의 차별로 힘든 학교 생활을 하게 된다.

과연 어렵고 힘든 아이들을 더 사랑해줘야겠다는 김진숙 선생님의 마음의 규칙은 무엇이 문제였을까? 인간관계에 있어 자신의 신념이나 가치관보다 더 중요한 것은 무엇일까? 디베이트를 통해 작가의 메시지를 더욱 잘 이해할 수 있는 책이며, 김춘수의 '꽃', 나태주의 '풀꽃' 등과 함께 나누면 더욱 좋다.

① 들어가기 전에

풀꽃

– 나태주

자세히 보아야 예쁘다
오래 보아야 사랑스럽다
너도 그렇다.

꽃

– 김춘수

내가 그의 이름을 불러 주기 전에는
그는 다만
하나의 몸짓에 지나지 않았다.

내가 그의 이름을 불러 주었을 때
그는 나에게로 와서
꽃이 되었다.

내가 그의 이름을 불러준 것처럼
나의 이 빛깔과 향기에 알맞는
누가 나의 이름을 불러다오
그에게로 가서 나도 그의 꽃이 되고 싶다.

우리들은 모두
무엇이 되고 싶다.
나는 너에게 너는 나에게
잊혀지지 않는 하나의 의미가 되고 싶다.

② 책 속으로

1) 책 속의 두 화자, 건우와 소영이는 6학년이 되면서 많은 변화를 겪게 됩니다. 두 친구의 상황이 어떻게 달라졌는지 그 이유와 함께 이야기해봅시다.

2) 장건우에게 많은 상처를 안긴 쪽팔려 게임이 건우와 소영이의 입장에서 각각 어떻게 다른지 설명해봅시다.

3) 소영이와 미진이는 건우에게 공개사과를 하게 됩니다. 건우 엄마와 건우, 소영이와 미진이, 그리고 김진숙 선생님이 이 공개 사과를 대하는 태도는 각각 어떻게 다른지 이야기해봅시다.

4) 김진숙 선생님이 말한 '이름 불러 주기'를 설명해봅시다.

5) 김진숙 선생님이 반 아이들에게 사과를 한 이유는 무엇인가요?

③ 넓고 깊게 생각 나누기

1) 미진이에게 뺨을 맞으면서도 건우는 한 마디 말도 어떠한 행동도 하지 못했습니다. 화가 나기도 전에 참아야 한다는 생각이 먼저 앞지른 것입니다. 과연 내가 건우였다면 어떻게 행동했을까요? 어떻게 행동하는 것이 가장 좋은 대처 방법일까요?

> 그 일이 일어나지 않았다면 얼마나 좋았을까?
> 시간을 다시 되돌릴 수만 있다면 무슨 일이든지 할 수 있을 것 같다.
> 아니, 그런 일이 일어났어도 좋다. 내가 다르게만 행동 할 수 있었다면 지금 이렇게 괴롭지는 않을 텐데…… (7쪽)

2) 건우가 김진숙 선생님에게 자신의 솔직한 심정을 밝혔다면 상황은 어떻게 달라졌을까요?

3) 실제로 우리 생활 속에는 자신의 생각을 솔직하게 이야기 하지 못하는 경우가 종종 있습니다. 어떤 상황에서 왜 그럴 수밖에 없는지 이야기해봅시다.

> "많이 가진 사람이 나눠야 하는 거다."
> '그게 무슨 말이예요? 그게 이거랑 무슨 상관인데요?'
> "이 일이 미진이 할머니랑 소영이 고모랑 알면 얼마나 노심초사 걱정을 하시겠니. 그러니까 장건우, 네가 넓은 마음으로 이해하고 넘어가는 거야, 씩씩하게. 할 수 있지?"
> '그러니까 엄마한테 말하지 말라, 그거군요.'
> "그리고 분명히 게임이었어, 게임!"
> '게임이면 사람을 때려도 괜찮은 건가요? 게임이면 가만히 있는 사람 뺨을 쳐도 되는 거냐구요!'
> "너는 똑똑하니까 잘 알아들었을 거라고 생각한다. 그렇지?"
> '무식해서 도무지 모르겠는데요.'(15쪽)

4) 교사의 입장에서 공부를 잘하는 학생과 못하는 학생에게 가르치는 방법은 달라질 수 있습니다. 적극적으로 자신의 생각을 발표하는 학생과 말 한 마디 하는 것이 힘든 학생에게 공평하게 지도하는 방법에 대해 이야기 해봅시다.

선생님은 소영이와 미진이 이름을 가장 먼저 외웠고 발표를 시킬 때면 교탁에서 내려와 옆에 서서 귀를 기울이셨다. 우물쭈물하고 있으면 가만히 어깨를 토닥여 주고는 대답을 못 했다는 것이 티 나지 않게,
"그래, 갑자기 생각하려면 좀 어렵기는 하지."
라든가, 아예 정답을 가르쳐 주고는 마치 대답을 한 것처럼,
"이해를 잘 하고 있구나."
하고 말씀하셨다. 나에게 하듯이,
"좀 더 분명하게 얘기해야지."
이렇게는 절대 말씀하지 않으신다.(13쪽)

5) 학급 반 친구들에게 선물이나 먹을거리를 돌리는 것에 대해 어떻게 생각하나요? 김진숙 선생님이 건우의 선물을 돌려보낸 것은 옳은 결정일까요?

엄마는 반장이 되고 나서 반 아이들 수대로 학용품과 사탕을 예쁘게 포장해서 교실로 보내셨다. 마침 아이들이 한 턱을 내라며 말들이 많았고 늘상 해 오던 일이라 문제가 되리라고는 생각하지 않았다. 그런데 선생님은 반 아이들에게는 한 마디 말도 없이 한 상자 가득한 40개의 선물 꾸러미를 그대로 돌려보내셨다.
"내가 담임을 하는 동안에 선물은 절대 안 된다." (…)
엄마의 핀잔과 반장이 되고도 아무것도 없냐는 아이들의 원망을 고스란히 들으며 나는 왠지 선생님이 어려워지기 시작했다. 그리고 이제는 눈치까지 보고 있는 것이다.(21쪽)

6) 건우 어머니의 공개 사과 요구는 정당한 것일까요? 여러분이 건우 어머니라면 어떻게 행동할지 이야기 해봅시다.

"엊그저께 점심 시간에 있었던 일을 여러분들은 다 알고 있지? 소영이, 미진이, 연희, 장건우한테 사과하도록 해."

나는 너무 놀라서 선생님 얼굴을 쳐다보았다. 아이들도 갑자기 웅성거리기 시작했다.
"건우 어머니가 오늘 학교에 다녀가셨다. 반 아이들이 모두 있는 자리에서 사과를 받아야 한다셨지." (30쪽)

7) 다른 선생님과는 달리 가난하고 부모님이 없는 아이들에게 각별히 관심을 쏟는 김진숙 선생님. 하지만 그 때문에 건우와 같이 상처 받는 아이들이 생기기도 하고, 상대적으로 서운함을 느끼는 학생들도 있습니다. 여러분은 김진숙 선생님을 어떻게 생각하나요? 여러분이 교사가 된다면 어떤 선생님이 되고 싶은지 이야기해봅시다.

8) '공평함'이란 어느 쪽으로 치우치지 않고 고름을 뜻하는 말입니다. '진정한 공평'이란 무엇인지 생각해보고 나만의 정의를 내려 봅시다.

"건우, 너한테는 좀 미안하지만 난 우리 선생님 그래도 좀 괜찮다고 생각해."
"하지만 공평한 건 아니야. 아니, 우리 선생님도 불공평해."
일부러 그런 건 아닌데 화난 사람처럼 말을 하고 말았다.(41쪽)

"우리 선생님 애들 편애 안 하잖아. 공부 잘한다고 예뻐하지도 않고, 엄마들이 학교 오는 것도 싫어하시고. 스승의 날에는 선물도 못 하게 하셨잖아. 초코파이 케이크로 그렇게 기뻐하는 분은 아마 우리 선생님 하날 거다"
"공부 잘하는 애들 편애하지 않는 건 확실해. 근데…… 나도 애들이 뭐라고 하는 소리 들었어."(63쪽)

5학년 때 선생님은 이런 말씀을 하셨다.
"나도 인간이야. 공부 잘하는 애가 더 예쁜 게 당연하지 않니? 말썽 안 피우고 선생님 말 잘 듣는 애가 더 예쁘지 않겠냐고."
하지만 선생님이라면 공평해야 하는 거 아닌가?
그때 나는 그런 생각을 했던 것 같다. 아니, 그 생각은 지금도 마찬가지다. 그런데 선생님이 공부도 못하고 선생님 말씀도 잘 안 듣는 애를 좋아한다면 그건 왜일까? 그건 왜지? (66쪽)

9) 김진숙 선생님이 이름을 부르지 않았다면 과연 누가 소영이의 이름을 불러주었을까요? 평소 문제아라는 친구에 대해 어떤 생각을 갖고 있는지, 반대로 선생님에게 편애를 받는 친구를 어떤 시선으로 바라보는지 이야기 해봅시다.

10) 이름을 부른다는 건, 말 그대로 이름만 부르는 것을 말하는 것은 아닙니다. 그렇다면 여러분은 친구들의 이름을 잘 불러주고 있나요? 옆에 있는 친구의 장점을 이야기하며 이름 불러주기를 해봅시다.

> 소영이가 학기 초에 잘 눈에 띄지 않았어요. 그래서 선생님이 이름을 불렀어요. 그러자 소영이는 살아났어요. 꽃처럼. 공부도 더 열심히 했어요. 물론 성적도 많이 올랐어요. 학교 생활도 더 열심히 했어요. 그건 여러분도 잘 알 거예요. 그런데 밖에서 얘기하는 소리를 들으니 선생님이 그렇게 잘한 것 같지는 않군요. 선생님이 소영이의 이름을 불렀기 때문에 여러분들은 소영이의 이름을 부르고 싶지 않았나요? 선생님이 이름을 부르지 않았다면 여러분은 소영이의 이름을 불러주었겠어요?(77쪽)

11) 과연 내가 선생님이라면 이렇게 사과를 할 수 있었을까요? 선생님의 사과를 어떻게 생각하는지 이야기 해보고, 진정한 '사과'란 무엇인지 나만의 정의를 내려 봅시다.

> 김진숙 선생님이 만든 마음의 규칙은 소중한 것이었다. 소외받는 아이의 이름을 먼저 불러 주고자 했던 선생님은 그 누구도 외톨이가 되지 않기를 바라셨을 것이다. 그런데 건우가 외톨이가 되었다. 지금껏 외톨이가 아니었던 건우는 얼마나 억울했을까? 결국 모든 아이들이 행복하기를 바랐던 선생님이 한 번도 외톨이가 아니었던 아이를 불행하게 만들고 만 것이다.(88쪽)
>
> 새로운 친구를 만날 대는 마음의 규칙을 잠시 접어 두었으면 좋겠다. '그 애'로서만 만나는 것이다. 이렇게 해서 시작되는 아름다운 우정은 마음의 규칙조차 새로 만든다.(90쪽)

12) 자신이 옳다고 생각하거나 중요하다고 생각하는 신념 혹은 가치관은 자신만의 마음의 규칙이 됩니다. 내 '마음의 규칙'으로 누군가를 아프게 한 적은 없는지 이야기 나눠봅시다.

"선생님 혼자서 한 이름 불러 주기 놀이 때문에 상처받은 사람이 있다면 미안합니다. 사과할게요."
교실 여기저기서 '아' 하는 탄성이 나왔다. 선생님은 고개까지 수그려 우리에게 사과를 한 것이다. 그런 선생님을 바라보고 있으니 이상하게 가슴 한 편이 아려왔다. (80쪽)

4 논제와 논점의 예시

김진숙 선생님은 교사 자질이 없다.	
찬성	반대
모범생인 건우에게 큰 상처를 주었다.	김진숙 선생님은 따뜻한 관심과 사랑으로 소외된 아이들에게 자신감을 찾아주었다.
교사로서 반 아이들에게 공평하지 못했다.	교사로서 바람직한 가치관을 갖고 학급을 운영한다.
반 아이들이 소영이나 미진이를 소외시키도록 만들었다.	자신의 잘못을 인정하고 진정으로 사과함으로서 반 아이들의 긍정적인 변화를 가져왔다.

8

지엠오 아이

문선이 지음/유준재 그림/창비아동문고/2008

● 안정애

도서 선정 이유

이 책은 유전자변형체(GMO) 기술에 의해 탄생한 주인공 나무가 겪는 성장담을 중심으로 GMO 기술의 문제점을 다루고 있다. 현재도 식탁을 위협하는 유전자변형체(GMO) 기술은 미래사회에서는 식품 뿐만 아니라 인간의 맞춤제작을 가능하게 함으로써 인간 본질의 문제, 실존주의적인 문제로 비화될 것임을 예고하고 있다.

주인공 나무는 학교 친구들로부터 왕따 당하고, 부모로부터 버려지는 존재로 그려진다. 이 책은 인간의 진정한 가치는 무엇이고, 기업윤리와 기업의 사회적 책임은 어떠해야 하는지, 유전 · 생명공학기술의 발전은 어디까지 허용되어야 하며, 어떤 가치와 목표를 가져야 하는지, 그리고 유전자 조작을 통한 맞춤 신생아 탄생이 과연 생명윤리에 부합되는지 등 다양한 문제를 생각해 보게 한다.

① 들어가기 전에

1) 지엠오(Genetically Modified Organism)란 무엇인지 알아 봅시다.

2) 지엠오 아이란 어떤 유형의 인간을 말하는지 알아 봅시다.

② 책 속으로

1) 책의 배경, 즉 시기와 장소는 어떠한가요?

2) 주인공 정 회장과 나무는 어떤 인물인가요?

3) 진화 애완동물 프로젝트의 내용은 어떤 것인가요(40~43쪽)?

4) 나무의 병명과 특징은 무엇일까요(196~197쪽)?

5) 정 회장은 왜 나무에게 같이 냉동인간이 되자고 했을까요(238~240쪽)?

③ 넓고 깊게 생각 나누기

1) 다음과 같은 사회에서 왜 정신불안과 우울증이 늘어날까요?

> 정 회장이 특별한 이상이 있어서 우울증 치료를 받는 것은 아니었다. 이미 오래 전부터 정신불안과 우울증에 시달리는 사람이 많았다. 그로 인해 사망 원인 일 위인 자살과, 해마다 늘어나는 사회적 범죄를 막기 위해 국가에서는 모든 사람이 의무적으로 육 개월에 한 번씩 우울증 검진과 치료를 받도록 법으로 정해 놓았다(24쪽).

2) 화상회의에서 벌어지는 과학기술과 과학자에 대한 다음과 같은 상반된 주장 중 여러분은 어떤 쪽을 지지하나요?

> 변 상무 : 어차피 모든 과학기술은 개발되면 사용되기 마련입니다(…) 많은 비난 속에서도 과학자들의 피나는 노력의 결실로 유전· 생명공학은 눈부신 발전을 해 왔습니다. 결국 사람들은 오늘날 우리 회사에서 특허를 낸 장기들로 생명을 연장하고 있지 않습니까?(…) 지금은 불임부부뿐만 아니라 임신 가능한 부부들까지도 아이 낳는 것을 기피하고 있어요. 많은 사람들이 유전자 조작을 통해 자기들이 원하는 맞춤 아이를 자녀로 두고 있습니다(30~31쪽).
>
> 이 전무 : 시위 등 지금 문제는 유전자 조작 인간이 유전자 조작 식품을 장기적으로 먹었을 때, 또 일반인도 유전자 조작식품을 오랫동안 먹었을 때 생길 수 있는 질병과 관련되어 있어요. 우리가 전혀 예측하지 못한 알레르기 증상이나 알 수 없는 면역결핍, 유전자 파괴, 정상 세포의 자살 등을 일으키는 희귀병 말입니다(…) 지엠오 식품은 대량생산이 가능해서 값이 싸기 때문에 서민들이 주로 먹어 왔습니다(32~33쪽).

3) 유전자 조작 아이들이 버려지는 현상(35~36쪽)과 유기견의 공통점과 차이점은 무엇일까요?

4) 만약 여러분이 기업의 대표라면 다음과 같은 입장에 대해 찬성인가요? 반대인가요? 그 이유를 이야기해 봅시다.

박 이사 : 기업은 이윤을 목적으로 합니다. 고객이 원하는 대로 사업계획을 짜는 건 당연한 시장원리 아닙니까? 일단 소비자의 손에 들어가면 그 뒤는 전적으로 고객 몫이죠. 전 오히려 경쟁회사가 사람들 요구대로 유전자 조작을 해 주어 급성장하는 데 반해, 창업윤리와 원칙만 내세우며 변화를 꾀하지 않는 우리 회사가 더 문제라고 봅니다(37쪽).

5) 아래 두 사람이 정 회장에게 바라는 것과 여러분이 부모님께 바라는 것과 차이가 있을까요?

나무 : 저랑 인사하고 나서 제 뒷 모습 조금만 봐 주시면 안 돼요? 제가 돌아 볼 때 할아버지 등만 보이면 맥 빠지거든요(135쪽).

아들 : 퇴학을 막으려고 학교에 오신 날, 아버지한테 함부로 말한 게 후회 돼 막 달려갔어요. 하지만 아버진 제가 부르는 소리를 들으셨을텐데도 차를 타고 그냥 가 버리셨어요. 제 뒤를 바라 봐 주기는커녕 제가 달려갔는데도 모른 척 하셨다고요(138쪽).

6) 정 회장이 이야기하는 것처럼 미래사회에도 종교가 필요할까요?

정 회장은 사람들이 신을 왜 찾는지 이제야 이해되었다. 이미 신의 섭리를 거스르고 살아가는 시대였다. 그런데도 종교가 여전히 건재하고, 그것이 사람들 마음을 지탱하고 있는 이유를 알 것 같았다(…) 용서하시고, 제발 우리 나무 낫게 해 주세요. 다 나 때문인 것을. (241쪽)

④ 논제와 논점의 예시

GMO 아이는 사회발전에 도움이 된다.	
찬성	**반대**
우월한 유전자의 조합은 더 나은 사회발전을 가능하게 한다.	GMO 인간 없이도 역사는 잘 발전해 왔다.
여성의 출산 고통을 없애고, 출산의 인위적 조절이 가능하여 인구조절이 가능하다(출산률 저하 문제 등 해결 가능)	생명윤리를 거스른다.
이상적인(utopian) 사회를 만들 수 있다.	가족 또는 공동체 등에서 요구하는 인간적인 가치(희생, 봉사, 사랑)가 소멸되고, 인간적 유대감이 약화된다.

9

유진과 유진

이금이/푸른책들/2013

● 최수정

도서 선정 이유

어릴 때 유치원 원장에게 성폭력을 당한 큰유진이와 작은유진이의 부모님은 사건에 대해 서로 다르게 대처한다. 사건이 일어났을 때, 큰유진이 부모님은 큰유진이 잘못이 아니라며 안심시키고 끊임없이 사랑을 주는 반면, 작은유진이 부모님은 그러한 사건을 은폐하고 없었던 일처럼 행동한다. 작은유진이에게 그 사건은 겉으로는 심리적 억압을 통해 잊혀진, 없었던 사건이 되었지만 기억 속에서 사라진 것이 아니라 작은유진이의 깊숙한 내면에 자리하게 된다.

〈유진과 유진〉은 성폭력이라는 추한 개인의 욕망이 소녀들의 삶을 얼마나 파괴할 수 있는지 보여준다. 작가는 사건이 일어났을 당시 주위 사람들의 차가운 시선과 가족의 잘못된 대처를 그려냄으로서 성폭력은 가족은 물론 사회가 함께 해결하려는 배려와 치유책이 필요함을 일깨워 준다.

① 들어가기 전에

1) 성폭력, 성추행, 성희롱이란 어떻게 다른지 알아봅시다.

2) 성폭력의 후유증은 어떤 것이 있는지 알아보세요.

3) 우리나라에서 성폭력을 제재하는 법은 무엇이 있는지 알아봅시다.

② 책 속으로

1) 주요 등장인물에 대해 소개해 보세요.
(큰유진, 작은유진, 소라, 건우, 큰유진이 부모님, 작은 유진이 부모님, 건우 엄마)

2) 작은유진이가 수학여행에서 담배를 피우게 된 계기는 무엇인가요?

3) 큰유진이가 작은유진이를 아는척 해도 작은유진이는 자신을 아는척 하는 것을 이해하지 못합니다. 어떤 일을 계기로 작은유진이가 과거의 일을 큰유진이에게 물어보게 되었나요?

4) 작은유진이는 엄마가 새엄마이거나, 엄마가 자신을 데리고 시집을 왔다고 상상해 왔습니다. 그렇게 상상한 이유는 무엇인가요?

5) 작은유진이네가 어릴적 그 사건에서 갑자기 빠지고 허둥지둥 이사 간 이유는 무엇인가요?

6) 희정언니가 "앞으로도 그냥 춰. 춤은 그냥 출 때 가장 자유로운 거야."라고 합니다. 희정 언니 말의 뜻은 무엇일까요?

7) 작은유진이는 "나 정말 미국에 보낼 거예요?"라고 했지만, 정말 하고 싶었던 말은, '나를 또 버릴 거예요?'였습니다. 작은유진이가 그렇게 느낀 이유는 무엇인가요?

③ 넓고 깊게 생각 나누기

1) 작은유진이는 자신의 몸을 박박 닦고 있는 엄마의 모습이 떠오르자, 그 상황에서 도망치려고 합니다. 여러분은 기억하고 싶지 않아도 계속 떠오르는 아픈 기억이 있나요?

이렇게 몸을 닦았던 적이 또 있던 것 같다. 수증기 너머 거울로 또 한 장면이 지나갔다. 어떤 여자가 꼬마 아이의 몸을 박박 닦고 있다. 아이가 아프다고 비명을 지르며 울자 여자가 따귀를 때린다. 아마도 처음 맞아보는 것 같다. 아이는 자신이 맞았다는 사실에 너무 놀라 울음을 멈춘다. 아니, 억지로 멈춘

울음이 아이의 숨을 막는다. 그래도 여자는 하얗게 질린 얼굴로 아이의 살갗을 벗겨내기라도 하려는 듯 문질러 대고 있다. (86~87쪽)

2) 큰유진이는 가족들에 대한 불만으로 가출을 생각합니다. 여러분도 가출을 생각해 본적이 있는지 말해봅시다.

(…) 내가 얼마나 핸드폰을 간절히 원하는지 안다면 사 주지도 않을 거면서 날 대리점에 데리고 가는 일이 상처가 될 거라는 것도 알았어야 했다. 아빠는 내 방 출입금지 대상 3호가 되었다. 네 식구 중 나를 뺀 세 명이 내 방 출입금지 대상자가 되었다. 이 정도면 내가 집을 나가야 하는 거 아닌가? 나는 정말이지 이 집을 나가고 싶다. (…)
출입금지 대상자 1호 형진이가 내 컴퓨터 앞에 앉아 있었다. (…)
"아무것도 안 했어. 게임하고 있는데 말 걸어서 그냥 대답한 거밖에 없어."
"너라고 했어? 내 동생이라고 했냐구?"
"아니, 누난 줄 알고 말하는데 동생이라고 하면 그 형이 창피할까 봐 가만 있었어. 히힛, 그 형이 누나 어떻게 변했나 보고싶대. 그래서 내가 형한테 캠사진 찍으면 올린다고 했어."
이게! 다이너마이트가 폭발하고 말았다. 나는 책상 위에 있던 사전으로 형진이 머리를 내리쳤다. 형진이가 머리를 싸안으며 울음을 터뜨렸다. 울음소리에 쫓아 들어와 형진이 머리를 살펴본 2호가 소리를 질렀다.
"아이구, 이 피 좀 봐. 이걸 어째! 이걸 어째!" (103~105쪽)

3) 큰유진이는 문제 학생 뒤에는 문제 부모가 있다고 생각합니다. 다음은 TV에 나온 건우 엄마가 한 이야기 입니다. 문제 청소년은 청소년이 문제가 있어서일까요? 어른들이 문제일까요?

"아이들은 어른의 부속물로 생각해서는 안 된다는 거죠. 청소년은 지금 질풍노도의 시기를 거치고 있는 존재들입니다. 그들의 특성을 잘 이해해야 합니다. 태어날 때부터 비행 청소년은 없습니다. 어른들이, 사회가 그렇게 만드는 것이죠."(118쪽)

4) 여러분은 그동안 관심 가져 보지 못했던 것에서 마음이 끌려 본적이 있나요? 어떤 것을 할 때 작은유진와 같은 감정을 느끼게 되나요?

(…) 그 애들이 춤을 추는 모습은 누구보다도 진지하고 성실해 보였다. 내가 어려운 수학문제를 풀 때 나도 저런 얼굴을 할는지 모르겠다.
한동안 바라보고 있자 리듬이 내 몸 속에도 퍼지는 것 같았다. 마치 감전이라도 당한 것처럼 온몸이 짜릿해지면서 어깨가 저절로 움찔거렸다. 나는 화들짝 놀라 뒤로 물러났다. 공부 이외의 것에 마음이 끌려본 건 처음이었다. (…) (134쪽)

5) 청소년기에 이성 교제하는 것에 대해 여러분은 어떻게 생각하나요? 부모님의 생각은 어떠한가요?

나의 기말고사 성적은 전교 석차 113등으로 전보다 무려 100여 등이나 올랐다.
"거봐! 내가 그 학원 보내길 잘했지."
엄마는 자신의 탁월한 선택에 대한 만족감까지 보태져 더욱 기쁜 듯했다. 하지만 내 성적이 오른 것은 학원의 공만이 아니다. 그보다는 전교 1등이 아니라는 것을 알면서도 나를 여자 친구의 자리에 있게 해준 건우에게 당당해지고 싶은 마음과, 학구적인 그 애의 가족에 편입하기 위한 나의 가상한 노력 덕분이다. (…)
"에에, 숙제는 무슨? 누나, 숙제 핑계 대고 데이트하려고 그러는 거잖아!"
형진이가 놀려댔다.
"일석이조지 뭘 그래? 건우 사귀면서부터 성격도 더 좋아지고 성적도 올랐는데, 엄마는 그런 이성교제는 대찬성이다, 대찬성이야!"
"그렇지. 데이트 비용 필요하면 말해. 아빠가 아빠 용돈 줄여서라도 줄게."(175~177쪽)

6) 부모님의 관심을 너무 바라면서도 부모님이 나의 마음을 알아주기만을 바랬던 적이 있나요? 아니면 작은유진이처럼 반항적인 태도나 다른 방법으로 부모님의 관심을 받아보려고 한 적이 있나요?

(…) 상대평가를 하자면 여전히 상위권이지만 나로서는 최악인 성적표를 받으면서 고통과 한 몸처럼 가슴 한복판을 관통하는 쾌감을 느꼈다. 요즘 들어 가장 자주 맛보는 느낌이다. 고통이면서 쾌감이고,

쾌감이면서 고통인. 쾌감은 밖을 겨냥한 것이고, 고통은 그것과 상관없이 나 자신에게 느끼는 것이었다. 아니, 그 반대일지도 몰랐다. (…)
(…) 떨어진 성적으로 엄마에게 실마리를 주고 싶었는지도 모른다. 엄마가 그걸 계기로 내 마음에 들어와 주길 바랐던건 아니었을까. 담배 피우는 나를 보아 주고, 학원 대신 춤 배우러 다닐 계획을 세우고 있는 날 보아 주고, 그리고 잘려져 나갔던 기억들을 퍼즐조각인 양 맞춰 보고 있는 나를 보아 주었으면 좋겠다. (…)
나는 이미 여섯 살이란 어린 나이에 깨진 그릇과 같은 존재가 되었다. 어른들은 깨진 조각들을 모아 불안정하게 형태를 만들어 놓았을 뿐이었다. 그것은 자신들의 체면 때문이었을 것이다.(…) 그들에게 복수하는 길은 내가 깨진 그릇임을 보여주는 것이다.(184~186쪽)

7) 작은유진이가 유학 가기 싫어 집을 나왔을 때 나누었던 대화입니다. 어떤 일이 있을 때, 여러분은 부모님과 대화를 나누려고 시도해보는지 말해봅시다.

"엄마한테, 가기 싫다고 말해봤어?" 큰유진이가 물었다. 나는 고개를 가로저었다.
"그럼 너, 엄마 아빠한테 이야기도 안 해보고 지금 이렇게 집 나와서 어리광 부리는 거야?(…)
"니들이 뭘 알아? 우리 엄마는 한 번도 내 편이었던 적이 없어. 내 이야길 들어준 적이 없다구. (…)
눈물이 떡볶이 속으로 떨어졌다. (227쪽)

8) 방황하는 작은유진이 같은 청소년기의 학생에게 사회가 해줄 수 있는 역할은 어떤 것이 있을까요?

(동해로 가는 기차 안에서) 건우 엄마가 했다는 말을 할 때 작은 유진이는 내 손을 꽉 잡았었다. 그 손이 바르르 떨리고 있었다. 엄마의 분노보다도 소라가 껴안아 줬을 때보다도 진정으로 위로 받는 느낌이 들었다. 이 아이는 또 다른 나인 것만 같았다.(…) (240~241쪽)
(갑작스레 떠난 정동진에서 돈을 잃어버려 소라는 다시 돌아가기 위해 보라 언니에게 도움을 청하는 문자를 한다.)
나와 소라는 다시 돈 잃어버린 것을 알기 전의 기분으로 돌아가고 있었지만 바다를 바라보는 작은유진이의 얼굴은 하얗다 못해 파랗게 질려 있었다. 하긴 작은유진이는 우리보다 훨씬 나쁜 상황에서 집을 나왔다. 그럼 잘 달래서 들여보냈어야하는 건데, '옳다구나!' 하고 이렇게까지 만든 건 우리한테도 책임이 있는 것 같다. 진정한 친구라면 그래서는 안 되는 거였는데. (…)
소라가 작은유진이를 툭 치곤 이어폰 한쪽을 건네주었다. (…) 소라가 나를 위해서인 듯 엠피쓰리에서 흘러나오는 노래를 부르기 시작했다. (…) 작은 유진이가 앉은 채 어깨를 들썩이기 시작했다. (…)
작은유진이는 눈을 감더니 노래에 맞춰 몸을 흔들기 시작했다. (…) 반항이든, 자학이든, 자포자기든, 그래서 춤을 추는 아이가 아니었다. 그냥 춤이 좋아서 춤을 추는 아이일 뿐이었다. 춤은 그 애를 자기 자신으로 돌려놓았다. 춤을 추는 그 애의 표정은 편안하고 행복해 보였다.
(251~253쪽)

8-1) 큰유진이와 소라의 행동은 작은유진이에게 큰 도움이 되었을 것입니다. 누군가를 진정으로 위로해 주기 위한 방법에는 어떤 것들이 있을까요?

9) 여러분은 엄마, 아빠 또한 나처럼 고민이 많으며 어떤 때에는 나약하다고 느끼게 된 적이 있는지 말해봅시다.

"처음에 그 사실을 알았을 때, 나는 그 놈을 죽이고 싶었어. 네 아빠도 그놈을 죽이러 가겠다고 펄펄 뛰었어." (…)
내게 진작 알려 주었다면 여기까지 오지 않았을 텐데…….
(…)널 위해서 그 일에서 빠지고, 그 일을 잊어버리는 게 좋겠다고 생각했던 건 거짓말이었어. 날 위해서였어(…)
(…)"내가 널 특별하게 여기면 네가 그때 일을 기억해 낼까봐, 무엇이든 털어 놓을 수 있는 사이가 되면 네가 그때 일을 물어 올까 겁이 났어. 널 어떻게 대해야 할지 나도 혼란스러웠어."
내가 기억하고 있는 편이 나았다. 때로는 상처가 덧나 아프고 힘들더라도 내가 기억하면서 아물게 하는 편이 나았다. 희정언니의 말처럼 훈장으로 삼든, 기운 자국으로 삼든 내가 내게 일어난 일을 겪어 나가는 모습을 내 편이 되어 함께 지켜봐 줬어야 했다. (…)
나는 거대한 벽 같기만 하던 엄마 아빠가 실은 평범하고 나약한 사람들이었다는 사실에 맥이 빠졌다.
완전히 술기운에 허물어진 엄마는 차츰 횡설수설하다가 바닥에 쓰러진 채로 잠이 들었다. (274~276쪽)

9-1) 여러분은 어떨 때 부모님의 진심어린 대화로 위로 받고 소통이 되었나요?

9-2) 여러분은 부모님도 위로해 드려야 할 존재라고 생각해 본적이 있나요?

④ 논제와 논점의 예시

논제 : 작은 유진이는 옛날 기억을 모른 채 아는 사람이 없는 곳으로 멀리 떠나 살아가는 것이 맞다.	
찬 성	**반 대**
평범하게 모르고 사는게 편하다.	무의식에 잠재되어 있던 것도 언젠가는 기억이 떠오른다.
주변인이 도우려는 사람이 없다(건우엄마처럼 성폭력 문제를 적극 해결하려 노력했던 사람도 등을 돌리는 상황이니 모르는 것이 낫다).	작은 유진이도 자신을 극복할 수 있는 힘이 있고 그 과정을 거쳐야만 행복할 수 있다.
자라서 얘기해 주면 극복하기 더 좋다.(작은유진이가 고통을 감당하기 어렵다.)	가족과 친구의 공감과 위로로 극복할 수 있다.

10

허생전, 호질, 양반전

박지원 지음/청목/2011

● 안정애

도서 선정 이유

조선 후기 영정조 시대 실학파의 수장인 박지원은 '허생전' 등을 통해 기존의 명분론 중심의 유학을 비판하였으며, 상업 등의 실리추구를 주장한 소위 북학파의 한 사람이었다. 박지원은 소설을 통해 기존 양반사회의 부조리와 허위의식을 비판하고 있는데, '허생전'은 글만 읽고 무위도식하던 양반이 상업으로 치부하고, 도둑들을 모아 이상사회를 만드는 과정을 보여 준다.

'호질'은 범의 입을 빌어 북곽이라는 양반의 이중성을 비판한다. '양반전'은 양반을 돈으로 사서 행세하고자 하는 부자 이야기를 통해 양반이 갖고 있는 특혜와 반칙, 그리고 허례허식을 신랄하게 비판함으로써 기존 질서에 대한 문제의식을 던지고 새로운 질서를 구축해야 함을 주장하고 있다. 이는 현대사회에서 기득권층이 벌이고 있는 많은 부정적인 문제들과도 연관되어 많은 시사점을 던져 주고 있다.

① 들어가기 전에

1) 박지원은 어떤 사람인가요?

2) 실학이란 무엇인가요?

3) 북학파란 어떤 사람들을 일컫나요?

4) 역사적으로 영정조 시대는 어떤 시대였나요?

허생전

① 책 속으로

1) 허생은 어떤 사람인가요?

2) 허생의 치부 방법에는 어떤 것들이 있나요(33~35쪽)?

3) 매점매석의 폐해는 어떤 것이 있을까요?

4) 허생은 왜 도둑의 소굴을 찾아 갔나요?

5) "겨우 만 냥으로 이 나라를 기울게 할 수 있다니, 국가의 심천을 알 만하구나"(34쪽)는 무슨 뜻인가요?

6) 돈 백 냥에 "계집 하나와 소 한 마리를 구해 오너라"에서 여자의 위치는 어떻게 자리매김되고 있나요(37쪽)?

7) 허생은 사대부들의 호란 설욕 방법으로 어떤 것들을 제시하고 있나요(46~48쪽)?

8) (19세기 경)허생이 부자에게 빌린 돈 1만 냥은 현재 시세로 얼마쯤일까요?

② 넓고 깊게 생각 나누기

1) 글만 읽는 허생에게 부인이 충고하는 다음과 같은 말에 대해 어떻게 생각하나요?

> 아내 : 당신은 한평생 과거도 보러 가지 않으면서, 어쩌자고 글만 읽는단 말입니까?
> 허생 : 내 아직 글이 서툴러서 그렇다네.
> 아내 : 그렇다면 공장 노릇도 못 한단 말입니까?
> 허생 : 공장일을 평소에 배우지 못했으니 어쩌오?
> 아내 : 그렇다면 하다못해 장사라도 해야지요.
> 허생 : 장사를 하려 해도 밑천이 없으니 어쩌오?
> 아내 : 당신은 밤낮없이 글을 읽더니, 그래 '어쩌오'하는 것만 배웠수? 공장 일도 못 한다, 장사도 못 한다. 그럼 도둑질은 어떻수?(31~32쪽)

2) 허생이 꿈꾸는 다음과 같은 이상향은 토마스 모어의 「유토피아」와 어떤 공통점과 차이점이 있나요?

> 내 처음 너희들과 이 섬으로 올 때에는 먼저 부자가 되게 한 다음에, 따로 문자를 만들고 옷이며 갓 같은 것도 지어 입게 하려고 하였다(…) 너희들은 아이들을 낳거든 오른손으로 숟가락을 잡도록 가르치고, 또 하루라도 먼저 난 사람이면 서로 음식을 양보하는 따위의 덕을 길러야 한다(…) 배들을 모조리 불 질러 없애버리고 오십만 냥도 물 속에 던져 버리고, 도둑 중에서 글을 아는 자는 모두 불러 내어 배에 실었다. "이 섬에서 화근을 뽑아 버려야 한다"(38~39쪽).

3) 허생이 5년 동안 매점매석 등의 방법으로 백만 냥을 벌어들일 수 있었던 것에 대해 어떻게 생각하나요? 허생이 판단하는 18~19세기 조선의 사회경제적인 실상은 어떤 것일까요?

> 우리 조선은 외국과 무역이 없고, 수레가 나라 안을 두루 돌아다닐 수 없는 까닭에, 모든 물건이 그 안에서 생산되고 그 안에서 소비되지 않는가. 천금이란 적은 금액으로 모든 물건을 다 살 수는 없지만 그것을 열로 쪼개면 열 가지 물건을 고루 살 수 있는 것이 우리 조선 땅이야. 그리고 물건이 가벼우면 나르기도 쉬워서 한 가지의 시세가 시원치 않더라도 나머지 아홉 가지는 시세가 좋아질 것이니, 이건 보통 작은 장사치들이 하는 이문 내기의 한 방법이지(41~42쪽).

4) 허생의 다음과 같은 '사대부'에 대한 평가에 대해 이야기해 봅시다. 그리고 현대의 바람직한 사회지도층의 모습은 어떤 것이어야 할까요?

> 소위 사대부란 대체 어떤 놈들이냐? 이맥의 땅에서 태어나서 제멋대로 사대부라 하니 얌통머리가 없지 않느냐? 바지저고리를 온통 희게만 입으니 이건 장사를 지내는 사람의 옷차림이요, 머리를 한데 묶어서 송곳처럼 상투를 트니 이건 남만의 방망이 상투가 아니냐. 그러면서 어찌 예법을 압네 주둥이를 놀리는 거냐? 옛날 번어기는 사사로운 원한을 갚고자 머리를 자르는 것조차 아까워 하지 않았고, 무령왕은 나라를 부강하게 만들고자 호복 입는 것을 수치로 여기지 않았다. 지금 명나라의 원수를 갚겠다고 하면서 그래 그까짓 상투 하나를 아낀단 말이냐?(…) 그 넓은 소매를 고칠 생각은 하지 않고 예법만 찾아(47~48쪽)?

호질

① 책 속으로

1) 범은 어떤 동물인가요?

2) 북곽 선생의 이중성은 어떤 모습으로 나타났나요?

3) 선비(북곽 선생)와 수절과부 동리자에 대해서는 어떻게 설명하고 있나요(11~12쪽)?

4) 북곽 선생은 왜 도망갔나요?

5) 범의 꾸짖음의 내용은 무엇인가요(14~18쪽)?

② 넓고 깊게 생각 나누기

1) 의원과 무당, 그리고 선비에 대한 다음과 같은 범의 평가와 오늘날의 의사, 종교인, 지식인과 비교해 봅시다.

> 의원이란 의심스러운 자다. 의심스러운 것을 남에게 시험하여 해마다 사람을 죽이는데 그 수가 항상 수 만 명에 이른다. 또 무당이라는 것은 속이는 자다. 신을 속이고 백성들을 유혹하여 해마다 사람을 죽이는데 그 수가 수 만 명에 이른다(11쪽)(…) 선비는 아첨한다고 하더니 과연 그러하구나. 네가 평시에 천하의 악한 이름을 모아서 그 망령됨을 나에게 더하더니 지금은 일이 급해지자 눈 앞에서 아첨을 하지만 장차 누가 믿겠느냐(…) 글을 아는 체하고 다니는 자는 모두 공손하지 못한 오품의 사람이다(14~15쪽).

2) 다음은 흉년과 가뭄, 전쟁으로 인한 참상을 묘사한 것입니다. 「왜 세계의 절반은 굶주리는가」에 나타난 오늘날의 구조적인 빈곤의 모습과 비교해 봅시다.

> 범이 사람을 먹는 것을 따지면 사람들끼리 서로 먹는 것보다는 많지 않다. 지난 해 큰 가뭄에 백성들이

서로 먹은 것이 수 만 명에 이르며, 지난해 산동의 큰 물에 백성들이 서로 먹은 것 또한 수만 명이었다. 그것을 춘추와 비교하면 또 어떠한가. 춘추 때에는 덕을 심은 싸움이 열일곱 번이요 원수를 갚은 싸움이 삼십 번인데, 피는 천 리에 흐르고 시체가 백만이나 쌓였었다(16~17쪽)

양반전

① 책 속으로

1) 조선시대 양반이란 어떤 계급인가요?

2) "양반을 사서 행세하는 것"(24쪽)은 어떤 시대상을 보여 주나요?

② 넓고 깊게 생각 나누기

1) 다음과 같은 양반의 종류와 하는 일/해야 하는 일을 현재의 시각으로 평가해 봅시다.

글만 읽는 것은 선비요, 정치에 종사하면 대부라 하고, 덕이 있는 자는 군자라고 한다. 무반은 서쪽에 서고 문반은 동쪽에 선다. 그래서 이것을 양반이라고 한다(…) 절대로 비루한 일은 하지 말아야 하고, 옛사람을 본받아 그 뜻을 숭상해야 할 것이다. 새벽 오경이면 일어나 촛불을 돋우고 앉아서 눈으로는 코 끝을 내려다 보고 무릎을 꿇어 발꿈치는 궁둥이를 받친다(…) 배가 고픈 것을 참고 추운 것도 견디어 내며 입으로는 가난하단 말을 하지 않는다(…) 손으로 돈을 만지지 말며 쌀값을 묻는 법이 없어야 한다. 아무리 더워도 버선을 벗지 않고, 밥을 먹을 때 맨상투 바람으로 먹지 않는다.밥 먹을 때에는 먼저 국부터 마시지 말고 넘어가는 소리를 내지 않는다. 젓가락을 방아찧듯이 자주 놀리지 않고 날파를 먹지 않는다(25~26쪽)

2) 군수가 이야기 하는 다음과 같은 양반이 가진 특권의 부당성에 대해 이야기 해 봅시다.

하늘이 이 백성을 낼 때, 네 종류의 백성을 만들었다. 이 네 가지 백성 중에 가장 귀한 것이 선비요, 이것을 양반이라 하는데 이보다 더 좋은 것은 없다. 농사도 짓지 않고 장사도 하지 않아도 된다. 글만 조금 하면 크게는 문과로 나가게 되고 작아도 진사는 된다. 문과의 홍패라는 것은 크기가 두 자도 못 되지만, 여기에는 100가지 물건이 갖추어져 있어 이것을 돈자루라고 부른다. 진사는 나이 삼십에 초사를 해도 이름이 나고 다른 모든 벼슬도 할 수가 있다. 귀밑머리는 일산 바람에 희어지고, 배는 종놈들의 "예" 하는 소리에 불러진다. 방에는 기생이나 앉혀두고, 뜰에 서 있는 나무에는 학을 친다. 궁한 선비가 되어 시골에 살아도 자기 맘대로 할 수가 있으니, 이웃집 소를 가져다가 자기 밭 먼저 갈고, 마을 사람 불러다가 내 밭 먼저 김매게 한다. 이렇게 해도 누구도 욕하지 못한다. 잡아다가 잿물을 코에 들이붓고 상투를 잡아매어 벌을 준대도 아무도 원망하지 못한다(27~28쪽).

3) 양반을 사서 행세하려던 부자는 양반을 포기했습니다. 여러분이라면 어떻게 할까요?

"제발 그만 두시오. 맹랑합니다그려. 나를 도둑놈으로 만들 작정이시오?" 이렇게 말하고 부자는 머리를 손으로 싸고서 달아나 버렸다. 그리고 나서 죽을 때까지 다시는 '양반'이란 말을 입 밖에 내지 않았다(28쪽).

③ 논제와 논점의 예시

허생이 만든 섬(사회)은 이상사회이다	
찬성	**반대**
차별이 없고 모든 사람이 평등하다(지배계급(양반/식자) 전무).	고립/단절/폐쇄 사회
사회경제적 부가 확보되어 있다(자급자족)	타국/타사회와의 사례 비교가 불가능하여 발전 가능성이 없다.
독립적/비의존적 사회	사회경제적 부(먹고 사는 것 충족)만이 이상사회의 요건이 될 수 없다.
예를 가르친다.	

11

아빠, 나를 죽이지 마세요

테리 트루먼 지음/천미나 옮김/책과 콩나무/2009

● 전민자

도서 선정 이유

숀은 태어날 때 뇌에 손상을 입어 자신의 의지로는 근육 하나, 눈동자 하나 마음대로 움직이지 못하는 식물인간과 다름없는 지적 장애아이다. 그러나 숀은 무엇이든 한 번 들으면 완벽하게 기억하는 천재적 재능이 있다. 다만 겉으로 표현하지 못할 뿐이다. 숀의 아버지는 유명한 언론인이지만, 이혼 후 집을 나갔다. 숀은 이러한 처지에서도 삶을 아름답다고 여기고 간절히 살고 싶어 하지만, 아빠는 숀의 고통을 끝내기 위해 아들을 죽이려 한다.

이 작품은 장애인들의 겉모습 속에 감춰진 내면의 세계를 보여주면서 삶의 가치를 생각하게 한다. 또 중증장애인 가족들의 희생은 TV를 통해 보여지듯 아름답고 숭고하기만 한 것은 아니며 이들을 돌보는 책임을 가족과 사회가 어떻게 나누어 질 것인가에 대해 토론해 볼 수 있다. 또한 아들의 고통을 끝내기 위해 숀을 죽이려고 하는 아빠를 통해 진정한 사랑이란 어떤 것인지 생각하도록 한다.

1 들어가기 전에

1) 중증 장애인이나 그를 돌보는 가족을 실제로 또는 TV 등을 통해 만난 적이 있으면 이야기해봅시다.

2) 안락사(安樂死)와 존엄사의 차이에 대해 알아봅시다.

3) 우리나라의 안락사 관련 법률에 대해 알아봅시다.

② 책 속으로

1) 숀이 뇌성마비에 식물인간이지만 읽기를 배울 수 있었던 이유는 무엇인가요?

2) 숀은 자신이 가족 모두의 삶을 바꾸어 놓았다고 생각합니다. 어떻게 바꾸어 놓았나요?

3) 숀 인생의 가장 나쁜 소식은 무엇인가요?

4) 숀은 아빠가 자신을 죽이는 것은 불가피한 선택이라고 생각합니다. 왜 그렇게 생각하는 걸까요?

5) 중증장애인인 숀이 자기 삶에 대해 느끼는 만족도는 어느 정도인가요?

6) 숀은 하루에 몇 번씩 심한 발작을 합니다. 그 발작을 대하는 숀과 가족들의 태도는 어떻게 다른가요?

7) 숀의 아빠는 '얼 디트로'에 관한 새 책을 집필 중입니다. '얼 디트로'는 누구인가요?

8) 얼 디트로와 숀 아빠의 비슷한 점과 다른 점을 찾아 비교해 보세요.

③ 넓고 깊게 생각 나누기

1) 일반적인 사람들의 시선과는 달리 숀이 중증장애인인 자신의 인생을 바라보는 태도는 그리 부정적이지 않습니다. 중증장애인을 바라보는 여러분의 시선은 어떻습니까?

> 나는 바보가 아니며, 이 쓸모없는 몸뚱이 안에 진짜 내가 있다는 사실, 내가 여기에 있다는 것, 난 단지 이도저도 아닌 어딘가에 갇혀있을 뿐이라는 사실을 사람들이 안다면, 아니 단 한 사람이라도 알게 된다면 과연 내 인생은 어떻게 될까 하고 이따금씩 정말로 궁금해진다.(18쪽)

2) 자신과 친구들이 저능아가 아니라는 숀의 생각에 여러분은 동의하십니까?

> 보통 사람들의 가치와 습관, 취미와 특성들을 그대로 따라하게끔 만든다고 해서 우리 저능아들이 정상인이 아니라는 사실이 바뀌는 건 아니다. 우리는 다르다! 내가 우리반 친구들을 저능아라고 부르는 건 단지 사람들이 우리를 보며 그렇게 부르기 때문이다. 지체라는 말은 '느리다'라는 뜻이면서 동시에 단지 느린 부류의 사람들을 통칭하는 말이기도 한데, 모든 사람이 모든 일을 똑같은 방식과 똑같은 속도로 처리하기를 바라기 때문에 생겨난 말이다. 정상인들이 우리를 저능아라고 하니까 우리는 저능아가 되는 거다.(59쪽)

3) 엄청난 돈을 들여 중증장애아를 가르치는 것이 옳은지, 그렇다고 나 몰라라 하는 것이 옳은지, 숀의 아빠는 질문하고 있습니다. 이 질문에 대해 여러분은 어떻게 대답하겠습니까?

> "(…) 문제는 우리의 학교, 여러분의 학교가 배움이 불가능한 아이들을 가르치는 데 일 년에 수백, 수천 달러를 지불하고 있다는 사실입니다. 우리는 왜 배울 수 없는 아이들을 가르치는 걸까요? 열네 살 아이에게 신발 끈 묶는 방법과 '고양이'라는 낱말의 철자를 가르치는 데, 그것도 교사 개인당 수백 시간을 투자해야 겨우 될까 말까 한 일이라면, 지금 당장 이 많은 재원을 할당한다는 게 진정 가치 있는 일일까요?"(63쪽)
> "교육 불가능한 아이들이라 가르칠 수 없다고 해서 초라한 수용시설이나 거대하고 비인간적이며 나 몰라라 방치하는 기관에 무조건 집단 수용할 수도 없는데, 그렇다면 이러한 질문이 대두되지 않을까요? '그럼 어쩌란 말인가?'(…) 하지만 진실은, 간단한 해답이란 존재하지 않는다는 것입니다.(…)"(64쪽)

4) 숀은 아빠가 자신을 죽이려고 하는 이유가 사랑하기 때문이라고 생각합니다. 여러분도 숀의 생각이 맞다고 생각하나요?

> 이렇게 말하면 아빠가 오로지 이기적인 이유만으로 나를 죽이려 한다고 생각하기 십상이다. 하지만 나는 그렇게 믿지 않는다. 아빠는 나를 고통에서 벗어나게 해 주려는 거다. 아빠는 내가 꼼짝없이 고통 속에 갇혀있다는 사실이 두려운 거다. 아빠는 나를 사랑하기 때문에 나를 죽이려고 한다.(39쪽)

5) 얼 디트로는 심각한 발작증세에 지적 장애아였던 두 살배기 아들을 죽였습니다. 그는 아들을 사랑해서 아이를 죽였지만, 자신은 살인자가 되어 평생 감옥에 갇혀있습니다. 숀의 아빠는 얼 디트로가 희생한 것이라고 이야기하는데, 여러분의 생각은 어떤가요?

6) 숀의 아빠는 끔찍한 고통에 시달리는 자식을 수년 동안 보고만 있는 것은 사랑도 책임도 아니며, 진정 책임 있는 부모라면 어렵지만 단호하게 결단을 내려야한다고 주장합니다. 아빠의 생각에 동의하나요?

"저는 여기 계신 모든 분들이 여러분의 자녀를 사랑할 거라 믿고, 또 아직 부모가 되지 못한 분들도 언젠가는 부모가 되어 여러분의 자녀를 사랑할 거라 믿어 의심치 않습니다. 하지만 여러분들 중에 단 한 분이라도, 끔찍하고 극심한 고통에 시달리는 자식을 지켜보며 수개월, 아니 수년을 보낸 경험을 지니신 분이 있습니까? 사랑의 정의가 스스로를 책임지지 못하는 사람까지 책임져야 하는 건 아닐지도 모른다고 고민해 본 적이 있습니까? (…)
우리는 진정으로 좋은 부모가 되기 위해, 진정으로 우리 아이들을 책임지기 위해 매일같이 어려운 결정을 내려야 한다는 말입니다. 아이들을 사랑한다면 아이들이 아파하거나 슬퍼하거나 분노할지라도 단호하게 '안 돼.'라고 말하며, 확고한 자세로 반드시 내려야만 하는 결정을 내리는 겁니다."
(104~105쪽)

7) 2014년 1월, 슈퍼주니어의 멤버인 이특 씨의 아버지가 20년간 치매를 앓아온 자신의 부모를 살해하고 본인도 자살한 사건이 우리 사회에 큰 충격을 주었습니다. 그 이후에도 가족에 의한 중증 치매환자 살해사건은 계속해서 발생하고 있습니다. 우리 사회에서 이런 사건이 다시 일어나지 않으려면 어떤 대책을 마련해야 할까요?

5 논제와 논점의 예시

숀을 죽이려는 아빠의 행동은 이기적이다.	
찬성	**반대**
여러 정황으로 미루어 보아 자신이 힘들어서 숀을 죽이려고 한다.	숀이 자기 세계를 갖고 있다는 것을 알지 못하므로 숀의 고통을 끝내주고 싶어 한다. 또 숀도 아빠가 자신을 사랑한다고 생각한다.
숀을 돌보느라 힘들어하는 가족을 버리고 집을 나가버렸다.	현실적으로 숀을 돌볼 수 있도록 경제적으로 지원했다.
아픈 자식을 자신이 유명해지는 것에 이용했다.	감옥에 가는 것을 감수하고라도 숀을 죽이려는 것은 사랑하기 때문이다.

12

간디 : 폭력을 감싸 안은 비폭력

카트린 하네만 글/우베 마이어 그림/김지선 옮김/한겨레아이들/2009 ●박정화

도서 선정 이유

영국에서 변호사 자격을 따서 인도로 돌아온 간디는 수줍어서 말을 제대로 못하여 남아프리카로 가게 되었다. 거기서 보낸 22년 동안 놀라운 용기와 바른 양심 그리고 강한 의지로 세상을 깜짝 놀라게 하는 정치가로 성장하였다. 간디는 인도에 와서 아내와 부자들의 반대에도 불구하고, 아쉬람을 세우고, '카디 운동'을 일으켜서 인도 농민들의 자립을 도왔다. 간디와 인도인들은 제1차 세계대전을 치르는 영국 왕실을 위해 싸웠지만 영국은 인도에 자유와 독립을 안겨 주기는커녕 새로운 법을 만들어 인도인들을 더욱 억누르기 시작했다.

화가 난 간디는 모든 인도인들에게 '하르탈 운동'과 '비협조 정책'을 제안하지만, 폭력 사태가 발생하여 '사티아그라하' 작전을 중단하게 된다. 폭력 사태에 대한 뉘우침과 인도인들에게 호소하는 의미로 단식과 옥살이를 반복하면서 인도의 독립을 위해, 자신의 모든 것을 바치는 간디를 통해서 '비폭력 저항'의 가치를 이해하게 될 것이다. 또한 이러한 과정에서 가족과의 갈등을 빚기도 하고, 자신의 뜻과는 다르게 인도에서 발생하는 종교적 갈등의 극복을 위해, 고뇌하는 간디의 인간적인 면을 통해서 진정한 용기에 대해 생각하게 될 것이다.

① 들어가기 전에

1) 간디가 살던 인도는 어떤 상황이었나요?

2) 인도의 카스트 제도는 무엇인가요?

3) 힌두교와 이슬람교의 특징은 무엇인가요?

② 책 속으로

1) 간디는 열아홉살에 영국으로 유학을 갔습니다. 간디의 영국 유학생활은 어떠하였나요?

2) 카스트 평의회의 반대에도 불구하고 유학을 떠난 간디는 제명을 당하였습니다. 인도로 돌아온 간디는 카스트 평의회에 다시 들어가기 위해 어떻게 행동했나요?

3) 1893년 간디가 남아프리카에 도착할 당시, 남아프리카에서 발생한 인종간의 불평등한 사례를 이야기해 봅시다!

4) 간디가 남아프리카에 남아서 부당함에 맞서 싸우기로 결심하게 된 사건은 무엇인가요?

5) 프리토리아에서 사업을 하는 어느 사업가가 자신에게 큰돈을 빚져 놓고 갚지 않으려 한다고 다다 알둘라가 간디에게 변호를 맡겼습니다. 간디는 어떻게 해결하였나요?

③ 넓고 깊게 생각 나누기

1) 여러분이 카스투르바이의 입장이라면 어떻게 하겠어요?

간디는 카스투르바이에게 불가촉천민을 한집안 식구로 받아들이라고 하며, 한술 더 떠 그들의 쓰는 방이며 요강까지 치워 주라고 했습니다. 카스트루바이는 기가 막혔고, 완강히 거부했습니다. 전통을 소중히 여기는 힌두인에게 그보다 심한 모독은 없었으니까요. 하지만 간디는 아내에게 무섭게 화를 내며, 시키는 대로 하지 않으면 집에서 쫓아내겠다고 억지를 부렸고… (52쪽)

2) 여러분은 간디가 인도인들이 대영제국의 국민으로 대접받으려면, 일정한 의무를 떠맡아야 한다는 주장에 동의하나요?

1899년 남아프리카의 영국령과 트란스발 공화국 사이에 전쟁이 터졌습니다. 트란스발에서 발견된 금과 다이아몬드를 둘러싼 분쟁이었습니다. 더반에 사는 인도인들은 어느 편에 서야 할지를 놓고 의견이 분분했습니다. 보어인의 나라인 트란스발에서 사업을 하는 사람 입장에서는 보어인 편을 들어야 했습니다. 하지만 간디는 인도인들이 대영제국의 국민으로 대접받으려면, 일정한 의무를 떠맡아야 한다고 주장했습니다. 영국이 옳으냐 그르냐를 따질 문제가 아니라는 것입니다.(54쪽)

3) 간디는 아이들이 학교에서보다 아버지인 자신과 공동체 생활을 하면서 더 중요한 것을 배울 수 있으리라고 생각했는데, 여러분은 간디의 생각이 옳다고 생각하나요?

간디는 요하네스버그에 얻은 셋집에서도, 피닉스 농장의 소박한 삶을 그대로 이어 나가고자 했습니다. 가족들은 직접 밀을 빻아 빵을 만들었습니다. 간디는 매일 아침 사무실까지 9킬로미터를 걸어서 다녔습니다. 가끔은 아들들을 데리고 나섰고, 길을 걸으면서 아이들을 가르쳤지요. 간디는 남아프리카의 영국식 학교교육을 거부하여, 아이들을 학교에 보내지 않았어요.(63쪽)

4) 수동적인 저항과 적극적인 저항 중, 어느 것이 더 효과적이라고 생각하나요?

5) 아래 지문에 나타난 간디의 태도가 옳다고 생각하나요?

간디는 아쉬람에서 정한 규칙을 반드시 지키게끔 했단다. 아쉬람 식구라면 누구나 서약을 드려야 했어. 진리를 존중하고, 폭력을 행사하지 않으며, 아무것도 두려워하지 않고, 아무것도 소유하지 않으며, 불가촉천민 제도에 반대한다는 것 등이었지. 간디는 이 규칙들이 정말로 제대로 지켜지는지 엄격하게 감독했단다. 무엇을 먹을지, 언제 일할지, 누가 어떤 일을 맡을지도 모두 간디가 정했어. 자유를 위해 싸운다는 사람이 정작 남에게는 이토록 시시콜콜 지시와 명령을 내렸다니, 좀 우습기도 하지?(84쪽)

6) 이 책을 읽고 간디는 인도 독립에 어떤 도움을 주었다고 생각하나요?

④ 논제와 논점의 예시

제1차 세계대전에서 간디가 영국왕실을 도운 것은 인도독립에 도움이 되었다.	
찬성	**반대**
영국정부에 대해 투쟁하는 방법에 대해 더욱 연구하는 계기가 되었다.	영국은 새로운 법을 만들어 인도인들을 더욱 억누르기 시작했다.
인도인들이 영국인이 떠난 자유 독립국 인도를 만들 수 있다는 생각을 하게 되었다.	불만을 느낀 인도인들과 영국과의 폭력사태로 아미차르 대학살 등 폭력사태를 불러 일으켰다.
소금행진을 통하여 전세계에 영국의 부당함을 알리고 인도인도 소금을 만들 수 있게 되었다.	많은 인도인들이 간디의 뜻을 오해하고 등을 돌렸다.

2 중급 활동지

1. 트리갭의 샘물
2. 희망의 섬 78번지
3. 빵과 장미
4. 어린 왕자
5. 초콜릿 전쟁
6. 이름 없는 너에게
7. 두 친구 이야기
8. 도와줘, 제발
9. 처절한 정원
10. 기억전달자
11. 지킬 박사와 하이드 씨
12. 레미제라블
13. 유배지에서 보낸 편지
14. 돈키호테

1

트리갭의 샘물

나탈리 배비트 글/최순희 옮김/대교북스주니어/2006

●박정화

도서 선정 이유

위니는 숲속의 샘터에서 물을 마시고 있는 제시를 만나게 되고 자신도 샘물을 마시겠다고 한다. 이때 가족을 만나러 온 매는 샘터의 비밀을 들켜버렸다고 생각해서 위니를 오두막집으로 데려간다. 영원히 살게 하는 샘물을 찾으러 온 노란옷의 남자는 매가 위니에게 '트리갭의 샘물'에 대해 하는 말을 듣고, 위니의 집에 찾아가서 거래를 한다.

위니는 터크로부터 영원한 삶에 대한 애환을 듣게 되고, '트리갭의 샘물'의 비밀을 지키기 위해 매가 노란옷의 남자를 죽이는 것을 보게 된다. 이 책은 영원히 살아야 하기 때문에 생기는 문제에 대해 생각함으로써 죽음이 있는 삶과 소소한 일상이 얼마나 소중한지 깨닫게 한다. 한 번 마시면 영원히 살 수 있는 '트리갭의 샘물'이 있다면 여러분은 어떻게 할까?

① 들어가기 전에

1) '영원히 사는 것'은 어떤 의미일까요?

2) 영원한 삶을 원하는지 이야기해 봅시다.

② 책 속으로

1) 제시와 마일스는 영원히 사는 것에 대해 어떻게 받아들이고 있나요?

2) 터크씨와 매는 영원한 삶에 대해 어떻게 생각하는지 이야기해 봅시다.

3) 마일스는 왜 아내와 자식들과 헤어지게 되었나요?

4) '터크 가족을 가장 두렵게 한 것은 시간의 흐름이었다.'는 무슨 의미일까요?

5) 위니를 보고 터크는 다음과 같이 말합니다. "너를 만나게 되어 얼마나 기쁜지 이루 말할 수가 없구나. 이렇게 좋은 일이 생긴 지는…." 여기서 이렇게 좋은 일은 무엇일까요?

6) 위니는 노란 옷의 남자가 어찌 되든지 간에, 매 터크가 교수형에 처해져서는 안된다고 생각합니다. 그 이유는 무엇일까요?

7) 터크 부부가 마지막으로 트리갭 마을에 찾아온 것은 몇 년인가요?

③ 넓고 깊게 생각 나누기

1) 매는 위니를 데려가야만 했을까요?

> 그러나 지금 애원하는 사람은 자신을 납치한 매 터크와 마일스와 제시였다.
> "제발, 얘야. 제발, 놀라지 마라."
> 뛰어가면서 어깨 너머로 부르는 것은 매였다.
> "우리는… 절대로… 너를 해치지 않을 테니까. 네가 만일… 소리치거나 하면…."
> 제시였다.
> "누군가 네 소리를 듣게 되면… 그러면 큰일난다."
> 이번엔 마일스였다. 그리고는 마일스가 이렇게 말했다.
> "다 설명해 줄게…."(46쪽)

2) 만약 이런 물이 있다면 여러분은 그 물을 마시고 싶나요?

> "무슨 말인지 알겠니, 얘야? 이 물은 너를, 지금 여기에 그대로 머물게 하는 거야. 네가 만일 그 물을 마신다면, 너는 영원히 어린애로 머무는 거야. 결코 자라지 않게 되는 거야, 결코."(58쪽)

3) 10년마다 한 번씩 만나는 매의 가족을 진정한 가족이라 할 수 있을까요?

매는 위니의 말을 털어 버리듯 어깨를 으쓱했다.
"남편과 내겐 서로가 있지 않니. 그것만 해도 어디냐. 애들이야 서로 각자 하고 싶은 대로 하면 되고. 둘은 성격도 서로 달라서 사이가 썩 좋지는 않아. 언제라도 기분이 내킬 때 집에 오는데, 10년마다 한 번씩 8월 첫째 주에 그 샘터에서 만나 함께 집에 돌아오지. 그러면 잠시나마 우린 한 가족이 되는 거야. 오늘 아침에도 그래서 거기 갔던 거란다. 어쨌든 그런대로 꾸려 나가는 셈이지.(77쪽)

4) "우리 가족처럼 영원히 사는 것은 아무 쓸모가 없어."라고 말하는 터크의 말에 동의하나요?

터크는 조용하게 말을 받았다.
"지금은 아니지. 지금은 너의 때가 아니야. 그러나 죽는 것도 수레바퀴의 한 부분인거야. 태어나는 것과 함께 말이야. 우리는 자기가 좋아하는 부분만 골라 가지고 나머지만 버릴 수는 없는 거야. 수레바퀴의 한 부분이 된다는 것, 그것은 축복이야. 그러나 바퀴는 우리를 스쳐 지나가고 있어. 우리 터크 가족을 말이야. 끝없이 살아간다는 것은 힘든 일이야. 우리 가족처럼 영원히 사는 것은 아무 쓸모가 없어. 도무지 말이 안 돼. 어떻게 하면 다시 생명의 수레바퀴에 올라탈 수 있는지 알 수만 있다면 나는 당장이라도 하겠어. 죽는 것 없이는 사는 것도 없어. 우리 가족에게 주어진 것, 이것은 그러니까 사는 것도 아닌 거야. 우리 가족은 그저 있는 거야. 길가에 놓인 돌멩이처럼 그저 존재할 뿐이야." (93쪽)

5) 위니가 샘물을 마시고 제시랑 영원히 같이 살면, 어떤 점이 좋고 어떤 점이 나쁠까요?

"곰곰 생각해 봤는데, 네가 비밀을 지켜야만 한다는 아버지 말씀이 옳아. 그러나 문제는 넌 이미 그 샘물에 대해 알고 있고, 바로 그 옆에 살고 있으니까 언제라도 거기에 갈 수 있지 않겠어? 그러니까 위니, 열일곱 살이 될 때까지 기다리면 어때. 나랑 동갑이 될 때까지 말야. 뭐, 6년밖에 안 남았잖아? 그 때 가서 그 샘물을 좀 마신 다음에 나랑 같이 떠나는 거야! 결혼을 할 수도 있지 않겠어? 얼마나 좋아, 그렇잖아? 이 세상 곳곳을 돌아다니며 온갖 것을 구경하고 즐기는 거야. 어머니, 아버지와 마일스는 우리가 가진 이 시간을 즐길 줄을 몰라. 이것 봐, 위니. 인생이란 즐기기 위한 거잖아. 안 그래? 그렇잖으면 이 많은 시간이 다 무슨 소용 있겠어. 내 생각은 그래. 그러니까 너랑 나랑 둘이서 영원토록 재미나게 사는 거야. 얼마나 근사하니!"

위니는 바로 곁에, 달빛 속에서 무릎을 꿇고 있는 제시가 너무나 좋아졌다. 제시는 돈 게 아니었다. 그럴 리는 없었다.(103~104쪽)

6) 매는 비밀을 지키기 위해서 노란 옷의 남자를 죽일 생각까지 합니다. 노란옷의 남자가 살았다면 어떤 일이 일어날까요?

"그 따위 짓을 위니에게 하지 못하게 해 주겠어. 또 절대 비밀을 드러내지 않게 만들어 주겠어."
매는 단단한 팔로 엽총을 머리 위로 휘둘렀다. 노란 옷의 남자가 몸을 홱 피했지만, 너무 늦은 뒤였다. 둔탁하게 깨지는 소리와 함께 총신이 그의 뒤통수를 내리친 것이다.(143쪽)

7) 매는 노란 옷의 남자를 죽였습니다. 위니가 매를 도망치도록 돕는 것은 옳은 일일까요?

갑자기 좋은 생각이 떠올랐는지, 위니는 숨가쁘게 속삭였다.
"내가 도와 줄 수 있어요! 매 아줌마가 창문을 타고 나오면, 내가 기어 올라가서 대신 앉아 있는 거예요. 담요를 둘둘 말고 앉아 있으면 치안관이 들여다본다 해도 알아차리지 못할 거예요. 어두우니까요. 웅크리고 몸집이 커 보이게 하는 거예요. 창문을 다시 달아 놓을 수도 있죠. 그러면 달아날 시간을 벌게 되잖아요. 적어도 아침까지는요!"(164쪽)

8) 제시는 위니에게 17세가 되는 해에 트리갭의 샘물을 마시고 영원히 함께 살 것을 제안합니다. 그러나 위니는 그 샘물을 두꺼비에게 부어 주었습니다. 위니는 어떤 마음이었을까요?

위니는 병마개를 뽑은 다음 무릎을 꿇고 앉아 그 귀중한 물을 아주 천천히, 조심스럽게 두꺼비의 몸 위에 부었다. 이 모습을 지켜보던 개는 갑자기 지루해졌다. 녀석은 하품을 하고는 돌아서서 다시 마을 쪽으로 껑충껑충 뛰어가 버렸다.
위니는 두꺼비를 집어 손바닥에 올려놓고 오랫동안 들고 있었다. 전혀 징그럽다는 느낌이 들지 않았다. 두꺼비는 눈을 껌벅이며 가만히 앉아 있었다. 물이 등에서 반짝거렸다.
이제 작은 병은 비어 있었다. 빈 병은 위니의 발 옆 잔디 위에 놓여 있었다. 그러나 만일 그 모든 것이 사실이라면 샘물은 숲 속에 더 있을 게 아닌가. 얼마든지 더.(185~187쪽)

9) 여러분이 '트리갭의 샘물'을 가졌다면 어떻게 하겠어요?

④ 논제와 논점의 예시

논제 : '트리갭의 샘물'은 인간에게 유용하다.	
찬 성	**반 대**
늙지 않고 영원히 사는 것은 인간이 고대부터 끊임없이 원하는 바램이다.	사람이 영원히 산다면 먹을 것이 부족해지는 등 재앙이 될 것이다.
영원히 산다면, 자신의 능력을 계발해서 더 훌륭한 사람이 될 수 있다.	노력하지 않고 의미없게 시간을 보내게 되므로 영원히 사는 의미가 없다.
사회에 유용한 사람을 영원히 살게 해서 사회를 발전시킨다.	트리갭의 샘물을 차지하려고 끊임없이 전쟁이 일어날 것이다.

2

희망의 섬 78번지

우리 오를레브/유혜경 옮김/비룡소/2002

● 박성숙

도서 선정 이유

알렉스는 자신을 데리러 오겠다는 아빠의 말을 무조건 믿고 폐허가 된 78번지에서 혼자서 살아나간다. 어려운 일이 생기는 순간마다 아빠가 해준 말이 무엇이었는지, 이런 경우 아빠는 어떻게 해결하셨을지 생각한다. 알렉스는 아빠가 말한 대로 살기 위해, 살아남기 위해 불안한 하루하루를 힘겹지만 열심히 살아나간다. 일주일이면 오실 거라 생각했는데 아빠가 오시기까지 5개월이 걸렸다. 알렉스와 아빠 간의 믿음은 많은 시간 대화로 서로를 이해하고, 크고 작은 일에 실천으로 자기 말들을 증명해 보이는 사이였기에 가능했을 것이다.

우리나라에서는 하루 1440분 중 부모와 자식 간의 대화 시간은 10분 정도라 한다. 믿음이 생겨나기에 턱없이 부족한 시간이며, 신뢰 구축의 시작은 가정이어야 하는데 안타깝다. 청소년과 부모님에게 이 책을 권한다. 앞으로는 청소년과 부모가 서로 대화하는 시간이 늘어나기를 기대한다.

1 책 속으로

1) 12살인 알렉스는 왜 아빠와 헤어졌나요?

2) 보루흐 할아버지가 알렉스에게 아빠를 기다리는 동안 숨어있을 장소로 78번지에 가 있으라고 한 이유는 무엇일까요?

3) 78번지는 왜 희망의 섬인가요?

4) 희망의 섬 78번지를 위험에 처하게 하는 것들은 무엇인가요?

5) 78번지가 희망의 섬이 될 수 있게 하는 여건들은 무엇이었나요?

6) '희망의 섬 78번지'가 이 책 제목으로 제일 적당한가요?

7) 로빈슨 크루소와 알렉스의 생활을 비교해 봅시다.

<table>
<tr><th>로빈슨 크루소</th><th colspan="3">기준</th><th>알렉스</th></tr>
<tr><td>동굴</td><td colspan="3">사는 곳</td><td></td></tr>
<tr><td></td><td>초기</td><td rowspan="2">먹는 것</td><td>초기</td><td></td></tr>
<tr><td></td><td>후기</td><td>후기</td><td></td></tr>
<tr><td></td><td colspan="3">옷</td><td></td></tr>
<tr><td>28년</td><td colspan="3">혼자 산 기간</td><td>5개월</td></tr>
<tr><td></td><td colspan="3">살아남을 수 있도록 하는 힘</td><td></td></tr>
<tr><td></td><td colspan="3">여가 생활</td><td></td></tr>
<tr><td>개</td><td colspan="3">애완동물</td><td></td></tr>
<tr><td></td><td colspan="3">총쏜이유</td><td></td></tr>
</table>

② 넓고 깊게 생각 나누기

1) 알렉스가 5개월 만에 어른처럼 의젓해 보인 것은 혼자 사는 법을 배웠기 때문이라고 합니다. 현재 우리나라 청소년들이 혼자 사는 법을 배우지 못하는 이유는 무엇인가요?

> 아빠는 긴장을 풀지 못했다. 나를 보고, 보고, 또 봤다. 내가 그렇게 많이 변한 걸까? 거의 5개월이 지났으니 많이 자라기도 했을 것이다.
> "그래서 그렇게 보시는 거예요?"
> "그건 아냐."
> 아빠는 다섯 달 전에는 어린아이 같았던 내가 지금은 어른처럼 의젓해 보인다고 말했다. 하지만 나는 아직 수염도 나지 않았고 목소리도 변성이 되지 않았다.
> "전 그냥 혼자 사는 법을 배운 것뿐이에요. 그것만 빼고 나머지는 다 옛날과 똑같은걸요."
> (284~285쪽)

2-1) 내가 알렉스처럼 78번지에 혼자 산다면 어떻게 해결해 나갈 것인가요?

2-2) 알렉스가 78번지에서 혼자 사는 위기에 처해 있는 것처럼 현재 여러분에게 닥친 위험이나 어려움은 무엇이 있나요?

2-3) 그 위험과 어려움(역경과 고난)을 극복하기 위해 어떤 노력을 기울이고 있나요?

남자는 꺼낸 음식들을 바닥에 내려놓은 뒤 나더러 가져가라고 했다. 나는 한 발자국도 움직이지 않았다. 마침내 그 가족은 자루를 집어 들고 가 버렸다. 나는 땅바닥에 남겨진 것들을 챙겨 돌아왔다. 별로 많지 않은 양이었다. 그걸로 사흘이나 버틸 수 있을까? 아니, 나흘은 버틸 수 있을지도 몰랐다. 오늘은 충분히 먹었으니까. 날짜 세는 일은 하루도 거르지 않았다. 언젠가는 아빠가 나를 찾아오겠지……. (105쪽)

3) 역경과 고난은 부정적이기만 한 건가요?

4) 알렉스는 쌍안경으로 폴라드인 거주지역을 관찰하며 평범한 그들의 삶을 부러워합니다. 그러다 폴라드인 거주지역으로 가 위험을 감수하면서까지 아이들과 축구도 하고 여자친구가 된 스타샤와 스케이트를 탑니다. 자신의 일상생활에서 소중하다고 생각되는 것은 어떤 것들이 있습니까?

나는 스노우와 함께 '침실'에서 누워서 엎치락뒤치락하면서 책을 읽으며 대부분 시간을 보냈다. 가끔 녀석과 놀기도 했다. 어떤 때는 통풍구를 열고 쌍안경으로 담장 너머 폴란드인 구역을 구경했다. 그럴 때면 마치 내가 무인도에 와 있는 듯한 느낌이 들었다. 주변에는 바닷물 대신 사람들과 건물들이 있었지만. 그 사람들은 너무도 가까운 곳에 있었다. 그러나 그들의 세계는 나와는 아주 다른 세계였다. (158쪽)

5) 알렉스와 같은 상황에서 자기 자신이라면 볼레크 아저씨의 제안을 받아들일까요?

"알렉스, 우리랑 같이 있자. 우리가 그 사람을 데려다가 안전한 곳에 숨길 테니까. 넌 우리와 함께 여기 있어라. 네 서류는 우리가 알아서 준비할 테니까."

볼레크 아저씨가 말했다.

(…)

"죄송하지만, 그럴 수는 없어요."

"어째서?"

두 사람이 동시에 소리쳤다.

"아빠를 기다리고 있거든요."

(…)

"머지않아 게토가 폴란드 사람들에게 개방된단다. 그건 너도 알고 있어야 해. 폴란드 사람들이 게토 담장을 헐어내고 빈집들을 나누어 갖게 될 거야. 그럼 넌 꼼짝도 할 수 없게 돼."(227~230쪽)

6-1) 아랫 글에 나타난 아빠에 대한 믿음을 분석해봅시다..

6-2) (A), (B) 믿음 중 더 가치 있는 것은 무엇이라고 생각하나요?

(A) 이제 아빠가 올 거라는 사실을 믿지 않기 때문이었다. 오래전에 이미 포기했다. 그것은 불가능한 일이었으니까. 단지 나 자신이 그 사실을 받아들이지 못했을 뿐이다. 아빠와의 약속에 대해 한순간의 의심조차도 용납할 수가 없었던 것이다. (B) 나를 지금까지 살아 있게 한 것은 바로 그 믿음이었다. (281~282쪽)

7-1) 수용소로 간 아빠가 알렉스를 찾아오기까지 어떻게 살았을지 얘기해 봅시다.

7-2) 아빠가 알렉스가 78번지에서 혼자 산 지 3개월이 지났을 때 편지만을 보낼 수밖에 없는 상황이라 생각하고 편지를 써봅시다.

7-3) 지금 나의 아빠가 나에게 편지를 보낸다면 어떤 내용일까요? 답장까지 써봅시다.

8) 현 세계에서 유대인이 게토에서 살았던 것과 흡사한 방식으로 사는 사람들이 누구인지 알아봅시다.

밖의 세상과 차단된 담장 안쪽은 모든 것이 그대로지만 특별 허가를 받아야만 통과할 수 있는 초소 때문에 담장 바깥의 상점에 가기도 어렵다고 생각해 보세요. 대중교통도 예전과는 달라지고 말이에요. 자동차와 전차가 사라진 대신 인력거가 갑자기 등장하고 말이지요. (287~288쪽)

③ 논제와 논점의 예시

논제 : 알렉스는 볼레크 아저씨의 제안을 받아들여야 한다.	
찬성	**반대**
78번지가 폐쇄될 상황으로 너무 위험하고, 알렉스의 존재를 아는 사람이 많아 더는 안전하지 않다.	아버지와 약속한 장소를 떠나선 안 된다.
12살은 어린 나이여서 어른의 보호를 받는 것이 안전하다.	혼자 사는 것에 적응해 스스로 위험을 헤쳐나갈 수 있다.
볼레크 아저씨의 집으로 가도 아빠와 만날 방법을 모색할 수 있다.	볼레크아저씨를 믿을 수 없고 그의 집도 안전한 곳은 아니다.

3

빵과 장미

캐서린 패터슨 지음/우달임 옮김/문학동네/2010

●박정화

도서 선정 이유

어머니와 언니가 공장에 다니면서 겨우 먹고 사는 이탈리아 이민 노동자 가정이지만 로사는 교육만이 미국사람처럼 살게 해줄거라 믿으면서 열심히 학교에 다닌다. 한편, 1912년 메사추세츠 주의회에서 노동시간을 2시간 줄이라는 명령을 내리자, 공장주는 줄인 시간의 임금을 삭감하고, 노동자들은 끼니도 때울 수 없는 상황에서 파업과 시위를 하게 된다.

"빵과 장미"의 시위가 알려지면서 여러 지역에서 어린이들의 양육을 지원하고, 로사는 제이크와 함께 제르바티씨 집으로 가게 된다. 이 책을 통해서 20세기 초 미국 산업화의 이면에 있는 노동자의 삶을 엿볼 수 있다. 노동자들이 공장주로부터 자신들의 삶을 지키기 위해 파업과 시위를 이끌고, 많은 사람들과 연대하여 성공하는 과정을 보면서, 가족과 이웃의 협력과 연대의 가치를 배우게 될 것이다.

① 들어가기 전에

1) 연대에 대하여 이야기 해 보아요.

연대(連帶) 또는 사회적 연대는 사회적 관계의 일종으로 사회나 집단에서 보이는 통합, 또는 통합의 종류나 정도를 의미한다. 일반적으로 연대는 사회주의적 이념에서 등장하여, 이해관계가 서로 다른 기층민 간의 타협을 유도하거나 이들의 단결을 통해 힘을 얻기 위한 관계를 의미한다.

전근대 사회에서 연대란 주로 혈족 관계나 공통된 이해관계를 기반으로 하는 사람들 간에 형성되는 관계를 의미하였다. 그러나 사회가 복잡해지면서, 연대는 혈족이나 이익공동체의 상징에서 벗어나 '사회적 연대'라는 의미로 발전하게 되었다. 오늘날 연대는 적극적 사회적 인권 개념으로 부상하여 연대할 권리의 보장을 요구한다.(https://ko.wikipedia.org/wiki)

2) 파업에 대하여 이야기 해 보아요.

노동자들이 노동조합의 지휘 하에, 또는 그들의 자발적인 방식으로 사용자들에게 노무의 제공을 중단하는 집단적인 쟁의행위를 말한다. 파업은 노동자들의 가장 전형적 쟁의행위로 노동력을 판매한 노동자들이 일시적으로 노동력의 제공을 거부함으로써 자신을 고용한 사용자들에게 그들의 권익을 개선하기 위한 요구를 수용하도록 압박하는 행동이다. 노동자들의 파업에 대해 사용자들은 그들의 행동을 억제하기 위해 사업장을 일시적으로 폐쇄하는 직장폐쇄를 할 수 있다.
(http://100.daum.net/encyclopedia/view/)

3) 1912년 매사추세츠주 로렌스에서 파업이 일어났을 때의 미국의 상황에 대해 알아봅시다.

2 책 속으로

1) 등장 인물에 대해 이야기해 봅시다.
로사 - 가정환경, 성격, 학교생활, 제이크와의 관계
제이크 - 가정환경, 성격, 로사와의 관계, 주변인물과의 관계
로사의 엄마 - 성격, 엄마로서의 자세, 노동운동
핀치선생님 - 교육관, 노동운동에 대한 태도
제르바티 부부 - 성격, 로사에 대한 태도, 제이크에 대한 태도
조 에터 - 리더쉽, 노동자에게 끼친 영향

2) '빵'과 '장미'는 각각 무엇을 의미하나요?

3) 핀치 선생님의 "교육이 공장으로부터 탈출할 수 있는 열쇠"라는 말의 의미는 무엇일까요?

4) 로사의 엄마는 왜 파업을 했을까요?

5) 제이크는 제르바티댁에서도 로사에게 거짓말을 시킵니다. 왜 일까요?

③ 넓고 깊게 생각 나누기

1) 로사 엄마는 파업을 말리는 로사에게 "일하고 굶느니 싸우고 굶는 게 낫지 않겠니?"라고 말합니다. 여러분의 생각은 어떠한가요?

> "로사, 알겠니? 저들은 주급에서 두 시간만큼 임금을 깎겠다는 거야. 그건 우리에게서 빵 다섯 덩어리가 사라진다는 소리야. 일을 해도 내 자식들이 배를 곯고, 파업을 해도 내 자식들이 배를 곯지. 내가 뭘 하든, 우리는 굶주리는 거야. 일하고 굶느니 싸우고 굶는 게 낫지 않겠니, 응?"(42쪽)

2) 제이크가 성당에서 동전을 훔친 것은 누구의 잘못이라고 생각하나요?

> 커다란 나무문까지 갔을 때쯤 문득 사람들이 가난한 이들을 위해 동전을 넣는 상자가 기억났다. 하기야 제이크보다 가난한 사람이 또 있을까? 자물쇠는 어설퍼서 쉽게 딸 수 있었다. 1센트짜리 동전들만 잔뜩이었지만, 제이크는 동전을 몽땅 꺼내 주머니에 넣었다. 적어도 며칠은 굶지 않을 것이다.(53쪽)

3) 엄마가 일하기를 거부하는 한, 등교를 거부할 작정이라고 생각하는 로사의 생각에 동의하나요?

> 기똥찬 생각이 떠오른 건 바로 그때였다. 로사는 학교에 가지 않기로 했다. 자기만의 파업을 할 생각이었다. 엄마가 일하기를 거부하는 한, 로사도 등교를 거부할 작정이었다. 그러면 엄마는-당신과 아빠가 로사만은 교육을 받을 수 있게 하려고 그간 기울여왔던 모든 노력이 허사가 될 것이기에-일을 해야 한다는 걸 알게 되리라. 엄마는 낭비를 참지 못하는 사람이다.(69쪽)

4) 여러분에게 가슴과 영혼을 위한 양식은 무엇인가요?

> "내 생각엔," 엄마가 조용히 말문을 열었다. "우리가 원하는 건... 단지 우리의 배를 채워줄 빵만은 아닌 것 같아요. 우리에게는 빵만이 아니라 그 이상의 것이 필요하죠. 우리는 우리의 가슴과 영혼을 위한 양식도 원해요. 우리가 원하는 건- 그걸 뭐라고 해야 하나, 우리가 원하는 건, 그 뭐냐- 푸치니의 음악 같은 거에요"(114쪽)

5) 제이크는 왜 자기 얼굴이 어떻게 생겼는지 알고 싶어졌을까요?

전에는 한 번도 목욕할 생각을 해본 적이 없었다. 정말이지 목욕 따위는 중요하다고 생각해 본 적이 없었다. 그러나 그녀는 정말 깨끗하고 하얗고 사랑스러웠다. 그녀의 뺨은 흰 눈에 핀 장미꽃 같았다. 그런 그녀가 제이크 같은 아이를 어떻게 생각하겠는가?
난생처음으로 제이크는 자기 얼굴이 어떻게 생겼는지 알아야겠다는 생각이 들었다.(159쪽)

6) 엄마와 언니 그리고 주변이 파업으로 시끄러움에도 불구하고 공부를 하는 로사에 대해 어떻게 생각하나요?

로사는 역사책만 죽어라 읽었다. 혼자 거리로 나갈 용기만 있었다면 도서관에 가서 책을 잔뜩 빌려왔을 것이다 수업 진도에서 너무 뒤처지고 싶지 않았다. 혼자서 산수 공부를 하는 건 무리였지만, 역사와 지리 그리고 나날이 부엌 식탁 주변에서 무차별 공격을 당하고 있는 영어 문법을 단련시키고 어휘를 향상 시켜줄 책은 읽을 수 있었다.(173쪽)

7) 여러분의 주위에 제이크와 같은 환경의 친구가 있다면, 제이크에게 무슨 이야기를 할 수 있을까요?

"아버지!" 제이크는 소리쳤다. "일어나! 일어나란 말이야, 빌어먹을 인간아!"
반응이 전혀 없었다.
벽 쪽을 향한 오른손에는 제이크가 이틀 전에 사왔던 위스키 병이 빈 채로 놓여 있었다. 술병은 깔짚 속의 빈 옥수수 알갱이처럼 속이 텅텅 비어 있었다. 제이크는 시체와 함께 밤새 잤던 것이다. 아버지가 뻣뻣하게 죽은 채로 자기 옆에 누워 있다는 걸 모를 정도로 무신경했던 것이다. 제기랄, 정말 이런 바보가 또 없었다.(197쪽)

8) 노동자가 공장주와 대등한 관계가 되려면 어떠한 방법이 있을까요?

누구는 넘치도록 많이 가지고 있는데, 나머지 사람은 먹을 것도 모자란다는 건 불공평했다. 그게 엄마가 파업을 하는 이유다. 로사도 그건 알았다. 하지만 이길 방법이 없었다. 노동자들은 너무 힘이 없고

공장주들은 너무 강했다. 공장주들이 굴복하기도 전에 노동자들은 굶거나 얼어 죽을 것이다.(211쪽)

9) 로사는 좋은 집에서 좋은 음식을 먹는데 왜 이렇게 외로움을 느낄까요?

잠자리에 오줌을 지리는 사내아이들이 없는 혼자만의 방이었고, 누구랑 같이 쓰지 않아도 되는 침대였다. 그러니 당연히 기분이 좋아야 했지만 로사는 평생 이토록 외로운 느낌이 든 적이 없었다. 오, 엄마, 왜 나를 멀리 보냈나요? 로사는 누비이불에 얼굴을 박고 베개가 축축해질 때까지 울었다.(244쪽)

10) 로렌스의 노동자들이 파업을 승리로 이끌 수 있었던 이유는 무엇일까요?

4 논제와 논점의 예시

논제 : 로사는 로렌스에 남았어야 했다.	
찬 성	**반 대**
로사의 의지와 상관없이 버몬트로 보내졌는데 로사의 생각을 존중했어야 했다.	로사의 엄마는 끼니조차 해결할 수 없어서 보낼 수밖에 없었다.
어려워도 가족은 함께 어려움을 이겨내야 한다.	로사가 버몬트로 가는 것이 엄마의 파업을 돕는 것이다.
로사가 로렌스에 남아서 파업 현장을 보는 것이 파업을 이해하는 계기가 될 수 있다.	로사를 포함하여 아이들을 다른 도시로 보내는 것이 파업성공을 위한 연대의 확장이다.

4

어린왕자

생텍쥐페리 지음/정진숙 옮김/마이클 포먼 그림/삼성출판사/1998

● 안정애

도서 선정 이유

주인공인 조종사는 자신이 조종하는 비행기가 사막에서 고장을 일으켜 불시착하게 되는데, 이 때 소혹성 B612에서 온 어린왕자가 자신의 혹성과 본인이 겪은 여행이야기를 해 주면서 이야기는 전개된다. 주인공의 보아 뱀 이야기, 어린왕자가 들려주는 장미와 여우, 각 행성에서 만난 사람들 이야기는 현대인들이 갖고 있는 문제들, 즉 소외와 단절, 인간에 대한 이해부족 등을 이야기할 때 자주 인용되는 것으로, 각자가 소중하게 생각하는 것을 찾고 개인들이 '길들여짐' 즉 관계맺음을 통해 이를 극복할 수 있다고 제시한다.

저자는 여우의 입을 빌어 "가장 중요한 것은 눈에 안 보이므로, 무엇이든지 마음의 눈으로 볼 때 가장 잘 볼 수 있다"고 주장한다. 진정한 친구는 길들여져야 하는데, 이 때 길들여짐, 관계맺음 그리고 진정한 친구나 우정이란 무엇인지를 생각하게 한다.

① 들어가기 전에

1) 생텍쥐페리(1900~1944)에 대해 알아 볼까요?

> 소설가로서 리용의 귀족 집안 출신이며, 1920년 1차세계대전 때 징병으로 공군에 입대하여 조종사 훈련을 받았습니다. 제대 후 초기 우편 비행 사업에 몸 담았다가 2차 세계대전이 일어나자 군용기 조종사로 종군하였는데, 대전 말기에 정찰 비행 중 행방불명되었습니다.

2) 대표적인 작품으로는 「남방 우편기」, 「인간의 토지」, 「야간 비행」, 「싸우는 조종사」, 「성채」 등이 있으며, 「어린왕자」는 생텍쥐페리가 1943년 미국에서 망명 중 발표한 작품으로 알려져 있습니다.

② 책 속으로

1) 머리말에서 "이 책을 레옹 베르트에게 바칩니다"는 무엇을 의미할까요?

2) 주인공과 어린왕자의 만남은 어떻게 이루어지나요(11쪽)?

3) 어린왕자가 사는 별의 모습은?

4) 어린왕자가 여행 중 만난 다른 별 사람들의 직업과 행태는?

5) 어린왕자가 지구에서 만난 동물과 꽃, 그리고 그들과의 대화 내용은?

③ 넓고 깊게 생각 나누기

1) 주인공이 어릴 적 그린 보아 구렁이 그림에 대한 어른들의 반응 - "속이 보이거나 말거나 보아구렁이 그림 따위는 집어 치우고 차라리 지리나 역사, 국어나 수학 같은 공부나 열심히 해라. 너한테는 그것이 더 좋을 거다(7쪽)" - 은 타당해 보이나요? 나의 어릴적 꿈과 관련해서 부모님이 했던 조언과의 차이점과 공통점은?

2) 숫자에 대한 다음과 같은 주인공의 생각에 동의하나요? 예를 들어 학교에서 이름 대신 번호를 부르는 것에 대해 어떻게 생각하나요?

> 천문학자들은 그런 조그만 별을 하나 찾아 내면 이름 대신 번호를 붙여 주었습니다. 헤아릴 수 없이 많은 별들에게 일일이 이름을 붙여 주자면 한이 없기 때문입니다.(…) 어른들은 숫자를 아주 좋아합니다.(…) 그러나 인생을 이해하고 있는 사람들은 숫자 같은 건 대수롭게 여기지 않습니다.(24~28쪽).

3) 친구를 잊지 않기 위해 주인공은 글을 씁니다(내가 이렇게 어린왕자 이야기를 하는 것은 그를 잊지 않기 위해서입니다. 친구를 잊는다는 것은 무척 슬픈 일이니까요. 누구나 다 참된 친구를 갖는 것은 아니기 때문에 더욱 그렇습니다(28쪽)). 친구를 잃어버린다는 것은 무엇일까요? 나는 친구를 잊지 않고자 노력을 한 적이 있나요?

4) 어린왕자의 자신의 친구, 꽃에 대한 생각과 감정은 어떻게 변해 가나요? 나의 친구관계의 변화와 비슷한가요 아니면 다른가요?

이 세상에 단 하나 밖에 없는 꽃을 양이 먹어 버린다는 것이 중요하지 않다는 거야?(…) 누군가가 수천만 개의 별 중에서 그 별 어딘가에 피어 있는 한 송이 꽃을 좋아한다면 그 사람은 별들을 바라보는 것만으로도 행복해질 수 있는 거야. '저 별들 중 어딘가에 내 꽃이 있겠지'라고 생각하면서 말이야(42쪽)

그 꽃은 멋을 알 뿐만 아니라 관심을 끄는 묘한 매력도 갖고 있었습니다(47쪽). 어린왕자는 꽤 까다로운 꽃이라고 생각했습니다(48쪽). 꽃이 거짓말을 한 것이지요(49쪽).
어린왕자는 선한 마음으로 꽃을 좋아했지만 조금씩 시간이 지나면서 꽃을 믿지 못하게 되었습니다(…) 대수롭지 않게 내뱉는 꽃의 말이 괜히 기분 나쁘고 심각하게 들렸습니다(…) 나는 꽃이 하는 말을 귀담아 듣지 말았어야 했어. 좋을 것이 하나도 없었으니까. 꽃은 그저 바라보고, 향기를 맡는 것만으로 만족했어야 하는 건데(…) 꽃의 이야기를 언짢게만 생각지 말고 가엾게 생각했어야 하는 건데(50쪽)

그 꽃은 내게 향기를 주었고 내 마음을 환하게 해 주었지. 나는 무슨 일이 있어도 꽃으로부터 달아나지 말았어야 했어. 내게 투정을 부린 것은 나를 좋아하기 때문이라는 걸 깨달았어야 하는 건데(…) 꽃들은 마음을 열어 놓지 않거든. 얕은 꾀 뒤에 사랑이 숨어 있다는 걸 눈치채야 하는 건데 그랬어. 그런데 그 때 나는 너무 어렸기 때문에 꽃을 사랑할 줄 몰랐던 거야(51쪽).

5) 별을 떠나는 어린왕자에게 꽃이 말하는 다음과 같은 이야기는 어떤 의미일까요? 위의 어린왕자의 것과 비교해 볼까요?

나는 참 바보예요(…) 난, 당신을 사랑했어요(…) 내가 당신을 사랑하고 있다는 걸 당신은 알아 주지 않았어요. 그건 다 내 탓이에요. 하지만 당신도 나처럼 어리석었어요. 부디 행복하세요(55쪽)
예쁜 나비를 맞이하려면 두 세 마리의 애벌레 쯤은 있어야겠지요. 나비는 참 예쁜 모양이던데(…) 이렇게라도 안 하면 누가 나를 찾아와 주겠어요. 당신도 멀리 가 버릴 텐데(…) 큰 짐승이 와도 나는 무섭지 않아요. 내겐 가시가 있으니까요(…) 아이, 속상해. 여기서 괜히 우물쭈물하지 말아요. 떠나기로 했으면 빨리 가세요(56쪽).

6) 뱀의 자기소개는 어린왕자의 미래와 어떤 관련을 맺고 있는지 이야기해 볼까요?

나는 임금님의 손가락보다 더 힘이 세고 무섭단다(…) 내가 한 번 건드린 사람은 누구나 자기가 온 곳으로 되돌아가게 되지. 덩치 큰 코끼리라 하더라도 말이야. 하지만 넌 순진하고 별에서 왔으니까(…) 언제고 네 별이 몹시 그리워 돌아가고 싶다면 내가 도와 줄게(95~96쪽).

7) 여우가 말하는 다음과 같은 '길들여짐'의 정의에 대해 동의하나요?

서로 사이좋게 관계를 맺는다는 뜻이지(…) 네가 나를 길들인다면 우리는 서로가 필요해지는 거야. 너는 내게 있어 이 세상에서 단 한 사람이 되는 거고, 나는 너에게 둘도 없는 여우가 되는 거지(105쪽) 만일 네가 나를 길들여 준다면 내 생활은 나아질거야(…) 네가 나를 길들여 놓으면 정말 근사할 거야. 내가 황금빛 밀밭을 보면 금빛으로 빛나는 네 머리카락이 생각나서 너를 그리워하게 될 거야. 어쩌면 밀밭으로 지나가는 바람소리조차도 좋아지겠지(…) 네가 정말 친구를 갖고 싶다면 나를 길들여 봐. 사람들은 이미 길들여진 것 밖에는 몰라. 무얼 알 시간이 없어진 거지. 무엇이든지 자기가 길들이지 않으면 아무것도 제대로 알 수가 없단 말이야(…) 친구를 파는 가게는 없어(105~108쪽).

8) 여우가 말하는 길들임의 방법들에는 어떤 것들이 있을까요? 그리고 그것들은 시간과 밀접한 관련을 갖는데, 그 외 다른 중요한 요인들은 어떤 것이 있을까요?

9) 여우가 말하는 '비밀' - 무엇이든지 마음의 눈으로 볼 때 가장 잘 볼 수 있다. 가장 중요한 것은 눈에 안 보인다(112쪽) - 은 어린왕자에게 어떤 의미일까요?

4 논제와 논점의 예시

진정한 친구는 길들여져야 한다	
찬성	**반대**
자연스러운(진정한) 관계 맺음이다.	친구는 독립된 인격체이므로 구속하지 말아야 한다.
시간과 노력을 들여야 우정을 얻을 수 있다.	친구를 있는 그대로 인정해야 한다.
의식과 절차도 필요하다(형식적 길들임).	길들일 수 있다는 생각은 착각(망상)이다.

5

초콜릿 전쟁

로버트 코마이어/안인희 역/비룡소/2011

● 최수정

도서 선정 이유

트리니티 고등학교는 매년 '초콜릿 판매'를 통해 학교 재정을 돕는 전통을 가지고 있다. 레온 선생님은 다른 해보다 더 많은 초콜릿을 학생들에게 팔도록 할당하고 야경대 두목 아치와 그의 일당도 그 일을 돕게 된다. 아치는 제리를 '초콜릿 판매 거부'를 하도록 과제를 줌으로써 아이들로부터 따돌림을 당하게 하였다. 또한 전교생이 지켜 보는 링 위에서 제리가 혐오하는 에밀 진저와 권투를 시킴으로써 제리가 지켜내려는 원칙을 모두에게 흥미 있는 게임거리로 전락시켰다. 이러한 사건들을 겪은 제리의 결론은 '그들이 원하는 것은 무엇이든 해야 한다'였다.

학교 폭력을 당해도 선생님 또는 외부에 도움을 요청하지 못하는 학생들이 많은 것이 현실인데, 이 작품에서처럼 레온 선생님이 학교 폭력의 가해 학생들과 한편을 이루었을 경우는 피해 사실을 더더욱 외부에 알리기 어려웠을 것이다. 학생들은 트리니티의 초콜릿 판매 행사가 폭력이 되고 있는 것을 알고 있음에도 방관자의 태도를 보이고 있다. 이 작품은 제리가 결론 내린 것처럼 과연 우리 모두가 학교폭력을 못 본체하며 자신에게 주어진 과업에만 열중하여 사는 것이 올바른 것인지 우리에게 질문을 던지고 있다.

① 책 속으로

1) 주요등장인물을 소개해 보세요.
(아치, 제리, 구버, 레온 선생님, 카터, 오비, 브라이언 코크란, 에밀 진저, 유진 선생님, 하위 앤더슨)

2) 아치가 과제를 주는 이유는 무엇이며, 아치가 르노와 구버에게 할당한 과제는 어떤 내

용인가요?

3) 레온 선생님은 아치에게 초콜릿 판매를 도울 것을 요청하면서 학교 상황을 뭐라고 설명했나요?

4) 제리는 초콜릿 판매 거부로 인해서 어떤 괴롭힘들을 당했나요?

5) 초콜릿 판매 실적이 갑자기 상승한 이유는 무엇인가요?

6) 구버는 야경대가 할당한 과제를 하고 무엇을 느꼈나요?

7) 제리 르노와 에밀 진저를 링에서 싸우게 한 아치의 생각은 무엇이고, 싸우는 르노의 주먹은 무엇을 의미할까요?

② 넓고 깊게 생각 나누기

1) 가장 인상적인 장면이나 문구는 무엇인가요?

2) 제리 르노와 롤렌드 구버트가 아치의 과제를 해야 하는 인물로 낙점된 이유는 무엇일까요?

> "그냥 예술적인 생각을 하는거야. 오비. 이건 예술이거든. 이런 르노 같은 애를 고른다. 특별한 환경이다……." 그는 침묵했다.
> "초콜릿 항목에 넣어."
> 오비는 적었다. '르노-초콜릿'.(…) 초콜릿은 12개의 과제를 합친 것과 맞먹는 힘든 일이었다.(27쪽)

3) 제리는 아버지의 단조로운 생활을 보면서 실망감을 느낍니다. 폴 또한 나이든 이들이 안 돼 보인다고 생각합니다. 이들의 어른들에 대한 시각에 동의하나요?

> "제 말은 제가 오늘 어땠느냐고 물으면 아빠 만날 괜찮다고 대답하신다는 거죠. 아주 좋은 날은 없나

요? 아님 아주 고약한 날도? (…)
"3년 전엔 강도미수 사건이 있었지. 마약중독자가 미친 사람처럼 덤벼들었을 때 말이야." (…)
삶이란 그토록 따분하고 지겹고 지루한 건가? 제리는 자기 앞에 놓인 삶도 그런 길을 따라 갈 거라고 생각하고 싶지 않았다. (…) (92~93쪽)
폴은 나이 든 사람들이 안됐다고 느꼈다. (…) 아버지는 저녁식사가 끝나면 곧장 쓰러져서 선잠에 빠져 들었다. 어머니는 언제나 지치고 늘어진 모습이었다. 대체 그들은 무엇을 위해서 사는 것일까? (135쪽)

4) 케로니의 다음과 같은 생각에 여러분은 어떻게 얘기 하고 싶은가요?

"한 가지만 말하지. 캐로니, 학기 마지막에 점수를 줄 때 이 테스트를 다시 한번 살펴보겠네. 어쩌면 그때는 정신이 더 맑아지겠지. 전에는 보이지 않던 어떤 좋은 점을 보게 될지도 모르고 ……."
"다른 한편으로 보면 말이야. 캐로니, 어쩌면 F는 그대로 있을 수도 있어. 레온선생이 말했다. "상황에 따라서……." "알았습니다. 레온선생님."(…)
캐로니는 인생이 부패한 것이라는 사실을 알았다. 진정으로 이세상에 여웅은 없으며, 아무도 믿어서는 안 된다는 것을, 자기 자신조차 믿어서는 안 된다는 사실을 깨달았다. (160쪽)

5) 다음은 학생들이 제리의 초콜릿 판매 거부 행보에 동조하는 모습입니다. 학교 친구들이 제리에게 적극적으로 힘을 실어주었다면 트리니티의 문제점은 해결 되었을 것이라고 생각하나요?

"그래 네 말이 무슨 뜻인지 알아. 나도 이 쓰레기를 파는 게 정말 싫어. 어쩌면 그 꼬마가 옳은지도 모르겠어."
"그럴지도."
케빈도 동의했다.
"2센트 걸고 말하지만, 나 그만둘 거야."
대니가 말했다. (…) (193쪽)
"초콜릿 말이야. 르노가 옳은 것 같단 말이야."
하위 앤더슨이 말했다. (…)
"이것은 원칙 문제야." 하위가 말을 계속했다. (194~195쪽)

6) 우리 사회에서 법,규율이나 관습이란 미명하에 자행되는 부조리로 인해 원칙이 훼손되는 경우를 말해봅시다.

> "내가 말하는 것은 말이지. 우린 트리니티에 다니려고 수업료를 내지 않냐? 그렇지. 난 가톨릭 신자도 아냐. 다른 애들도 아닌 애들이 많지." (…)
> "그들은 우리를 판매원으로 만들고 있어. 난 온갖 종교 헛소리를 듣고 게다가 채플 시간까지 참석한다. 그런데 거기다가 초콜릿까지 팔아야 한다는 거지." (…)
> "그런데 신입생 하나가 나타났어. (…) 난 전에는 한번도 생각해 보지 못한 일이야. 그냥 팔지 않는 것 말이야." (196쪽)

7) 대부분의 학생들은 야경대에 대적하기 보다는 자신의 평범한 삶을 지켜내려고 방관자의 태도를 보입니다. 여러분은 잘못된 것을 바로 잡으려고 적극적으로 나서 본적이 있나요?

7-1) 바로 잡아야 된다고 생각하면서도 나서지 못하는 이유는 무엇인가요?

7-2) 제리는 초콜릿 판매를 거부한 것에 대해 후회한 적이 있습니다. 여러분은 어떤 일을 소신을 가지고 이행하다가 그 결과 때문에 후회한 적이 있나요?

8) 아치가 권투에서 사용할 게임규칙인 제비뽑기를 아이들에게 판매한 의도 '인간의 욕심과 잔인함'에 동의하나요?

> 사람들이 꽉 들어찬 관중석, 제비뽑기 용지를 팔고 사느라 분주한 움직임, 애들은 제비에 지시를 적느라 바빴다. 아치는 조용히 기뻐하였다. (324쪽)
> "이것 봐,. 카터. 모든 인간은 두 가지를 가지고 있어. 욕심과 잔인함이지." (…)
> "두 녀석이 서로 패는 것을 구경하는 거지. (…) 카터. 우리 모두가 나쁜 새끼들이기 때문에 말이야." (335쪽)

9) 제리가 링 위에서의 싸움 후에 깨닫게 된 결론대로라면 모두 무사히 졸업하는 것을 목표로 할 것입니다. 그렇게 결론 내린 제리에게 뭐라고 말해주고 싶나요?

(…) 다른 무엇일까? 깨달음이었다. 방금 그가 얻어낸 깨달음. 머릿속이 지금 갑자기 얼마나 명료한지. (…)
자신이 깨달은 것을 구버에게 알리는 것이 중요했다. 구버에게 풋볼을 하라고, 풋볼을 하라고 말해야 한다. 달리기를 하라고, 그리고 풋볼 팀에 돌아가라고, 또 초콜릿을 팔라고, 그들이 원하는 것은 무엇이든 다 팔고, 그들이 원하는 것은 무엇이든 다 하라고 말해야 한다. (…)
사람들은 네가 해야 할 일을 잘하라고 말하지. 하지만 진짜로는 그런 뜻이 아냐. 그들은 네가 너의 일을 하기를 바라지 않아. 네 일이 동시에 그들의 일이 아니라면 말이야. 웃기는 일이지만 구버, 속임수야. 우주의 질서를 방해하지 마라, 구버, 포스터가 뭐라고 말하든 상관없어. (358~359쪽)

10) 여러분은 이 책의 결말에 어떤 날개를 달고 싶은가요?

③ 논제와 논점의 예시

논제 : 제리는 초콜릿 판매를 해야 했다.	
찬 성	반 대
트리니티 고등학교의 전통을 이어 학교의 재정에 도움이 될 수 있다.	잘못된 관행을 없앨 수 있다.(판매 거부에 동참하지 않는 방관자적 태도는 어떤 사회의 부조리도 바로잡을 수 없다.)
학교 관습에 반기를 드는 것은 자칫 학교와 교사의 권위를 떨어뜨릴 수 있다.	야경대라는 잘못된 조직을 견제할 수 있다.
제리 혼자서는 잘못된 관습을 바꾸기에는 역부족이다.	레온 선생님처럼 잘못된 권위를 내세우는 교사에게 뉘우치는 계기가 된다.

6

이름 없는 너에게

벌리 도허티/장영희 역/창비/2012

● 최수정

도서 선정 이유

고등학교 졸업반인 헬렌과 크리스는 서로 사랑하는 사이로 둘은 아이를 가지게 되었다. 크리스는 헬렌을 떠나지 않을 것이라 다짐했고 헬렌은 '이름 없는 너에게'라는 10개월 동안의 자신의 상태를 기록하는 편지를 쓰면서 아이를 낳을 결심을 하게 된다. 헬렌 부모님의 낙태 권유에도 불구하고 아이를 출산한 헬렌은 임신과 출산의 과정을 통해 가족간의 갈등을 이해하게 된다.

국가인권위원회는 우리나라에서 적지 않은 청소년들이 임신, 출산을 이유로 학교로부터 자퇴, 전학, 휴학을 강요받는 현실을 확인하고 청소년 비혼모의 학습권을 보장하라고 권고한 바가 있다. 헬렌처럼 10대 비혼모가 아이를 출산할 것을 결정한 경우라면 그들이 사회의 관심과 배려 안에서 자신의 꿈을 잃지 않고 당찬 엄마가 혹은 부모가 될 수 있는 사회적 장치들은 무엇이 있을까? 또한 헬렌과 크리스가 에이미를 낳는 것을 선택하였다면, 그들이 유보하게 될 것은 무엇인지, 혹은 포기할 수 밖에 없는 것은 무엇일지 생각해볼 기회를 줌으로서 청소년의 건전하고 행복한 만남과 결혼에 필요한 조건은 무엇일지 함께 고민해 볼 수 있다.

① 들어가기 전에

1) '청소년 비혼모'에 대한 우리 나라의 실태를 알아봅시다.

2) 우리나라에서 '낙태'를 허용하는 법의 기준은 무엇인지 알아봅시다.

3) '성숙한 사랑의 조건'은 무엇일지 이야기 나누어 봅시다.

② 책 속으로

1) 책 속의 등장인물에 대해 얘기해 봅시다.
(헬렌,크리스, 헬렌 엄마, 헬렌 아빠, 헬렌 할머니, 헬렌 할아버지, 크리스 엄마, 크리스의 아빠, 질 이모, 톰, 루슬린)

2) '이름 없는 너에게'라는 10개월 동안의 자신의 상태를 기록하는 헬렌의 편지는 그녀의 어떤 심정들이 담겨 있나요?

3) 크리스가 기대했던 것과 달리 개기 월식이 있던날, 헬렌은 평소와 달랐는데 왜 그랬던 걸까요?

4) 크리스의 헬렌에 대한 사랑의 모습에서 진중함을 엿볼 수 있었던 부분은 어떤 부분인가요?

5) 헬렌이 임신 진단 시약을 사러 갈 때 엄마 방에서 화장품을 훔쳐서 화장을 합니다. 임신 사실을 들은 크리스는 정신없이 몇 킬로미터를 달렸고 밤에 잠도 잘 수 없었습니다. 헬렌과 크리스의 심리 상태는 어때 보이나요?

6) 크리스는 어느 순간부터 헬렌에게 접근할 수 없게 되었습니다. 그 이유는 무엇인가요?

7) 헬렌의 임신으로 가족간에 더 잘 이해하는 계기가 마련되었습니다. 어떤 가족사를 알게 되었나요?

③ 넓고 깊게 생각 나누기

1) 아기를 유산시키려고 시도한 헬렌의 생각과 헬렌 엄마와 아빠의 낙태 권유에 동의하나요?

팔과 다리는 제멋대로 움직이고 온몸이 위로 솟구쳤다 다시 떨어지기를 몇 번, 갈비뼈가 산산조각이 나는 것 같았다. (…) 나는 냅의 갈기를 움켜잡고 안장의 앞부분에 매달렸다. (…) 아까 그 나이든 여자

가 내게로 오고 있었다. (…) 말들은 점점 원을 좁혀가더니 마침내는 완전히 멈춰섰다. (…) (116쪽)
엄마는 의사가 다 알아서 준비해놓았고, 주말이면 아무 일도 없었던 것처럼 모든 게 다 끝날 거라고 했다.
"네 장래를 생각해봐. 다른 사람이 아닌 바로 네 장래야. 네 장래를 망칠래?"
나는 머리를 좌우로 흔들었다.(…) (134쪽)
"너 설마 아기를 키울 생각은 아니겠지, 응?" "너처럼 음악학교에만 갈 수 있었다면 난 무슨 희생이라도 했을 거다".(…) "너는 지금 네 인생을 스스로 망치고 있지 않니!"(…) (152~153쪽)

2) 낙태를 하러 병원에 갔던 헬렌은 크리스와 얘기를 하지 않고는 결정할 수 없다고 생각하고 병원을 뛰쳐 나와 크리스의 학교로 갔습니다. 그녀의 결정은 옳은 것일까요?

크리스는 제일 나중에 고3 건물을 빠져나오는 학생들 속에 섞여 있었다. 밤에 한잠도 못 잔 듯, 초췌한 얼굴로 혼자서, 가방을 어깨에 걸친 채 고개를 푹 숙인 채로. (…) 내가 부르지 않았더라면 나를 그냥 지나쳐 갔을 것이다. 나를 보자 크리스의 얼굴은 새하얘졌다. 나는 다가가서 크리스가 가방을 내려놓기를 기다렸다. 그리고 그의 팔이 나를 감싸 안았을 때, 나는 얘기했다.
아가야, 이젠 너를 떠나보내지 않을 거야. (148쪽)

3) 고민 끝에 헬렌은 크리스와 이별하기로 결정 내립니다. 그 결정에 대해 어떻게 생각하나요?

아가야, 난 이제 너를 맞을 준비가 다 되어 있어. 나는 잘해낼 거야. 한때는 네가 태어나는 게 두려웠지만 이제는 온 마음을 다해 너를 기다리고 있단다. (…)
그런데 크리스에 대해서는 난 아직 준비가 되질 않았다. (…) 크리스와 미래를 같이한다는 생각만으로도 두려워진다. 크리스는 뉴캐슬에서의 대학 생활을 무척 기대하고 있다. 우리가 만난 후로 크리스는 줄곧 그 얘기만 했었다. 내가 여기 함께 있어달라고 하면 크리스는 분명히 그렇게 해줄 것이다. 그게 그에게는 엄청난 희생일지라도. (…) 그런데 그 생각을 하면 마음이 너무 아프다. (…) 크리스와 영원히 함께 사는 것과 앞으로 그 없이 살아가는 것, 둘 중에 어떤 것이 더 두려운 걸까? (188~189쪽)

크리스에게 아기가 움직이는 것을 느꼈다고 빨리 말해주고 싶어 조바심냈는데, 막상 그 얘기를 하니까 당황스러운 듯 어색하게 웃으며 나를 쳐다보았다. "손을 내 배에 올려봐. 너도 느낄 수 있을 거야." 라고 말했는데도 내 배에 손을 올려놓지 않으려 했다. 아가야, 크리스가 너와 날 부끄러워한다면 어떻게 네 아빠가 될 수 있겠니? 그렇지 않니? (191~192쪽)

4) 크리스의 아버지는 '사랑은 어떻게든 인생을 살아가게끔 만드는 속임수'라고 했습니다. 다음은 헬렌 할아버지의 생각입니다. 두 사람의 생각에 대해 어떻게 생각하나요?

"사람들은 결혼을 하면 앞길이 활짝 열릴 거라고 기대하지만 사실은 그렇지가 않단다. 결혼은 미래로 가는 문을 모조리 닫아버리는 거나 마찬가지야." (222쪽)

5) 크리스가 다음과 같이 편지를 쓰는 것으로 보아, 또한 11월에 헬렌이 크리스에게 쓴 편지 내용으로 보아 크리스와 헬렌과 에이미의 관계는 어떻게 전개될까요?

나는 지금 뉴캐슬 대학의 기숙사에서 네게 편지를 쓰고 있는 거란다, 에이미. 네 이름은 '사랑받는 사람, 친구'라는 뜻이고, 나와 헬렌이 함께 골랐다. 네가 알고 있어야 할 것 같아서…….(291쪽)
난 네가 너무나 소중하고, 또 너무나 많은 보호를 필요로 한다는 사실을 깨닫고 새삼 놀랐다. (…) 헬렌이 옳다. 나는 아직 너나, 헬렌을 위한 준비가 되어 있지 않은 것 같다. 나 자신을 위한 준비조차도.(292쪽)
크리스에게
지금 나는 내 인생의 이 시점에서 내가 원하는 바로 그 자리에 와 있는 것 같아. 너에 대한 생각도 종종 하곤 해. 사랑하는 마음으로 말이야. 너도 행복했으면 좋겠어. (293쪽)

6) 헬렌이 아기를 낳기로 결정함으로써 잠시 유보해야 하는 것은 무엇이 있을까요? 혹은 포기해야 하는 것은 무엇일까요?

7) 성숙한 사랑을 위해서는 여러 가지 요건이 필요합니다. 그러한 요건들을 갖추기 위해 기다림 또한 필요한데 여러분이 생각하는 자격 요건은 무엇인가요?

8) 다음 지문을 읽고 과연 여러분이 헬렌, 크리스의 입장이라면 어떤 결정을 내렸을지 생각해봅시다.

> 사회적 알람이란 8살 때 학교가라, 20살엔 대학가라, 30살 전에는 취업을 해야하지 않겠니, 35살 전에는 결혼해야지…….
> " '사회적 알람'을 끄자. 내 '운명시계'만 보면서 가더라도 인생은 그리 늦지 않다."
> - 강연가 김미경
>
> 개도국 소녀 33%는 조혼을 강요당해 제때 교육받을 기회를 박탈당할 뿐 아니라, 결혼 적령기에 혼인하는 여성보다 쉽게 가정폭력에 노출되는 것으로 알려졌다. 또한, 개도국 10대 여성의 주요 사망 원인이 출산과 관련이 있다고 한다. - 한국일보

4 논제와 논점의 예시

논제 : 헬렌은 아기를 낳지 말았어야 했다.	
찬 성	반 대
크리스와 헬렌은 부모 역할을 할 준비가 되어 있지 않다. (경제적 준비 혹은, 의식이 부족하다)	태아도 생명이다.(낙태를 선택할 수 없다)
헬렌의 미래를 위해서 낳지 말아야 한다.	헬렌의 선택은 쉽지 않은 결정이었고 존중해야 한다.
부모는 아이를 선택할 권리가 있다.(낙태)	크리스도 낙태를 반대했다.

7

두 친구 이야기

안케 드브리스 지음/박정화 옮김/양철북/2005

● 전민자

도서 선정 이유

제목만 보면 아름다운 우정을 다룬 듯하지만, 내용은 시작부터 충격적이다. 유디트의 엄마는 불행한 결혼과 이혼, 그로 인한 경제적 어려움 때문에 생긴 스트레스를 어린 유디트를 학대하는 방식으로 푼다. 유디트는 멍든 몸을 긴 팔 옷으로 감추고 도움을 요청할 엄두도 내지 못한 채 하루하루 무력하게 살아간다. 그러나 새로 전학 온 미하엘을 만나면서 유디트는 자신이 처한 상황을 객관적으로 보게 되고, 문제해결의 의지를 갖게 된다.

우리나라에서도 아동학대 문제가 최근 중요한 사회적 이슈가 되고 있다. 특히 가정에서 벌어지는 아동학대는 은밀하고도 지속적이기 때문에 신체적으로는 물론, 정서적으로도 치명적인 결과를 낳는다. 이 책은 자신이 처한 상황이 부당하다는 것을 자각하고 다른 사람에게 도움을 요청하는 것이 학대에서 벗어나는 지름길임을 알려준다. 또한 주인공이 스스로 학대에서 벗어날 수 있도록 도와주는 미하엘의 모습을 통해 진정한 친구의 모습을 생각해 볼 수 있게 한다.

① 들어가기 전에

1) 이 책의 제목을 처음 봤을 때와 다 읽은 후의 느낌을 비교해 이야기해 봅시다.

2) 가정폭력 때문에 고통받는 사람들의 사례를 들어보았으면 이야기해 봅시다.
참고 동영상 : EBS지식채널e 0090번 〈나는 오늘 꽃을 받았어요〉

3) 우리나라의 법률은 아동학대를 어떻게 처벌하고 있는지 알아봅시다.

② 책 속으로

1) 유디트 엄마는 왜 날마다 유디트를 때리고 학대하나요?

2) 유디트 엄마가 불행한 결혼을 하게 된 이유는 무엇인가요?

3) 미하엘은 왜 이모네 집에서 살고 있나요?

4) 미하엘이 가출한 이유는 무엇이고, 어떻게 집으로 돌아갔나요?

5) 유디트는 미하엘과 친구가 되고 그의 가족을 만나면서 어떻게 변화했나요?

6) 미하엘에게 냉담하던 아빠는 어떤 이유로 변화하고 아들과 화해했나요?

7) 유디트는 마지막에 어떤 결단을 내리나요?

③ 넓고 깊게 생각 나누기

1) 이 책에는 여러 형태의 가족이 등장합니다. 이 가족들의 특징을 간단히 표현해 보세요..
   ① 유디트 가족 :
   ② 미하엘 가족 :
   ③ 앨리 이모 가족 :

2) 학교에서의 체벌은 법으로 금지되었지만, 가정에서 부모님들이 '사랑의 매'를 드시곤 합니다. 여러분도 그런 '사랑의 매'를 맞아본 경험이 있나요? 그 경험이 여러분에게 어떤 영향을 끼쳤습니까?(긍정적/부정적)

> "자, 자, 제발 침소봉대하지 맙시다. 아버지도 이따금 우리 형제들에게 매를 대곤 하셨지. '매를 아끼면 자식을 버리느니.'하고 입버릇처럼 말씀하셨어."
> 할아버지가 할머니를 얼렀다.(81쪽)

3) 학대당하는 유디트 주변에는 뭔가 이상하다고 생각하는 여러 명의 어른들(레아 이모, 학교 선생님, 이웃집 할머니, 탁아소 소피 언니 등)이 있었습니다. 그러나 유디트는 미하엘을 만나기 전까지 어른들로부터 아무런 도움도 받지 못했습니다. 이들이 유디트를 돕지 못한 이유는 무엇인가요?

4) 베크만 선생님이 수업시간에 틀어주신 다큐멘터리 영화의 한 장면입니다. '열대우림을 파괴하는 불도저에 맞서 싸우는 원주민과 그들과 함께 싸우는 영국 사람'은 '유디트의 행복 - 파괴하는 엄마 - 함께 싸우는 미하엘'의 모습과 겹쳐 보입니다. 이 장면을 통해 전하고자 하는 작가의 메시지는 무엇인지 이야기해 봅시다.

> 포악한 괴물 같은 불도저들이 열대우림을 파헤치고 있었다. 동력톱이 기분 나쁜 소리로 울부짖고 나자 키 큰 나무들의 몸통이 트럭에 실렸다. 몇 백 년 동안 숲에서 종족의 삶을 이어온 사람들이 카메라를 향해 말했다. 분노하는 사람들은 숲을 지키기 위해 그 어떤 위험도 감수할 각오를 하고 있었다. 미하엘은 그 사람들에게 깊은 공감을 느꼈다. 원주민과 오랫동안 살면서 그들의 언어로 말하는 영국 사람이 있었다. 그는 숲의 파괴를 막으려고 벌목 작업을 방해했다. 그의 목에는 막대한 현상금이 걸려있었지만 오랜 시간이 지나도 누구 하나 그 사람을 신고하지 않았다. 그 사람은 숲에 숨어, 여기저기로 옮겨 다니며 원주민들의 도움을 받았다.(101쪽)

5) 미하엘과 유디트는 한부모가정, 부모로부터 받은 상처 등을 공통분모로 서로의 아픔을 공감하고 부족한 부분을 채워주며 우정을 쌓아갑니다. 여러분 곁에 이런 친구가 있나요? 여러분은 어떤 친구가 좋은 친구라고 생각하나요?

> 유디트는 조금도 짜증 내지 않고 역사책을 여러 번 읽어서 미하엘을 외우게 해 주었다. 미하엘은 정신을 집중하려고 애썼지만 쉽지 않았다. 자꾸 유디트에게 한눈을 팔게 되었다. 친구가 책을 읽는 모습에 마음이 갔다. 유디트는 진지한 표정으로 고개를 잔뜩 숙이고 검지로 단어를 짚어가며 읽었다. 어려운 단어를 만나면 목소리에 머뭇거리는 느낌이 스며들면서 손가락이 멈췄다. 그리고 천천히, 띄엄띄엄 그 단어를 다시 읽곤 했다. 곧은 금빛 머리가 얼굴 위로 쏟아져 내렸다. 유디트는 연방 머리를 쓸어 넘겼다. 잠을 잘 못잤는지 눈두덩이 거무스름했다. 그리고 그 멍……. 미하엘은 멍을 볼 때마다 이상스레 가슴이 불뚝거리고 주먹이 꼭 쥐어졌다.(119~120쪽)

6) 유디트는 미하엘과 서로 마음을 열고 친구가 되지만, 선뜻 엄마의 학대사실을 털어놓지 못합니다. 그 이유는 무엇이었다고 생각하나요?

7) 엘리 이모 댁에 처음 가본 유디트는 자기네 집과 달리 따스한 사랑과 평온이 넘치는 분위기에 놀랍니다. 미하엘이 엘리 이모와 함께 살지 못했다면 미하엘은 어떤 아이가 되었을까요?

8) 유디트의 엄마는 어린 시절 동생의 죽음으로 인한 상처를 평생 품고 살아왔습니다. 학대하는 엄마 또한 그 상처의 피해자인 셈입니다. 유디트의 엄마를 어떻게 도와주어야 할까요?

> 이모는 말을 멈췄다.
> "아까도 말했지만 할머니는 그 사고의 충격을 이겨내지 못했어. 정말 나빴던 건 디키의 죽음을 엄마 잘못으로 돌린 거야. 엄마가 견디기에는 너무 큰 부담이었지. 그러지 않아도 가뜩이나 죄책감을 느끼고 있었거든. 상황은 갈수록 나빠졌어. 더는 싸우지 않았어. 할머니는 소리 지르거나 욕을 하지 않았어. 대신 더 나은 무기를 발견했지. 엄마를 아예 상대도 안 한 거야. 엄마가 없는 것처럼 행동했어. 엄마는 할머니의 마음에 들려고 갖은 노력을 했지만 생각한 대로 되지 않자 공격적으로 나갔지. 아무 짝에도 쓸모 없는 놈이라고 할머니가 늘 말하던 남자하고 말이야. 순전히 할머니를 괴롭히려고 한 결혼이었어. 하지만 오래지 않아 그 남자는 널 남기고 엄마 곁을 떠났지."(209쪽)

9-1) 학대로 인해 자아존중감을 상실했던 유디트는 리아 이모와 미하엘을 통해 자신은 소중한 존재라는 것을 깨우칩니다. 이들과의 만남으로 유디트는 어떻게 변화했나요?

> 리아 이모는 부드러운 손으로 유디트의 뺨을 어루만졌다.
> "디키는 사랑스럽고 섬세한 꼬마였어. 누구라도 그 애를 보면 사랑하게 되었지. 그런 점에서라면, 맞아, 넌 그 애를 닮았어. 하지만 넌 디키가 아니야. 너는 유디트야. 절대로 잊지 마라." 유디트는 리아 이모의 손을 꼭 쥐었다. (210쪽)
> 집이 조용해지기를 기다렸다. 그리고 조심스럽게 침대에서 나와서 아래층 화장실로 갔다. 다시 침대로 돌아와 누워서는 눈물이 마른 눈으로 어둠을 뚫어지게 보았다.
> "나는 유디트야." 유디트가 속삭였다. "유디트." 유디트는 자기 이름을 까먹지 않으려는 듯 부르고 또 불렀다.(230쪽)

9-2) 여러분도 자신감을 잃어 본 경험이 있나요?

10) 엄마 때문에 갑자기 라이덴으로 이사하게 된 유디트는 학교로 찾아온 미하엘에게 모든 사실을 다 털어놓습니다. 엄마가 마침내 칼을 들었던 날, 유디트는 집을 나와 미하엘이 사는 헤이그로 달아납니다. 만일 여러분이 유디트라면 이 상황을 어떻게 해결했겠습니까?

> "왜 그냥 맞고만 있어?"
> 미하엘이 버럭 소리를 질렀다. 유디트가 미하엘에게 얼굴을 돌렸지만 아무런 표정이 없었다.
> "네가 가만히 있으면 엄마는 계속 널 때릴거야. 뭔가 해야만 해!" (…)
> 천천히, 유디트는 멍한 상태에서 깨어나는 것 같았다.(275쪽)
> 유디트는 천천히 돌아누웠다. 여전히 숨쉴 때마다 힘들었다. 엄마가 조리대에 처박을 때 갈비뼈를 다친 게 틀림없었다.
> 여기에 계속 있으면 나도 갈기갈기 찢어 놓을 거야. 내 코알라처럼 말이야.
> 다시 한 번, 유디트는 미하엘의 목소리를 들었다.
> "뭔가 해야만 해……."(284쪽)

11) 아동학대와 가정폭력을 해결하기 위해 개인과 사회가 어떤 해결책을 준비해야 하는지 이야기해 봅시다.

12) 집을 나온 유디트는 어떻게 되었을까요? 뒷이야기를 상상해서 글로 써봅시다.

4 논제와 논점의 예시

미하엘이 없었다면 유디트는 집을 나오지 못했을 것이다.	
찬성	**반대**
유디트의 마음을 결정적으로 열어 준 사람은 미하엘이 유일하다.	본인의 의지와 결정이 없었으면 가출하지 못했을 것이다.
미하엘이 끝까지 유디트에게 관심을 가지고 행동했다.	유디트가 성장하면서 상황을 벗어날 수 있는 능력이 생겼을 것이다.
미하엘과 그 가족들을 만나면서 유디트의 정체성이 자랐다.	미하엘 외에도 주변에 다른 사람들이 있었다. (이모들, 선생님, 할머니, 소피)

8

도와줘 제발

엘리자베스 죌러 지음/임정희 옮김/주니어 김영사/2011

● 안정애

도서 선정 이유

이 책은 학교폭력을 주제로 하고 있다. 동서양을 막론하고 학교폭력은 공통적인 주제인데, 주인공은 학교에서 반 친구들로부터 지속적으로 폭력을 당함에도 불구하고 처음에 이를 공개적으로 문제제기하거나 주변에 도움을 청하지 않는다.

학교폭력의 문제는 개인들 간의 문제만이 아니다. 가족, 사회, 이웃, 국가 등이 얽혀 있는 문제로, 나아가 민주주의의 문제, 소통의 문제, 갈등해결 필요성 문제 등도 포함된다. 이 책은 왜 학교폭력이 발생하는지, 어떤 학생들이 폭력 가해/피해자가 되는지, 어떻게 가해자인 동시에 피해자가 될 수 있는지, 가족과 사회와 국가는 어떤 역할/책임을 다 해야 하는지, 폭력 현장의 방관자들에게는 책임이 없는지 등의 문제를 제기하고 있다.

학교폭력의 기저에는 못 가진 자에 대한 무시, 경멸 등의 사회풍조, "나만 아니면 돼" 식의 극단적인 이기주의와 책임회피 인식 등이 깔려 있고, 사회 구성원들은 모두 이러한 책임에서 자유로울 수 없으며, 이를 극복하기 위한 개인적인 결단도 필요하다.

① 들어가기 전에

1) 학교 폭력이란 : 학교 내외에서 학생 간에 발생하는 폭행 · 협박 · 따돌림 등에 의하여 신체 · 정신 · 재산상의 피해를 수반하는 행위로서, 대통령령이 정하는 행위를 뜻합니다.

2) 학교 폭력의 성격 : 고의성, 반복성, 힘의 불균형

3) 대처방안 : 자신감을 갖고 나의 의사를 확실히 전달(청소년 보호 가이드)

② 책 속으로

1) 속 표지에 나와 있는 "아이들이 장난삼아 던진 돌에 개구리는 맞아 죽는다"(에리히 프리드)가 시사하는 바는 무엇일까요?

2) 책 도입부 편지(사랑하는 엄마에게)에서 니코의 어떤 심리상태를 알 수 있나요?

3) 한나의 역할은 어떤 것일까요?

4) 니코가 컴퓨터 게임에 빠지게 된 이유는 무엇일까요?

5) 니코가 접속한 자살 사이트에서 나열되는 문제들은 어떤 것이 있을까요(134~135쪽)?

6) 사회복지사 헤르만의 역할과 의미는 어떤 것일까요(165~180쪽)?

③ 넓고 깊게 생각 나누기

1) 니코의 피해의식(다른 아이들이 나를 싫어하고 내게 못된 짓을 한다는 걸 아무도 알서는 안 된다(…) 모든 걸 혼자 간직하기로 했다, 26쪽)은 어디서 유래했을까요? 가족 문제(아빠의 가출과 엄마의 해고 등)가 니코의 생각과 행동에 어떤 영향을 주었을까요?

2) 가해자(라파엘, 케빈 레크슐테)의 법정 증언은 타당성이 있나요?

> 그냥 장난이었어요. 그 아이는 늘 혼자였다고요(15쪽).
> 그런 자식들은 먼저 일을 만들어요. 그런 자식들은 맞고 싶어 한다고요(16쪽).
> 우리가 니코를 돌봐 준 거예요(…) 우리는 휴식시간을 니코와 보낸 것 뿐이예요(20쪽).

3) 니코가 공원에서 만난 남자와의 대화입니다. 남자의 태도가 바람직해 보이나요? 본인의 경험에 비추어 이야기해 볼까요?

남자 : 저런 애들이 오면 소리를 질러. 그냥 소리 질러야 해. 그건 전혀 비겁한 게 아니야.
니코 : 그럼 사람들은 고자질쟁이나 겁쟁이라고 말해요.
남자 : 그건 자신을 보호하기 위해서야. 사람들은 자신의 잘못을 들킬까봐 입 다물게 하거나 거짓말을 하도록 강요하지. 그것이야말로 진짜 비겁한 거야(35쪽).

4) 마티아스의 다음과 같은 주장은 가해자의 것일까요? 아니면 피해자의 것일까요? 이런 경우가 있었다면 이야기 해 볼까요?

너희가 나한테 함께 하자고 강요했어. 안 그러면 다음은 내 차례라고 그랬지. 게다가 쿨한 일이라고 너희가 말했지(50쪽).

5) 니코가 생각하는 학교에 대한 생각입니다. 동의가 되나요? 본인에게 학교는 어떤 존재인가요?

학교만 생각하면 배가 뒤틀리는 기분이다. 그 곳에는 얼음처럼 차가운 냉정함이 지배한다. 너무 냉정하게 군다고 벌을 받는 사람이 아무도 없다는 게 웃긴다. 아무도. 차가움이 모든 것을 지배한다(59쪽).

6) '범죄자'에 대한 다음과 같은 대화에서 케빈의 주장을 반박해 볼까요?

팀머만 선생님 : 누구든 동기 없이 나쁜 사람은 없다고 생각해. 늘 동기가 있지.
케빈 : 동기가 없으면 범죄행위도 없어요.
니코 : 일종의 장난삼아 하는 나쁜 짓도 있어요(63쪽).

7) 다음과 같은 케빈의 주장은 왜 옳지 않은지 반박해 볼까요?

약한 사람이 당하기 마련이라고 생각해요(…) 예전에 형과 누나들도 내게 그런 식으로 굴었어요(…)

그건 아주 간단한 규칙이에요. 개는 맨 뒤에 있는 놈을 무는 법이죠. 우리 엄마가 늘 그렇게 말했어요(96쪽).

8) 니코의 다음과 같은 깨달음에 대한 본인의 생각을 말해 볼까요?

약점을 내보이고 실수를 인정하는 게 꼭 나약한 것만도 아니라는 걸. 어떤 때는 더 좋을 수도 있다는 것도 깨달았다. 그렇게 하면 마음도 아프지 않고 속도 그렇게 답답하지 않았다(…) 나는 비틀거렸지만 혼자 힘으로 붙잡았다. 이제부터는 내 인생을 스스로 책임져야 했다(172쪽).

9) 니코의 결론에 대해 전적으로 동의하나요?

사랑과 이해가 필요한 청소년들. 한 번도, 단 한 번도 사랑을 받아보지 못해 세상을 증오하는 청소년들. 그런 청소년들에게는 어쩌면 이 세상에 좋은 사람들도 많다는 말을 해 줄 수 없을지도 모르겠다. 이 말을 듣고 박장대소할 지도 모르니까. 그런 청소년들에게는 도움이 필요하다. 너무 늦기 전에 누군가 그들을 도와야 한다(…) 피해자에 노예였던 사람이 강해질 수 있다는 걸 알릴 거야. 또 아무도 강하고 힘센 남자아이들이라도 도움을 받아들여야 한다고 말할 거야(…) 나는 쏘지 않는다(182쪽).

10) 학교폭력이 개인간의 문제만일까요? 가족과 사회와 국가는 책임이 없을까요? (매스미디어 상의 폭력물 난무, 국가 공권력의 폭력성, (경제적/신체적) 약자를 무시하는 사회풍조, "나만 아니면 돼"식의 극단적인 이기주의와 책임회피 등)

④ 논제와 논점의 예시 :

니코는 주변에 도움을 요청했어야 했다.	
찬성	**반대**
스스로 힘을 키우기까지는 주변의 도움이 필요하다(시간도 필요).	가해자들의 폭력성이 커질 수 있다(2차 추가 피해 가능성).
더 큰 피해와 사고 방지를 위해 필요하다.	요청해도 도움을 못 받는 경우가 많다(개선 가능성 바라기 힘듦).
더 빨리 요청했으면 피해 없었을 것(니코의 고통받는 시간이 줄어들었을 것)이다.	주체적인 힘(물리력 포함)으로 해결하는 게 타당하다(스스로 문제를 해결하려는 용기 필요).

9

처절한 정원

미셸 깽 소설/이인숙 옮김/문학세계사/2004

●전민자

도서 선정 이유

2차 대전 당시, 레지스탕스였던 아버지는 용감한 투쟁에 앞장섰다. 그 과정에서 무고한 인명피해가 발생하고, 교사였던 아버지는 그에 대한 속죄의 의미로 평생 어릿광대 분장을 하고 사람들을 웃겼다. 나는 그런 아버지가 부끄러웠지만 어른이 된 후 아버지를 이해하게 되었고, 아버지처럼 어릿광대 분장을 하고 전범재판을 참관한다.

아버지는 선(善)한 의도를 가지고 싸웠지만, 그로 인해 한 가정이 파괴되고 여러 젊은이들이 고초를 당하는 결과를 낳았다. 그 결과에 대해 끝까지 책임지려 했던 아버지와 삼촌의 태도는 많은 것을 생각하게 한다. 또 반(反) 인륜적인 상부의 명령에 대한 모리스 파퐁과 독일병사 베른의 대처방식을 비교하면서 인간의 존엄성을 지키기 위한 최선의 대응방식은 무엇이었을까를 생각해볼 수 있다. 아울러 전범 재판 이야기를 통해 우리나라의 친일파, 종군위안부 문제 등 과거사 청산 방식을 짚어보고 그 문제점에 대해서도 토의할 수 있을 것이다.

① 들어가기 전에

1) 2차대전 당시 프랑스에 세워졌던 비시정부와 모리스 파퐁에 대해 알아봅시다.

2) 나치에 항거했던 레지스탕스의 활동상과 그 활동의 역사적 의미를 알아봅시다.

② 책 속으로

1) 나의 아버지는 교사라는 직업이 있는데도 어릿광대 삐에로 연기에 혼신을 다했습니다. 이런 아버지를 바라보는 나는 심한 수치심을 느낍니다. 아버지는 왜 이렇게 광대연기를 열심히 한 것일까요?

2) 주인공은 아버지의 어릿광대 노릇을 부끄러워했습니다. 그런 그가 왜 모리스 파퐁의 재판에 어릿광대 분장을 하고 참석했나요?

3) 8월 14일 법령이란 무엇인가요?

4) 독일군 보초병 베른이 인질들 앞에서 개그를 하고 웃게 만드는 것은 물론, 굶주린 인질들에게 먹을 것을 주는 친절을 베푼 이유는 무엇인가요?

5) 역의 변압기를 폭파시킨 혐의로 총살당할 뻔했던 아버지와 가스똥 삼촌이 총살형을 면하게 된 까닭은 무엇인가요?

6) 아버지와 삼촌은 자신들 때문에 벌어진 인명피해에 대해 어떻게 책임졌나요?

③ 넓고 깊게 생각 나누기

1) 다음 지문을 읽고 생각해 봅시다.

> 독일놈들은 변압기 폭파 테러 사건에 대해 반드시 복수하겠다고 떠들어댔기 때문에 소문이 무성했었다. 그래서 모든 프랑스 사람들은 겁을 집어 먹었지. 그런데 그 부인은 반대로 생각한거야. 잔인무도한 독일놈들이 하고 싶은 대로 하도록 내버려 둘 수는 없다고 생각한 거지. (…)
> 그 부인은 죽어가는 남편을 바라보며 그가 이 세상을 떠나기 전에 마지막으로 뜻있는 일을 할 수 있다고 생각한거야. 그래서 독일 장교를 찾아가 남편이 변압기를 폭파시킨 범인이라고 고발했단다.(99쪽)
> 마지막 숨을 거두기 직전의 남편은 침대에 누워 아내의 눈을 똑바로 바라보며 자신이 혼자서 변압기에 다이너마이트를 설치했다고 자백했단다. 그는 자신의 죄값을 달게 받을 것이며 후회는 없다고 말했지.(100쪽)

> 전쟁이 끝난 후에 많은 사람들이 레지스탕스 요원이나 순교자로서 자신의 이름이 거리의 이름으로 정해져 영원히 기억되기를 바랐다는 것은 너도 잘 알지? 그러나 그 부인은 남편의 이름을 딴 거리를 만들겠다는 제안을 단호하게 거절했다고 하더구나.(102~103쪽)

1-1) 위 글에서 묘사된 전기공과 아내의 행동을 읽어보고 그들 부부가 어떤 사람일지 이야기해 보세요.

1-2) 만약 여러분의 가족이 중병에 걸려 며칠 후에 죽는다면 독립운동가인 윤봉길 의사 대신 총살당하는 것에 동의할 수 있겠습니까?

1-3) 역사 속에서 대의(大義)를 위해 희생한 사람은 수 없이 많습니다. 그에 해당하는 역사적 인물들을 아는대로 이야기해 봅시다.

1-4) 대의를 위한 개인의 희생이 진정 가치있는 희생이기 위해서 전제되어야 하는 것은 무엇일까요?

2) 아버지와 삼촌은 레지스탕스 활동 중에 무고한 사람을 죽게 만들었고 그 죄책감 때문에 어릿광대가 되었습니다. 아버지는 왜 하필 어릿광대짓으로 속죄하고 싶었던 것일까요?

> 아버지는 세상에서 가장 슬픈 어릿광대였다. 적어도 내 기억으로는 그렇다. 내가 기억하는 한 아버지는 일부러 스스로를 학대함으로써 자신이 저지른 밝힐 수 없는 죄를 용서받으려고 하는 것 같은 인상을 풍겼다.(…) 아버지는 우스꽝스런 분장을 하고, 시간을 낭비하며, 청렴한 공직자로서의 명예를 잃어가면서까지 삼류 예술가로 살았다. 더군다나 아버지 자신도 본인이 삼류 예술가라는 사실을 잘 알고 있었다. 그래도 그는 보잘것없는 사람들에게 웃음을 선사하면서 사는 것이 너무나 행복해서 가슴이 터질 지경인 것처럼 보였다.(31~32쪽)

3) 반인륜적인 전쟁을 끝내고 정의를 지키기 위해 레지스탕스 활동을 한 것은 옳은 일이지만 그로 인해 죄 없는 사람이 죽었습니다. 강도를 당한 사람을 도와주다가 자신이 다치거나 다른 사람을 다치게 하는 일도 있습니다. 주인공의 아버지와 삼촌은 그 책임을 개인이 졌지만 모두 그렇게 하지는 않습니다. 정의로운 일을 하다가 발생한 피해는 누가

책임져야 한다고 생각하나요?

4) 아버지와 삼촌을 독일군에게 밀고한 사람은 아군인 프랑스 헌병들이었습니다. 반면, 적군이라고 경계했던 독일병사 베른은 그들을 유머와 음식으로 위로해 주었습니다. 우리나라 역사에서 동족을 다른 나라 사람에게 밀고하고 고초당하게 한 사례를 찾아 봅시다.

5) 베른의 경우처럼 예상하지 못했던 상대에게서 위로받았던 경험이 있으면 이야기해 봅시다.

6) '상관의 옳지 않은 명령'에 대한 모리스 파퐁과 독일병사 베른의 대처 방식은 매우 달랐습니다. 여러분이라면 어떻게 했을까요?

7) 전범으로 기소되어 조국의 법정에 선 모리스 파퐁은 "상관이 시키는 대로 했을 뿐"이라며 무죄를 주장합니다. 처벌을 피하기 위해 상관의 명령에 어쩔 수 없이 따른 것은 유죄인가요? 무죄인가요?

> 그는 젊은 시절에 자칭 '프랑스 정부'라고 일컫는 비시 정부 하의 보르도 경찰에서 치안 담당 부국장으로 있으면서 범죄를 저지르고도, 공복으로서 거역할 수 없는 명령에 따랐을 뿐이라며 자신의 잘못을 부인하고 있습니다. 그렇지만 그는 분명히 반인륜적 범죄를 저지른 사람입니다. (…) 또한 인류에 대한 책임, 인간의 존엄성, 도덕에 따른 행동이 어느 시대의 법률이나 명령보다 우선하기에 그는 반인륜적 범죄를 저지른 사람입니다.(109쪽)

8) 이 책에는 나치 전범인 모리스 파퐁의 재판 장면이 등장합니다. 나치의 반인륜적 범죄 처벌에는 시효가 따로 없고 예외가 없다는 유럽인들의 정서와 비교하여, 우리나라의 친일 반민족 과거 청산은 어떻게 진행되었는지 알아봅시다.

> 살인자는 자신이 목숨을 빼앗은 사람들의 삶과 영원한 시간을 대신 누릴 권리라도 있는 양 아직도 자유로운 몸으로 살고 있습니다. 저는 법정이 살인자들에게 어떤 형벌을 내리는지 보려고 합니다. 빛나는 권위의 상징인 법정이 무고하게 죽어간 사람들의 한을 풀어줄 것인지 보려고 합니다. (110쪽)

④ 논제와 논점의 예시

변압기를 폭파한 아버지와 삼촌의 행동은 옳다.	
찬성	**반대**
레지스탕스 활동에 필요한 일이었다.	정확한 상황을 알아보지도 않고 명령에 따랐다.
니꼴 숙모와 남편도 그들의 행동을 지지했다.	숙모의 전남편이나 구덩이 속의 두 남자와 같은 피해자가 생겼다.
대의를 위해서는 개인의 희생은 불가피하다.	실질적으로 나치에게 큰 타격을 주지 못했다.

10

기억전달자

로이스 로리 지음/장은수 옮김/비룡소/2007

● 안정애

도서 선정 이유

이 책은 조너스가 속한 공동체가 과연 바람직한 미래사회의 모습일까를 생각하게 한다. 미래사회는 어떤 가치를 가져야 하는지, 인간이 인간답게 산다는 게 무엇인지, '사랑'이란 단어는 어떤 의미를 갖는지, 산모 여성이 '애 낳는 기계'로서만 존재해야 하는지 등의 문제를 제기하면서 조너스가 속한 공동체의 모습을 진지하게 들여다 보게 만든다.

이 작품을 토마스 모어의 『유토피아』나 올더스 헉슬리의 『멋진 신세계』, 그리고 수많은 영화나 드라마로 표현된 미래공상과학 작품들과 비교해 보는 것도 흥미로울 것이다.

① 들어가기 전에

1) 미래사회는 어떤 모습일까요?
2) 지구상에 유토피아 건설은 가능할까요?
   (참고 도서 : 토마스 모어, 「유토피아」
   올더스 헉슬리, 「멋진 신세계」
   영화 : 매트릭스, 트루만 쇼, 아일랜드, 제5원소, 제5세계 등)

② 책 속으로

1) 주인공 조너스는 왜 12월이 다가올수록 겁이 났을까요?

2) 조너스의 엄마와 아빠의 직업과 하는 일은 무엇인가요?

3) 원로위원회의 업무는 무엇일까요?

4) 기억 보유자와 기억 전달자의 역할과 임무는 무엇일까요?

5) 왜 거울을 갖는 것이 금지되어 있었을까요(39쪽)?

6) 산모의 역할과 지위는 어떠한가요(41~42쪽)?

7) 공개기록보관소는 왜 존재할까요(51쪽)?

8) 성욕 치료방법은 무엇일까요(66~69쪽)?

9) '사물 저 너머를 볼 수 있는 능력'이란 무엇일까요(106~107쪽)?

10) 기억보유자의 특전은 어떤 것이 있을까요(116~117쪽)?

3 넓고 깊게 생각 나누기

1) '임무 해제'란 말은 일반적인 표현이 아님에도 불구하고 수없이 반복되고 있습니다. 어떤 느낌이 드나요?

> 마을에 속한 주민이 '임무 해제' 명령을 받는다는 건 최종 판결이자 처벌이며 되돌릴 수 없는 실패를 선고받는 것이었다(10쪽).
> 세 번째 기회란 없다는 걸 알 텐데 말이야. 이제 한 번 더 규칙을 위반하면 그는 임무 해제될 수 밖에 없어(21쪽).
> 로베르토는 우리 모두에게 인사를 한 후 걸어갔지. 모두가 그러듯이 특수 문을 통해 임무 해제실 안으로 말이야(59쪽).
> 임무 해제가 되면 아기들일지라도 다른 곳으로 보내져 다시는 마을에 들어오지 못했다(74쪽).

2) 사회 구성원들에 대한 원로위원회의 직위 부여에 대한 조너스 부모의 다음과 같은 의견

에 동의하나요?

몇몇 친구들은 실망하기도 했지. 하지만 원로들은 관찰과 선택에 있어 매우 신중해서 크게 잘못되는 법은 없어(…) 난 그 일이 우리 마을에서 가장 중요한 일일 수도 있다고 생각해(32~33쪽).

3) 산모의 역할과 지위에 대한 다음과 같은 평가에서 여성을 보는 시각이 어떤지 설명해 보세요.

산모는 명예로운 직위가 절대로 아니야(…) 산모들은 굉장히 좋은 음식을 먹고, 임신해 있는 동안 아주 편안히 지내고, 아기를 낳을 때까지 게임을 하면서 즐겁게 시간을 보낸다고 했어요(…) 삼 년이야. 세 명을 낳고 끝이란다. 그런 다음에는 노인의 집에 들어갈 때까지 육체 노동자로 살아야 해(…) 산모들은 절대로 아기를 볼 수 없어(41쪽).

4) 라리사가 로베르트의 임무 해제가 '순수한 행복감'으로 느껴진다(59쪽)고 했는데, 이를 '존엄사'로 볼 수 있을까요?

5) 다음과 같은 배우자 선택 방법과 직위 부여 방법에 문제가 없을까요? 있다면 어떤 문제가 있을까요?

성인 한 사람이 배우자를 얻으려고 지원하면 몇 달, 심지어 몇 년을 기다린 후에야 배우자 결합이 허락되어 발표되었다. 기질, 육체 능력, 지능, 관심 등 모든 요소가 완벽하게 적합하게 상호 작용을 해야 했다(…) 철저하게 모든 걸 고려한 다음 직위 문제를 처리했다(83쪽).

6) 자신의 장래가 다음과 같은 기준에 의해 결정된다면 그대로 따라야 할까요?

지금이 바로 차이를 인정해야 할 때입니다. 여러분들은 지금까지 살아 오면서 마을 공동체에 적합한 사람이 되도록 행동을 표준화했습니다. 스스로를 모둠에서 떨어져 나가게 할지도 모르는 각종 충동을 억제하는 법을 배워 왔습니다. 하지만 오늘 우리는 여러분들의 차이를 인정하고 그에 걸맞는 경의를 표합니다. 그 차이들이 여러분들의 장래를 결정했습니다(87쪽).

7) 사회 구성원들이 한 두 명에게만 고통을 부담시키는 것이 정당한가요 아니면 이기적인 행위일까요?

> 모든 사람이 기억을 품을 수는 없나요? 모두 조금씩 기억을 함께 나눈다면 일이 쉬울 거라고 생각해요. 모든 사람이 이 일에 참여한다면 기억 전달자님과 제가 그렇게나 많은 고통을 떠맡을 필요가 없잖아요(…) 네 말이 맞다. 하지만 그러면 모든 사람이 부담을 느끼고 고통을 당할 거야. 사람들은 그걸 원하지 않아. 그게 바로 기억 보유자가 사람들에게 필요하고 그들에게 존경받는 진짜 이유지. 사람들은 그 짐을 덜기 위해 날 선출한 거야. 너도 마찬가지고(193~194쪽)(…) 이전의 다른 기억 보유자들처럼 조너스 자신이 선출되었기 때문에 다른 사람들은 아무런 고통 없이 평범하게 살 수 있었다(206쪽).

8) '사랑'이라는 단어는 왜 기피되고 있나요?

> "절 사랑하세요?" 잠시 어색한 침묵이 흘렀다(…) 아버지는 네가 매우 일반화된 단어를 사용했다는 거야. 그 단어는 너무 무의미해서 거의 쓰이지 않게 되었지(…) 사람들이 정확한 언어를 쓰지 않으면 우리 마을은 원활하게 돌아가지 않는단다. 넌 이렇게 물어야 했어 '어머니 아버지는 저와 즐거우세요?' 그 질문에 대한 대답은 '그래'란다(216~217쪽).

9) 조너스의 탈출은 정당했다고 생각하나요?

10) 이 책을 조지 오웰의 「1984」와 비교한다면 차이점과 유사점은 무엇일까요?

④ 논제와 논점의 예시

조너스가 사는 사회는 바람직하다	
찬 성	**반 대**
차별없는 평등사회이다.	몰개성적이다. 개인의 선택권과 자유를 배제하는 사회이다.
질서정연하고 예측가능하여 구성원들이 만족하는 사회이다.	몰감정적이다. 사랑 등의 감정어 사용을 못하게 하는 통제사회이다.
전쟁과 기아, 고통 등이 없는 평화롭고 안전한 사회이다.	조직(사회)의 목적을 위해 임무해제라는 이름으로 본인의 의사와 무관하게 살인(안락사)을 저지르는 무자비한 사회이다.

11

지킬박사와 하이드

로버트 루이스 스티븐슨/문예출판사/2004

●현정희

도서 선정 이유

쾌락을 추구하고 싶은 욕구를 참지 못하는 지킬 박사. 하지만 그는 고결한 정신으로 사람들 앞에서 위엄 있는 냉정함을 유지하고 싶은 자신의 이중성에 괴로워한다. 선과 악의 영역 사이에 깊은 골이 파여 있던 지킬 박사는 죄책감을 벗어나 자유로운 인생을 살 수 있을 것이란 기대 속에 하이드를 만들어낸다.

이 책은 절대 악의 모습을 한 하이드와 선과 악이 혼재된 지킬박사의 고뇌를 통해 인간의 이중성이 갖는 의미를 통찰하게 만든다. 과연 개인의 자제력과 노력만으로 인간 안에 내재되어 있는 악을 조절할 수 있을까? 개인의 쾌락을 억누르는 사회적 요구가 우리에게 어떤 영향을 미치고 있을까? 보이지 않는 억압 속에 힘들어하는 청소년들에게 내 안에 있는 또 다른 나를 인식하게 만드는 책이다.

① 들어가기 전에

1) 지킬박사와 하이드의 작가, 로버트 루이스 스티븐슨에 대해 알아봅시다.

2) 지킬박사와 하이드가 발표된 시대적 배경을 알아봅시다.

3) 프로이드와 융을 비롯해 현대 심리학의 관점에서 지킬박사 안의 하이드를 어떻게 해석하고 있는지 알아봅시다.

② 책 속으로

1) 하이드의 이름은 어떤 의미를 담고 있나요?

2) 지킬 박사가 하이드를 만들어낸 이유는 무엇인가요?

3) 지킬박사가 하이드를 바라보는 시각의 변화를 이야기 해봅시다.

4) 라니언이 죽음을 맞게 된 이유는 무엇인가요?

5) 지킬 박사는 최후 진술에서 하이드를 만들 수 있었던 과학적인 방법을 설명하지 않겠다고 밝힙니다. 그 이유는 무엇인가요?

6) 두 개의 인격 중에 하이드의 힘이 더 강했던 이유를 지킬 박사는 어떻게 분석하였나요?

③ 넓고 깊게 생각나누기

1) 내 안의 악마를 본 순간이 있나요? 나의 이중생활, 혹은 나의 양면성은 무엇인지 이야기 해봅시다.

2) 여러분도 지킬 박사와 같은 고민을 해 본적이 있나요? 분노를 폭발시키거나 나쁜 행동을 하고 싶은 욕구가 있을 때 어떻게 조절하는지, 나만의 방법을 소개해봅시다.

> 나의 결점 중에서도 가장 나쁜 점은 쾌락을 추구하고 싶은 욕구를 참지 못한다는 것이었다. 세상에는 그럼에도 불구하고 행복하게 사는 사람들도 많을 것이다. 그러나 나로서는 내 정신을 고결하게 유지하고 사람들 앞에서 위엄 있는 냉정함을 유지하고 싶은 오만한 성격과 그런 욕구를 조화시키기가 너무 어려웠다. 그래서 나는 다른 사람들 몰래 쾌락에 빠져들게 되었다.(101쪽)
>
> 나는 어쩐지 이 두 개의 인격 가운데 하나를 선택해야만 할 것 같은 느낌이 들었다. 내가 가지고 있는 두 개의 인격은 기억력만을 공통으로 가지고 있을 뿐 다른 능력은 모두 정반대였다.(115쪽)

3-1) 지킬박사는 자신이 저지른 엄청난 일에 대해 어터슨의 관심과 도움을 거절하며 괴로워합니다. 여러분은 힘들고 고통스러운 일은 나눌 누군가가 있나요?

3-2) 반대로 여러분이 지킬박사에게 고백을 받았다면, 그를 진정으로 도와줄 수 있을 것 같나요? 여러분의 소중한 친구나 가족이 범죄를 저질렀다면, 어떻게 대처할지 이야기해봅시다.

나 혼자 불행한 길을 계속 걷게 내버려두게나. 자세히 말할 순 없지만, 내가 받는 벌과 위험은 나 스스로 초래한 것일세. 나는 큰 죄를 지은 죄인이고, 때문에 큰 벌을 받고 있네. 이렇게 무기력한 공포와 고통이 세상에 또 있겠는가. 어터슨, 자네가 이 운명을 덜어주기 위해 할 수 있는 일은 한 가지밖에 없네. 제발 내 침묵을 존중해주게.(61쪽)

아마도 그의 마음 깊은 곳에서는 자발적으로 유폐된 죄수의 집 안에 들어가 속내를 알 수 없는 은둔자와 한자리에 앉아 이야기를 나누는 것보다는 거리의 소음이 들리고 바깥 공기를 쐴 수 있는 옥외 층계참에서 폴과 이야기 하는 편이 낫다고 느꼈기 때문이다.(63쪽)

4) 판도라의 상자처럼 라이언은 호기심 때문에 고통 받고 죽음에까지 이르게 됩니다. 그렇다면 두려움 때문에 호기심을 억제하는 것이 바람직한 일일까요?

"알고 싶지 않은가? 가르쳐줄까? 내 손안의 이 컵을 마셔버리고 아무런 설명도 해주지 않은 채로 나가 버려도 참을 수 있겠나? 호기심이라는 욕구가 자네를 지배하고 있지 않단 말인가? 자네의 결정을 그래도 따를 테니 대답을 가기 전에 신중히 생각해보게. 자네의 판단 여하에 따라 자넨 예전과 다름없이 그대로 남아 있을 수도 있네. 어제보다 더 큰 지식을 얻진 못하겠지만, 죽을 정도로 괴로워하는 사람에게 도움의 손길을 내밀었다는 것도 자네에게 영혼의 자양분이 되어주겠지. 아니면 자네의 선택에 따라 새로운 지식의 영역이 자네 앞에 펼쳐지고, 명성과 권력을 거머쥐게 해주는 탄탄대로가 열릴 수도 있다네. 지금 이순간, 바로 이 방안에서. 악마 같은 신앙의 거부로 마음을 동요시킬 악마를 자네 눈으로 직접 볼 수도 있네."(98쪽)

5) 악한 본성을 다른 개체로 분리할 수 있는 지킬박사의 연구를 현실화 시켜낼 수 있다면, 지킬박사의 약 개발을 허용해야 할까요?

과학적인 방법을 더 깊이 들어가 설명하지 않는 것은 두 가지 이유에서이다. 첫째, 삶의 운명과 부담을 어깨에 짊어져야 하는 것이 인간의 숙명이며, 그것을 떨쳐버리려 할 때 더욱 생소하고 무서운 압력으로 돌아온다는 사실을 배우게 되었기 때문이다.
둘째, 내 이야기에서 설명이 되겠지만, 아 슬프도다! 내 발견은 불완전했다.(104쪽)

6) 도덕적 분별이 없는 죄인은 최소한 하느님 앞에서는 무죄일 것이라는 지킬 박사의 의견에 대해 어떻게 생각하십니까?

아무것도 아닌 도발에 그런 흉악한 범죄를 저질렀다손 치더라도 그 범인이 도덕적인 분별이 전혀 없는 사람이라면 최소한 하느님 앞에서는 무죄일 것이라고 나는 생각한다.
내가 처했던 상황은 아픈 어린 아이가 장난감을 부숴버릴 때와 비슷한 정신 상태였던 것이다. 나는 유혹에 가장 나쁜 사람들조차도 어느 정도는 가지고 있는, 균형을 잡는 본능을 자발적으로 벗어던져버렸다. 유혹에 대한 저항 능력이 완전히 무너져버렸던 것이다.(117쪽)

7) 지킬 박사는 하이드를 불러내고 싶은 욕구를 참지 못한 자신의 선택을 후회하면서 죽음을 맞습니다. 하지만 자신의 본성을 부정하면서 열심히 살려고 노력 했던 삶에도 행복함을 느끼지 못합니다. 과연 개인의 감정이나 쾌락을 억누르는 사회적 책임은 없는 것일까요?

8) 자제력과 노력 외에 인간 안에 내재되어 있는 악을 조절할 수 있는 방법에 대해 이야기 나눠봅시다.

9) 내가 지킬 박사라면 이 문제를 어떻게 해결해 나갔을지 이야기해 보고, 우리 안에 있는 하이드를 어떻게 다루어야 행복한 삶을 살 수 있을지 생각해봅시다.

나는 여태까지 내가 살아온 삶을 되돌아보았다. 아버지의 손을 잡고 걷던 어린 시절부터 자신의 본성을 부정하면서까지 열심히 살려고 했던 직업 생활을 거쳐 오늘 저녁의 비현실적인 공포에 이르기까지 몇 번이고 되풀이해서 내 삶을 떠올렸다. 큰 소리로 비명을 질렀는지도 모르겠다. 나는 눈물과 기도로 기억 속에서 자꾸만 살아나는 끔찍한 영상과 소리를 덮어버리려고 했다. 그러나 간절한 기원을 드리는 내내 내가 저지른 추악한 범죄가 나의 영혼을 노려보고 있는 것이 느껴졌다.(119쪽)
하이드는 교수형을 당하게 될 것인가? 어쩌면 마지막 순간에 구원을 받기 위한 용기를 낼 수도 있을 것이다. 하느님만이 알고 계실 것이다. 나는 염두에 두지 않는다. 바로 지금이 내가 진정으로 죽는 순간이다. 그 다음에 일어나는 일은 내가 아닌 다름 사람의 일일 뿐이다. 펜을 내려놓고 내 고백을 봉인하는 바로 이 순간 나는 불행한 헨리 지킬의 삶에 종지부를 찍는다.(129쪽)

④ 논제와 논점의 예시

지킬박사에게 하이드의 탄생은 불가피했다.	
찬성	**반대**
당시 시대적 상황이 지킬 박사에게 본성의 억압을 지나치게 요구했다.	대부분의 인간은 의지와 자제력을 발휘해 본능과 이성을 적절히 조절하면서 살아간다.
지킬 박사는 자기 안에 있는 하이드적 본성을 인정하면서 누릴 권리가 있다.	하이드는 지킬박사의 욕망을 죄의식 없이 채우기 위한 수단일 뿐이다.
하이드를 만들 수 있는 연구가 성공했다.	인간의 본성을 지나치게 용인하는 것은 죄를 조장하여 불안한 사회를 만든다.

12

레 미제라블

빅토르 위고/김주경 역/대교/2012 ●최수정

도서 선정 이유

작가는 당시 가난하다는 이유로 파렴치한 인간으로 살아가는 테나르디에부부와 같은 인간들을 통해 가난으로 비참해진 사람들을 그렸다. 또한 거짓 속에서 얻어진 권력으로 무지의 폭군이 되었던 왕권과 그러한 지배자를 비판 없이 옹호하는 왕정주의자이며 부르주아인 질노르망 노인을 통해 비참한 사람을 그려냈으며, 기득권자들을 위한 법을 맹신하여 경찰로서의 임무를 삶의 목표로 삼고 있는 자베르를 통해 또 다른 비참한 이들을 그려냈다.

이 작품은 시민들의 인권을 찾으려는 격변기에 세워진 공화국도, 나폴레옹 제국도 보호해주지 못한 가난한 이들의 삶이 얼마나 고통스러운지를 장발장과 팡틴느와 같은 이들을 통해 잘 보여주고 있다. 작가는 가난과 불공평함이 산재해 있는 똑같은 시대에 살면서도 장발장과 ABC친구들처럼 양심과 품위를 잃지 않는 인간상을 보여주었다.

① 들어가기 전에

1) '프랑스 혁명'에 대해 알아봅시다.

2) 작품 속의 '파리 6월 봉기'에 대해 알아봅시다.

3) 공화국에 대해 알아보세요.

4) 작가 빅토르 위고에 대해 알아봅시다.

② 책 속으로

1) 책에서 가장 인상적인 장면은 무엇인지 말해봅시다.

2) 주요 등장인물을 소개해보세요.
(장발장, 팡틴느, 코제트, 자베르, 마리우스, 퐁 메르시, 테나르디에 부부, 질노르망 노인)

3) 장 발장이 코제트를 구하러 갔을 때, 그녀는 어떤 생활을 하고 있었으며, 그에게 있어서 코제트는 어떤 의미였을까요?

4) 다시 감옥에 가게 된 장 발장의 죄는 무엇이며, 어떻게 탈옥하게 되었나요?

5) 조르주 퐁메르시는 아들 마리우스를 만나고 싶어도 만나지 못하는 이유는 무엇인가요?

6) 마리우스가 죽은 아버지의 편지를 보고, 아버지에 대해, 공화국과 제국에 대해 어떻게 생각이 바뀌게 되었나요?

③ 넓고 깊게 생각 나누기

1) 미리엘 주교가 G영감이 죽을 것이란 소식을 듣고 그를 찾아간 장면입니다. 여러분은 사회에서 끊어내야 한다고 생각하는 악습들이 있는지 말해봅시다.

> 루이 16세로 말하자면, 사실 난 그를 사형하는 일에 반대했소. 우리에겐 다른 인간을 죽일 권리가 없다고 믿으니까. 하지만 악을 제거할 의무는 있다고 느꼈소. 그래서 폭군의 종말에 찬성한 거요. 다시 말해 여성에겐 매춘의 종말을, 인간에겐 노예의 종말을 가져오고, 어린이들에겐 밤을 종식시키자는 데 찬성했던 거지. 공화국에 찬성표를 던져서, 실은 이 모든 걸 끝내려고 했단 이야기요. (…)
> 난 편견과 오류가 무너지도록 도왔소. 그것들이 무너지면 빛을 만들어 내거든. 그래서 우린 낡은 세계를 무너뜨렸소. (…)
> "그렇소. 진보가 가진 폭력성을 혁명이라고 부르는거요. 그게 끝났을 때 사람들이 깨닫는 게 있소. 혹독한 대가를 치르긴 했어도, 앞으로 나아갔다는 사실 말이요." (12~14쪽)

1-2) 자신에게서 끊어내야 한다고 생각하는 악습들이 있는지 말해봅시다.

2) 장 발장은 생각을 거듭한 끝에 다음과 같은 결론을 내립니다. 장 발장이 처한 당시 상황에 대해 여러분은 어떻게 생각하나요?

> 그렇다면 이 비운의 사건에서 잘못한 사람은 오직 나 혼자뿐이란 말인가? 우선, 일꾼인 나에게 일거리가 없었던 것, 근면한 노동자에게 먹을 빵이 없었던 것은 심각한 일이 아닌가? 그 다음, 실제로 잘못을 저질렀고 그렇다고 자백도 했지만, 그렇다 해도 내게 가해진 형벌은 지나치게 가혹한 게 아닐까? 탈옥을 시도한 탓에 점점 더 과중해진 형벌은 결국 강자가 약자에게 가한 일종의 테러 행위가 되지 않았던가? 개인에게 저지른 사회의 죄, 매일 되풀이 되는 죄, 19년 동안이나 계속된 죄가 되어 버지리 않았던가?
> (…) 자신이 타인에게 끼친 손해와 타인이 자신에게 끼친 손해가 너무 불균형하다고 스스로에게 선포했다. 그리고 자기가 받은 형벌이 사실상 부당한 것은 아니지만, 불공평하다는 결론을 내렸다. (23~24쪽)

3-1) 'ABC(낮은자들,민중)친구들' 중 선두에 선 앙졸라가 가진 유일한 정열은 '권리'에 대한 정열이었습니다. 그 당시 사회에서 민중들에게 절실했던 '권리'는 어떤 것들이었을까요?

> (…) 'ABC친구들'이라는 결사가 있었다. 겉으로는 아이들의 교육이 목적이었지만 실제로는 민중을 재교육하는 게 목적이었다. (…) 그들은 민중의 생각을 끌어올릴 것을 목적으로 삼았다. (…)
> 'ABC친구들'의 대부분의 구성원은 몇몇 노동자들과 서로 깊이 이해하고 있는 학생들이었다. 주요 인물들의 이름은 앙졸라, 콩브페르, 장 프루베르, 푀이, 쿠르페락, 바오렐, 레글르, 졸리, 그랑테르등이다.
> 앙졸라 (…) 그는 실로 진지한 청년이었다. 그가 가진 유일한 정열은 권리에 대한 정열이요. 그가 가진 유일한 사상은 방해물을 뒤엎자는 거였다. (174쪽)
> 이들은 참으로 다양했지만, 단 하나의 똑 같은 종교를 갖고 있었다. '진보'라는 종교였다. 결사를 조직한 그들은 이상적인 세계를 은밀히 그리고 있었다. (175쪽)

3-2) 여러분이 누려야 할 권리에는 어떤 것이 있을까요?

3-3) ABC친구들'이 생각했던 '진보'란 어떤 것이었을까요?

4) 마리우스는 집에서 나와 생활하며, 할아버지가 보내주는 600프랑을 매번 돌려보냈습니다. 마리우스 같은 변화를 겪지 않고도 어려운 이웃에 대한 배려의 마음을 가질 수 있는 계기는 어떤 것이 있을까요?

> 이 가난한 젊은이는 빵을 얻기 위해 온갖 수고를 해야 한다. 그리고 애써 번 돈으로 빵을 먹는다. (…) 그는 높은 하늘과 드넓은 공간과 별과 꽃과 어린아이들을 바라본다. 그리고 그 속에서 자신도 같이 고통을 느끼고 있는 인류를 보고, 자신도 그 일부가 되어 빛을 내고 있는 우주 만물을 바라본다. (…)
> 그리고 많은 부자들에게서 찾아볼 수 없는 두 가지 재산 곧, 자신을 자유롭게 하는 노동과 기품 있게 만들어 주는 사상을 자기에게 허락하신 하느님께 감사드린다. (178쪽)

5) 이 작품에서 종드레트 씨와 같이 '비참한 사람들'은 누구인가요?

> 이웃인 종드레트 씨는 극심한 가난으로 살기가 어려워서, 착한 사람들의 동정을 이용하여 일종의 사업을 벌이고 있었다. 말하자면 부유하고 동정심이 많다고 여겨지는 사람들의 주소를 알아 낸 다음, 그들에게 여러 개의 가명으로 편지를 써서, 딸들로서는 매우 위험한 일인데도 불구하고 딸들에게 들려 보낸 것이다. (…) (193쪽)
> 생활이 어려운데도 여전히 품위를 잃지 않는 인간은 그리 흔치 않다. 더욱이 불행이 어느 단계에 이르고 보면, 불운과 파렴치가 서로 뒤섞여 구별할 수 없게 된다. 그리고 그 때는 단 한 마디, 즉 '비참한 사람들(레 미제라블)'이라는 숙명적인 말 한 마디로 지칭된다. (195쪽)

5-1) 그들이 비참한 사람들이 되는 이유는 무엇인가요?

5-2) 우리가 사는 현재 사회에서 '비참한 사람들'은 누구인가요?

6) 장 발장은 수녀원에서 코제트와 함께 늙어갈 것을 꿈꿨지만, 그것이 과연 옳은 결정인지 고민하게 되었습니다. 여러분은 어떤 결정이 옳다고 생각하나요?

아무도 그 아이를 내게서 빼앗아 갈 수 없다. 우린 언제까지나 이대로 함께 있을 것이다. 아마도 이 아이는 여기서 매일 조금씩 자극을 받으면 수녀가 될 수 있을 것이다. (…) 나는 이 곳에서 생을 마감할 것이다. 그러니까 이 곳에 있으면 우리 둘이 결코 헤어지지 않는다는 아름다운 소망이 이루어질 수 있을 것이다. (…)

여기까지 생각이 이르렀을 때 그는 곤혹 속에 빠졌다. (…) 이 아이는 속세의 삶을 포기하기 전에, 먼저 인생을 알 권리가 있지 않을까? (…) (227쪽)

7) 다음 글로 보아 저자가 말하는 그 당시의 '공공의 죄'는 무엇인가요?

이 거대한 코끼리는 부랑아를 받아주고, 보호해 주었다. (…) 그것은 부모도 없고 먹을 것도 없고 입을 옷도 없고 집도 없는 한 소년을 추위와 서리와 우박과 비로부터 구해 주고, 눈 속에서 잠이 들어 죽는 일이 없도록 보호해 주는 데 쓰이고 있었다. 그것은 사회가 밀어낸 죄 없는 아이를 받아 주는 일에 쓰이고 있었던 것이다. 공공의 죄를 줄여 주는 일에 ……. (242~243쪽)

7-1) 그 당시, 또는 지금 우리 사회에서 공공의 죄는 어떻게 극복해야 할까요?

8) 우리 주위에서 자베르와 같은 사람을 찾아볼 수 있나요? 자베르는 스스로 죽음을 선택합니다. 그런 자베르의 결정을 여러분은 어떻게 생각하나요?

개인적인 동기 때문에 공적인 임무를 희생한 것, 그 개인적 동기 안에 무언가 일반적이면서 동시에 더 높고 고상한 것이 있음을 느끼게 된 것, 자기 양심에 충실하기 위해서 사회를 배반한 것. 이모든 부조리가 현실이 되었고, 이 모든 부조리가 그 자신에게 덮쳐 왔다. (…)

자선을 베푸는 악인. 동정심이 많고, 따뜻하고, 남 돕기를 좋아하고, 관대하고, 악을 선으로 갚고, 증오를 용서로 화답하며, 복수를 하기보다는 자비를 베풀기를 더 좋아하고, 적을 멸망시키기보다는 차라리 스스로 멸망의 길을 택하고, 자기를 쳤던 자를 구하고, 높은 미덕 위에서 무릎을 꿇는 죄인, 인간보다 천사에 가까운 징역수! 세상에 그러한 괴물이 있다는 것을 자베르는 인정하지 않을 수 없었다. (…)

자베르의 이상은 인간답게 되는 것도 아니고, 위대해지는 것도 아니며, 그렇다고 숭고해지는 것도 아니었다. 그의 이상은 결점 없는 사람이 되는 거였다. 그런데 그런 그가 지금 금방 과오를 저지른 것이다. (…) (328~329쪽)

9) 바람직한 사회를 유지하기 위해서 법은 필요합니다. 법은 어떨 때 우리를 위한 법이 되며, 어떨 때 법의 기능을 잃게 될까요?

4 논제와 논점의 예시

논제 : 장발장은 위험 인물이다.	
찬 성	반 대
장발장은 절도행위를 한 범죄자이며,탈옥수이다.	장발장이 살던 시대는 법과 사회가 가난한 이들의 권리를 짓밟는 상황이었으므로 살기 위해선 어쩔수 없었다.
신분을 위장하여 시장이 되었고 자신의 신분을 밝히지 못했다.	시민들을 위한 선한 행위를 많이 한 시장이었다.
장발장의 도주로 코제트가 위험한 상황에 계속 노출되었다.	곤경에 처한 코제트와 마리우스를 위해 위험을 무릅썼다.

13

유배지에서 보낸 편지

정약용 지음/박석무 편역/창비/2009

● 현정희

도서 선정 이유

조선말 대표적인 실학자 다산 정약용이 유배지에서 가족과 친지, 제자들에게 보낸 편지를 모아 엮은 책. 두 아들들에게 보낸 27편의 편지를 비롯해 아들들에게 내려주는 교훈, 형님에게 보내는 편지, 제자들에게 당부하는 말 등 모두 61편의 인생 교훈 지침을 수록했다.

당대 최고의 사상가이자 정치가, 행정가이자 의사, 지리학자, 과학기술자였던 정약용의 삶과 사상은 우리에게 무엇을 말하고 있을까? 폐족으로서 아들들에게 내린 삶의 지침과 공부하는 구체적인 방법들은 현재의 아들, 딸들에게도 꼭 전하고 싶은 이야기다. 다정한 아버지이자 속 깊은 동생, 제자를 아끼는 스승으로서의 정약용을 200년 전에 그가 직접 보내온 편지를 통해서 만날 수 있다는 것만으로 큰 선물이 되는 책이다.

① 들어가기 전에

1) 다산 정약용에 대해 알아봅시다.

2) 정약용의 실학 정신에 대해 알아봅시다.

3) 정약용을 유배지로 보낸 '신유사옥'에 대해 알아봅시다.

② 책 속으로

1) 정약용은 아들들에게 보낸 편지에서 폐족으로서 잘 처신하는 방법은 오직 독서하는 한

가지밖에 없으며, 중간에 재난을 만난 너희들 같은 젊은이들만이 진정한 독서를 하기에 가장 좋다고 밝힙니다. 그 이유는 무엇인가요?

2) 정약용은 외모를 단정히 하여 행실을 바르게 하는 것을 허식이라 지목하는 젊은이들의 학문풍조(반관反觀)를 비판하며, 학문을 하는데 있어 가장 우선적으로 마음을 기울여야 할 세 가지를 아들에게 전합니다. 서재의 이름으로 삼고 싶었다는 이 세 가지(三斯)는 무엇이며, 그 의미는 무엇인가요?

3) 정약용은 양계를 하는 둘째 아들 학유에게 '양계란 참으로 좋은 일이긴 하지만 이것에도 품위 있는 것과 비천한 것, 깨끗한 것과 더러운 것의 차이가 있다'고 전합니다. 그 차이는 무엇인가요?

4) 정약용이 두 아들에게 추천한 독서 방법, '주자의 격물(格物)공부'와 '초서'는 각각 어떤 독서법인지 소개해봅시다.

5) 정약용이 자신의 벼슬살이에 후회를 밝히며, 아들들에게 임금을 섬기는 태도를 이야기합니다. 정약용은 벼슬살이는 어떻게 해야 한다고 말하고 있나요?

6) 정약용이 가난을 벗어날 수 있도록 아들들에게 물려준 유산이며 집안을 다스리는 요령으로 남긴 두 글자는 무엇인가요?

7) 정약용이 삼덕(三德)의 하나로 손꼽는 '용기'를 설명하며, 아들들에게 뜻을 이루는 방법을 이야기 합니다. '용기'란 어떤 태도를 말하나요?

8) 요순시대에 시행한 고적(考績)제도란 어떤 제도인지 설명해봅시다.

③ 넓고 깊게 생각 나누기

1) 정약용은 두 아들들에게 어려운 상황과 고난에서도 자신을 성장시키는 공부를 끊임없이 할 것을 요구합니다. 하지만 정약용의 아들들은 오히려 여러 가지 열악한 주변 환경과 유혹에 놓이게 되는데요. 정약용의 의견에 대해 여러분은 어떻게 생각하나요?

글을 알면서도 과거 때문에 오는 제약을 벗어나는 것과 진사가 되고 급제한 사람이 되는 것 중 어느 편이 나은 일인가는 말하지 않더라도 잘 알 것이다. 너야말로 참으로 독서할 때를 만난 것이다.(39쪽)
과거 공부하는 사람들이 빠지는 잘못을 벗어날 수도 있고, 가난하고 곤궁하여 고생하다 보면 그 마음을 단련하고 지혜와 생각을 넓히게 되어 인정이나 사물의 진실과 거짓을 옳게 판단할 수 있는 장점까지 가지고 있다.(68쪽)
폐족에서 재주 있는 걸출한 선비가 많이 나오는 것은 하늘이 재주 있는 사람을 폐족에서 태어나게 하여 그 집안에 보탬이 되게 하려는 것이 아니다. 부귀영화를 얻으려는 마음이 근본정신을 가리지 않아 깨끗한 마음으로 독서하고 궁리하여 진면목과 바른 뼈대를 얻을 수 있기 때문이다.(69쪽)

2) 과거의 폐단을 잘 알고 있는 정약용이 후손과 제자들에게 끊임없이 과거를 통해 벼슬길에 나갈 것을 이야기합니다. 그 이유는 무엇이며, 이는 옳은 판단일까요?

너희들은 항상 심기를 화평하게 하여 벼슬길에 있는 사람들과 다르게 생활하지 말거라. 자손대에 이르러서는 과거에 응시할 수 있고 나라를 경륜하고 세상을 구제하는 일에 뜻을 두도록 마음을 먹어야 한다. 천리(天理)는 돌고 도는 것이니 한번 넘어졌다고 반드시 다시 일어나지 못하는 것은 아니다. 만약 하루 아침의 분노를 이기지 못하여 서둘러 먼 시골로 이사 가버린다면 무식하고 천한 백성으로 일생을 끝마치고 말 뿐이다.(…)
무릇 이 과문(科文)을 익히는 자는 정신을 녹이고 세월을 허비하게 되기 때문에 무디고 거칠며 지리멸렬하게 그 생애를 마치게 되니, 참으로 이단 가운데서도 제일이고 세도(世途)의 큰 걱정거리네. 그러나 국법이 변하지 아니하니 이를 순수히 따를 뿐이며, 이 길이 아니면 군신(君臣)의 의리를 물을 데가 없다네.(325쪽)

3) 자신을 위한 공부, 위기지학과 세상에서 활용하기 위한 공부, 위인지학이 있습니다. 위기지학을 해야 한다는 것은 공부해서 무엇이 되어야겠다하고 고민하는 게 하니라, 자신 자신의 내면과 성장을 위한 공부인데요. 여러분은 어떤 공부가 더욱 중요하다고 생각하나요?

4) 정약용은 시뿐 아니라 문장과 책에 있어서도 같은 가치 기준을 제시합니다. 여러분은 어떤 시, 문장, 책을 즐겨 읽나요? 여러분이 생각하는 좋은 시, 좋은 문장, 좋은 책이란 어떤 것인지, 그 가치 기준을 이야기해봅시다.

'시경'에 있는 모든 시는 충신 효자 열녀 그리고 진실한 벗들의 간절하고 진실한 마음의 발로다. 임금을 사랑하고 나라를 근심하는 내용이 아니면 그런 시는 시가 아니고, 시대를 아파하고 세속을 분개하는 내용이 아니면 시가 될 수 없으며, 아름다운 것을 아름답다 하고 미운 것을 밉다 하며 선을 권장하고 악을 징계하는 뜻이 담기지 않은 시는 시라고 할 수 없을 것이다. 따라서 뜻이 세워져 있지 않고 학문은 설익었으며 삶의 대도(大道)를 아직 배우지 못하고 위정자를 도와 민중에게 혜택을 주려는 마음가짐을 지니지 못한 사람은 시를 지을 수가 없는 것이니, 너도 그 점에 힘쓰기 바란다.(56쪽)

5-1) 정약용은 부모에게 효도하고 형제와 우애 있게 지내는 행동이 그 사람의 가장 중요한 평가 기준이라 말합니다. 여러분은 어떻게 사람들을 평가하나요? 사람을 평가하는 다양한 기준에 대해 이야기해봅시다.

5-2) 정약용은 왜 불효자와 우애가 깊지 못한 친구를 가까이 하지 말라고 했나요? 부모가 자녀의 친구 관계에 어느 정도 개입할 수 있다고 생각하나요?

몸을 닦는 일(修身)은 효도와 우애로써 근본을 삼아야 한다. 효도와 우애에 자기 본분을 다하지 않으면 비록 학식이 고명하고 문체가 찬란하고 아름답다 하더라도 흙담에다 아름답게 색칠해 놓은 것에 지나지 않는다. 자기 몸을 엄정하게 닦아놓는다면 그가 사귀는 벗도 자연히 단정한 사람이어서 같은 기질로써 인생의 목표가 비슷하게 되어 친구 고르는 일에 특별히 힘쓰지 않아도 된다.(…)
대개 온 세상에서 가장 은혜와 두터운 의리는 부모 형제보다 더 한 것이 없는데 부모형제를 그처럼 가볍게 버리는 사람이 벗들에게 어떠하리라는 것은 쉽게 알 수 있는 이치다. 너희는 이 점을 반드시 기억해두어라. 무릇 불효자는 가까이하지 말고 형제끼리 우애가 깊지 못한 사람도 가까이해서는 안된다.(143~144쪽)

6) 정약용은 아들들에게 효도와 우애를 몸을 닦는 일(修身)의 근본으로 삼으라고 강조합니다. 그리고 이를 실천함에 있어 무조건적인 배려와 이해를 우선시 하라고 하는데요. 배려만으로 효와 우애를 지켜낼 수 있을까요?

효(孝)와 제(弟)는 인(仁)을 행하는 근본이 된다. 그러나 부모를 사랑하고 그 형제끼리 우애하는 사람쯤이야 세상에 많이 있어 그렇게 치켜세울만한 행실이 될 수 없다.(…)

저 사람이 나에게 돌을 던지면 아름다운 옥으로 갚아주고, 칼이나 창을 들이대도 맛있는 술로 대접해주면, 눈을 흘기고 화를 내며 다투고 소란을 피워 집안을 뒤엎은 뒤에야 끝나는 일이 없을 것이다.(159~160쪽)

7) 정약용은 요순이 이상적인 정치를 이룩할 수 있었던 이유는 고적(考績)제도가 있었기 때문이라 말합니다. 인간은 누구나 이기적인 욕구를 갖고 있어서 나라를 다스리는 법과 정책 등 강력한 사회적 제도의 필요성을 주장하는 정약용의 의견을 현재 우리 사회에 대입해서 이야기해봅시다.

요즘 사람들은 요순의 정치는 순박하고 태평하여 천하가 저절로 조화를 이루는 경지에 이르렀던 것으로 알고 있는데, 이는 도저히 있을 수 없는 이치입니다.(…)
요순의 세상이 그렇게 된 까닭을 살펴보면, 그것은 오직 '고적(考績)'제도가 있었기 때문입니다. (…) 반드시 본인을 직접 임금 앞에 나서게 하여 얼굴을 맞대고 자기 입으로 사실을 말하도록 했기 때문에 저지른 사람은 거짓으로 꾸며서 말할 수 없었고, 잘 한 일이 있는 사람도 겸손을 차리느라 제대로 말하지 못하는 것이 용납되지 않았습니다. 할말을 다 하고 나면 했던 말을 고찰하는 제도가 있었으니 고언이라는 것도 고적제도의 한 가지입니다.(203~204쪽)

8) 인간은 이기적인 욕구를 갖고 있기도 하지만 타인에 대한 배려나 공동체 의식도 갖고 있습니다. 사회적 제도라는 뒷받침 없이 개개인의 노력으로 이상 사회를 만들어나가는 것은 가능할까요?

9) 정약용은 다양한 방법을 통해 재리를 추구하는 구체적인 방법을 전합니다. 신분제도라는 틀을 벗어나지는 못했지만, 노동의 가치를 인정하고 실리를 추구하라는 정약용의 주장에 대해 어떻게 생각하나요?

10) 경제적 가치가 우선시 되는 현대 사회에서 우리가 갖춰야할 직업관, 경제관에 대해 이야기해봅시다.

사방으로 길이 통한 읍과 큰 도회지 곁에 진귀한 과일나무 10주를 가꾸면 한해에 엽전 50꿰미를 더 얻을 수 있고, 맛있는 채소 몇 두둑을 심으면 일년에 엽전 20꿰미를 더 얻을 수 있으며 뽕나무 40~50주를 심어 5,6칸의 누에를 길러내면 또 30꿰미의 엽전을 얻을 수 있게 된다. 해마다 1백 꿰미의 엽전을 얻는다면 굶주림과 추위를 구제하기 충분할 것이니, 이 점은 가난한 선비들도 의당 알아야 한다. (286쪽)

반면 종아리를 드러내어 흙탕물 속에 들어가 8개의 발이 있는 써레를 잡고 소를 꾸짖으며 멍에를 밀고 거머리가 온몸을 빨아 상하지 않은 곳이 없게 되면 이것이야말로 남자의 곤경스러운 일이다. 더구나 열손가락이 파잎처럼 부드러운 사람이야 아무리 자신의 힘으로 한들 할 수 있겠는가? 그렇지 않으면 돈 꿰짝을 들고 포구에 나가 먼 섬에서 오는 배를 기다려 무지한 어민들과 입이 닳도록 싸우며 몇 푼의 이익을 남기려 하고 남의 것을 깎아 자기의 이익을 더하려고 근거 없는 소리로 남을 속이고 눈을 부라리며 억울함이 쌓여 성난 것처럼 행동하는 것 또한 세상에서 지극히 졸렬한 짓이다. (288쪽)

11) 사람마다 삶의 형태는 다양합니다. 과연 큰 화나 걱정 없이 하루하루를 편안하고 즐겁게 사는 삶은 의미가 없는 것일까요? 자신이 생각하는 행복한 삶은 어떤 모습인지 이야기해봅시다.

근세에 고가의 후예로서 먼 지방으로 영락되어와서 사는 사람들은 영달할 뜻은 없이 오직 먹고사는 일에만 힘쓰고 있다. 심한 경우는 새처럼 높이 날고 짐승처럼 멀리 달아나려고 하여 우복동(牛腹洞)만 찾고 있는데, 한번 그 속으로 들어가면 자손들이 노루나 토끼처럼 되리라는 것을 전혀 알지 못한다. 비록 편안히 농사짓고 물 마시며 살아가면서 자손이 번성하게 되더라도 무슨 이익이 있겠는가? 제군들은 우선 과거를 통한 벼슬살이에 마음을 두고, 그 이외에 것을 사모하는 마음은 먹지 말도록 하라. (294쪽)

④ 논제와 논점의 예시

정약용은 아들들에게 학문탐구보다 현실적인 삶을 살도록 해야 했다.	
찬성	**반대**
과거시험을 볼 수 없으니, 생계를 위해 다른 삶을 선택할 수밖에 없었다	노비, 양계장, 토지 등 풍족하지 않았지만 생계를 유지할 수 있었다.
친척 및 주변 사람들이 모두 외면했다.	폐족이어도 학문이 출중해야 무시당하지 않는다.
현실적인 삶도 학문탐구만큼 가치 있는 삶이다.	학문 탐구 없이는 인간다운 삶을 살 수 없다.

14

돈키호테

미겔 데 세르반테스 지음/푸른숲 주니어/ 2007

● 현정희

도서 선정 이유

스스로를 편력 기사라 부르며 엉뚱하고 무모한 도전을 감행하는 돈키호테. 그는 늘 자신의 신념에 따라 정의를 좇으며, 모험을 피하기보다 오히려 즐긴다. 이 책은 미치광이나 다름없어 보이는 그의 여정을 통해 지배 계급에 대한 신랄한 비판과 이상적인 사회 모습을 제시한다.

노벨 연구소가 세계 최고의 작가 100인을 대상으로 실시한 설문조사에서 '문학 역사상 가장 위대한 소설'로 선정된 책이며, 당대를 충실히 담아내면서도 시대를 훌쩍 뛰어넘어 시대에 따라 다르게 해석되는 작품. 과연 꿈을 향해 끊임없이 도전한다는 것은 어떤 의미일까? 진정한 꿈이란 무엇일까? 삶의 주체성을 잃고, 자신의 꿈을 찾기 힘들어하는 요즘 학생들에게 꼭 한번 읽어보라고 추천하고 싶은 책이다.

① 들어가기 전에

1) 돈키호테의 작가, 세르반테스에 대해 알아봅시다.

2) 돈키호테의 시대적 배경을 알아봅시다.

3) 역사 속 기사의 역할과 의미를 알아봅시다.

② 책 속으로

1) 돈키호테의 기사 임명식은 어떻게 진행되었나요?

2) 산초가 돈키호테의 종자가 된 이유는 무엇인가요?

3) 돈키호테가 마법사로 여기는 사람들은 누구였으며, 마법사는 어떤 역할을 했나요?

4) 돈키호테가 차지한 세상에서 하나밖에 없다는 맘브리노 투구는 실제 무엇이었나요?

5) 돈키호테가 군인들이 끌고 가던 죄수들을 풀어줄 것을 요청한 이유는 무엇이며, 죄수들은 어떻게 도망치게 되었나요?

6) 카르데니오, 루신다, 도로테아, 페르난도의 엇갈린 사랑의 전개과정을 이야기해봅시다.

7) 돈키호테가 두 번째 편력을 떠나게 된 이유는 무엇이가요?

8) 돈키호테의 별명이 슬픈 얼굴의 기사에서 사자의 기사로 변하게 된 사건은 무엇인가요?

9) 산초는 어떻게 바라타리아 섬을 통치하게 되었나요?

10) 돈키호테는 어떻게 죽음을 맞게 되었나요?

③ 넓고 깊게 생각 나누기

1) 돈키호테는 자신의 말과 자신, 그리고 사랑하는 여인에게 현실과는 다른 의미를 부여하며 이름을 짓습니다. 여러분은 꿈을 향해 나아가기 위해 자신에게 어떤 이름을 지어주고 싶은가요?

> "그대의 이름은 로시난테로 명명할지어다. 늙고 여윈 말 중에서는 최고의 말이로다! 자……, 그럼, 이제 나에게 어울리는 새 이름을 지어야겠군."

드디어 여드레째 되던 날, 우리의 기사 양반은 자신의 이름을 ' 돈키호테'라 지었다. 그리고는 그 이름 앞에 고향의 이름을 붙여 '라 만차의 돈 키호테'라고 부르기로 결정하였다.
"그래! 기사의 사랑을 받는 아가씨들 중에서 가장 아름답고 신비로운 이름은 바로 둘시네아지. 엘 토보소의 둘시네아! 이 아가씨에게 내 목숨을 바치겠어. 이제 아무도 나를 막을 수 없어. 암!"(14~15쪽)

2) 꿈을 이루기 위해서는 산초처럼 현실을 제대로 인식하는 자세가 필요합니다. 반면, 자신을 믿고 두려움 없이 앞으로 나아가는 돈키호테의 자세도 필요하죠. 여러분은 꿈을 향해 나서기에 어떤 두려움이 있나요? 우리에게 이루기 힘든 꿈이 있다면 어떤 자세로 나아가야 할까요?

"주인님, 할 수만 있었다면 제 손으로 했을 겁니다요. 저들은 유령이 아니라 우리처럼 살과 뼈를 가진 사람이니까요. 제가 저들의 횡포에 힘없이 놀아나고, 주인님이 그것을 뻔히 보면서도 담장을 넘을 수 없었던 것은 마법이 아니라 뭔가 다른 이유일 겁니다. 아무튼 이번 일로 제가 확실히 알게 된 것은 우리가 가는 길이 엄청나게 위험해서 결국에는 살아서 돌아오지 못할 거라는 사실입니다."(65쪽)
"산초여, 두려운 게로구나. 두려움이 네 귀를 막은 것이니라. 그토록 무섭다면 여기에 있도록 하여라. 그러니 나는 라만차의 돈 키호테이니, 오늘 여기서 내 이름을 영원불면의 존재로 만들겠노라."(67쪽)

3) 돈키호테의 눈에는 수도사들이 악마와 마법사로 보입니다. 돈키호테가 말하는 가면과 그림자를 통해 작가가 말하고 싶은 바는 무엇일까요?

"산초야, 저길 보아라. 저기 낙타를 탄 악마들은 틀림없이 마법사들이니라."
"그럴 리가요. 제 눈에는 그냥 노새를 탄 수도사들처럼 보이는뎁쇼? 그러고 저 마차에 탄 사람들도 평범한 여행객처럼 보입니다요"
"어리석은 산초여, 너는 저들의 속임수에 너무도 쉽게 넘어가는구나. 이 세상은 온통 가면과 그림자뿐이니라. 그러니 언뜻 모는 것만으로 어찌 진짜 모습을 알 수 있겠느냐?"(45쪽)

4) 돈키호테는 기사의 위치에 있지만 계층 간의 평등을 이야기하고 있습니다. 우리의 현실 사회에서 바람직한 평등 사회란 무엇인지 이야기해봅시다.

"너처럼 주인에게 수다를 떨어 대는 종자는 본 적이 없느니라. 하길 내 잘못이 크도다. 네가 나를 존경하지 않는 것은, 내가 존경받을 만한 일을 하지 않았기 때문이 아니더냐? 아무튼 앞으로는 서로를 좀 더 존중하도록 하자꾸나."(83쪽)

"자네가 무슨 자격으로 국왕 폐하께 의견을 말할 수 있겠나?" 숙고 끝에 나온 것이고 그만큼의 가치가 있다면 국왕 폐하께서도 충분히 귀를 기울여 들을 만하다 생각하시겠지. 의견을 말하는 사람의 계급이 미천하다고 해서 그 사람의 의견까지 가치 없는 것으로 치부해 버린다면, 그야말로 세상에서 둘도 없는 어리석은 행동이라 해야하지 않겠나"(182쪽)

5) 죄수들을 풀어주는 돈키호테의 행동을 통해 작가는 정의로운 재판을 이야기하고 있습니다. 우리 사회에 잘못된 규제나 법이 있다면 어떻게 정의를 실천할 수 있을까요?

돈키호테의 질문을 받은 죄수들은 하나같이 가난한 데다 지독히도 운이 없었다. 게다가 모두 지은 죄에 비해 너무나 가혹한 처벌을 받았다. 산초는 그들의 이야기를 듣다가 그만 눈물을 쏟고 말았다.(91쪽)

6) 파사몬테와 루신다, 도로테아, 페르난도의 엇갈린 사랑을 찾아가는 과정을 통해 작가는 무엇을 말하고 싶었을까요?

"오직 신만이, 죽음만이 카르데이오와 루신다를 갈라놓을 수 있습니다. 그 두 사람을 인정하고 도로테아의 겸손한 마음과 당신을 향한 진실한 사랑에 눈을 돌려합니다. 무엇보다도 당신이 진정한 기사이자 기독교인이라면, 자신이 내뱉은 말을 지키는 것이 도리이자 하느님에 대한 의무입니다." (165쪽)

7) 첫 번째 편력을 마치고 돌아온 돈키호테의 말처럼 그들은 행운아일까요? 원하는 바를 향해 달려온 온갖 고난의 시간을 의미 있다고 생각하는 돈키호테의 의견에 동의하나요?

"종자여, 우리는 이런저런 모험을 함께 겪었도다. 평범한 사람 같으면 꿈도 못 꿀 그런 경험이리라. 어쩌면 우린 행운아인지도 모르겠구나……. 무엇보다도 우리의 모험은 영광스러운 노정이었으니까. 난 한 번도 앞으로 무슨 일이 일어날지 고민하거나 두려워하지 않았지……."(178쪽)

8) 산초는 굉장히 현실적인 인물이지만, 돈키호테와 함께 하는 시간이 길어지면서 변화합니다. 산초는 어떤 인물인지 평가해봅시다.

"그야 제 운명이니 그런 것이지요. 제가 똑똑하고 약삭빠른 사람이라면 벌써 주인님 곁을 떠났겠지만, 만약 그렇게 했더라도 그게 잘하는 짓인지는 모르겠습니다. 주인님은 저를 참으로 아껴 주시고, 비록 제가 종자일망정 고마운 일이 있으면 서슴없이 고맙다고 하시지요. 주인님이 저에게 약속하신 섬을 주지 못하신대도, 하느님도 제가 태어날 때 주신 것이 별로 없으니 아쉬울 것도 없습니다요" (238쪽)

9) 돈키호테는 주위의 시선과 반복적인 실패에도 자신의 이상을 향해 뜻을 굽히지 않고 다가서는 인물입니다. 현실적으로만 보면 돈키호테는 미친 사람인데요. 과분한 혜택과 은혜를 벗어던지고 언제나 꿈을 향해 돌진하는 돈키호테를 평가해봅시다.

"네 이놈, 말조심해라! 네놈이 빚을 지는 느낌이 어떤 건지 아느냐? 우리가 과분한 혜택이나 은혜를 받으면 그걸 갚아야 하는 의무감이 들지만, 여기 숲 속에서는 조물주 외에 어느 누구에게도 그런 부담감을 느낄 필요가 없지 않느냐? 이제 우리는 자유인이니라. 어떤 규제나 속박도 우리를 억누를 수 없을 것이로다." (281~282쪽)

10) 섬의 총독이 된 산초에게 돈키호테가 당부한 내용입니다. 이 외에 산초가 섬을 통치하는데 당부하고 싶은 내용이 있다면 이야기해봅시다.

1. 하느님을 두려워하라. 하느님을 두려워하는 데에 모든 지혜의 뿌리가 있으며, 사람이 지혜로우면 실수가 없는 법이니라.
2. 자신이 누구인지를 마음 깊이 생각하고, 스스로 알려고 노력해야 하느니라. 자신을 제대로 안다면 누구 앞에서든 지나치게 으스대지 않고, 늘 신중하게 행동하기 마련이다.

> 3. 농부 출신이라는 사실을 부끄러워하지 마라. 자기 자신을 부끄럽게 여기지 않으면 그 누구도 너를 함부로 대하지 않을 것이니라.
> 4. 덕을 무기로 삼아 덕이 있는 행동을 하면, 그 어떤 왕이나 귀족을 부러워할 필요가 없도다. 덕은 그 자체로 빛나기 때문이다.
> 5. 공정한 재판이 이루어지도록 해야 하느니라. (…)
> 6. 몸으로 벌을 받고 있는 사람에게 말로써 학대하지 마라. (…) 그리고 가능한 한 사람들을 자비롭고 관대한 마음으로 대해야 하느니라.(163~164쪽))

11) 편안하지만 규제와 속박이 존재하는 삶과 자유롭지만 고난한 삶 중 여러분은 어떤 삶을 선택하고 싶나요?

> "종자여! 인생에서 자유보다 더 좋은 보물은 없는 것 같구나. 성에서는 안락하고 풍요롭기는 했지만, 나는 항상 답답하고 불편한 마음을 지울 수 없었도다."(…)
> "푹신한 침대를 두고 덤불숲에서 잠을 자는 것이 자유라고 생각하신다면, 주인님은 정말로 머리가 어떻게 된 겁니다요."
> "네 이놈, 말조심해라! 네놈이 빚을 지는 느낌이 어떤 건지 아느냐? 우리가 과분한 혜택이나 은혜를 받으면 그걸 갚아야 하는 의무감이 들지만 여기 숲 속에서는 조물주 외에 어느 누구에게도 그런 부담감을 느낄 필요가 없지 않느냐? 이제 우리는 자유인이니라. 어떤 규제나 속박도 우리를 억누룰 수 없을 것이로다."(281쪽)

12) 반종교개혁운동과 합스부르크 절대왕조의 통치 아래 있던 스페인에서 자유롭게 작품을 쓸 수 없었던 세르반테스는 돈키호테의 광기를 통해 당시 사회를 교묘하게 비판하며, 이상적인 가치들을 이야기하고 있습니다. 여러분은 돈키호테를 통해 무엇을 배웠는지 이야기해봅시다.

> "돈 키호테는 오직 나만을 위해 태어났으며, 나 역시 그를 위해 태어났다. 우리 둘만이 한 몸이라 할 수 있으니, 그 누구도 이 용감한 기사의 행적을 다시 쓸 수 없을 것이다. 혹여 그런 생각을 하는 자를 알게 되면, 이제 무덤 속에서 편히 쉬고 있는 돈 키호테를 불러낼 생각은 아예 하지 말라고 충고하라. 내 소원은 오직 기사도에 관한 엉터리 이야기들을 사람들이 혐오하게 만드는 것이었으니, 나의 돈 키호테 이야기로 이제 그런 책들은 모두 비틀거리며 쓰러지게 되리라. 안녕히."(312쪽)

④ 논제와 논점의 예시

꿈을 이루기 위해서는 돈키호테의 자세가 필요하다.	
찬성	**반대**
꿈을 생각에만 그치지 않고 실행에 옮겼다.	현실감각이 없는 망상에 불과하다.
실패에도 포기하지 않고 계속 도전한다.	실패의 원인을 자신에게서 찾지 않고 외부로 돌리고 있다.
어려움에도 불구하고 진정한 기사도 정신을 추구했다.	사회성 결핍으로, 타인의 충고를 수용하지 않는다.

3 고급 활동지

1. 위대한 개츠비
2. 주홍글자
3. 이방인
4. 파우스트
5. 유토피아
6. 난장이가 쏘아올린 작은 공
7. 광장
8. 동물농장
9. 왜 세계의 절반은 굶주리는가
10. 오래된 미래

1

위대한 개츠비

F.스콧 피츠제럴드 / 김욱동 옮김 / 민음사 / 2003

●박성숙

도서 선정 이유

이 책에 등장하는 주요 인물들은 대부분 잘 사는 사람들이다. 이들은 기존의 도덕이나 관습을 따르지 않고 무너뜨리기까지 한다. 그러나 '이방인'의 뫼르소가 보여 주는 절대 자유가 아닌 그저 남들이 하는 대로 따라 하는 유행을 좇는 사람들이다. 1920년대 미국의 부자들이 도덕적 타락이 지나쳐 방탕함까지 나타낼 때 미국 국민의 2/3는 월슨처럼 열심히 일하는데도 힘겹게 살아가고 있었다. 국민 대다수는 어렵게 사는데 일부가 잘산다 하여 잘 사는 사회, 국가라고 할 수 있는지 의문이다.

데이지를 이상과 환상으로 가진 개츠비를 변질된 미국의 꿈, 상징으로 본다. 보통 미국의 꿈을 물질적인 것으로 보기 쉬우나 이는 변질된 미국의 꿈이거나 그 꿈의 작은 한 모습이라고 한다. '위대한 개츠비'는 1920년대 미국 사회를 설득력 있게 제대로 나타냈다는 책으로 진정한 미국의 꿈을 생각하게 한다. 아울러 대한민국의 꿈은 무엇인지 우리나라 사람 모두에게 물어보고 싶어지게 한다.

① 들어가기 전에

1) **great** : 위대한, 정말 좋은, 중요한, 강대한, (육체적, 정신적으로) 아주 좋은

2) **1920년대 미국** : 제1차 세계 대전은 미국에 경제적 성취를 가져온다. 증시호황으로 물질적 부를 이뤄 물질만능주의와 배금주의가 팽배했으며 자유방임으로 도덕성은 크게 결여되어 방탕과 타락의 지경에 이른다. 전통적 여성관을 따르지 않는 신여성이 등장했으며 흑인예술의 부흥으로 '재즈의 시대'라고 불린다. 경제적 호황이었으나 국민의 2/3 이상이 극빈층으로 미국 내부에는 많은 불평등과 갈등이 난무했다. 당시 사람들은 정신

적 빈곤, 불안과 소외를 겪었으며, 문학은 이런 미국 사회를 비판하였다.

3) **금주법** : 술을 제조, 판매하는 것을 금지하는 법이다. 전시의 식량 절약, 작업능률 향상, 맥주를 만드는 독일인에 대한 반감 등으로 만들어졌다. 1920년 1월에 발효되었다. 그러나 금주법은 완벽하게 시행되기 어려웠고 밀조, 밀매 등에 따르는 범죄가 많이 늘어나 1933년에 폐지되었다.

② 책 속으로

1) 각각의 등장인물들에 대해 알아봅시다. (제이 개츠비. 데이지 뷰캐넌, 닉 캐러웨이, 톰 뷰캐넌, 조던 베이커, 조지 윌슨, 머틀러 윌슨, 마이어 울푸심, 댄 코디)

2) 데이지와 개츠비가 사는 곳의 특징은 무엇인가요?
   이스트에그
   웨스트에그

3) 개츠비가 하는 일은 무엇인가요?

4) 개츠비의 이상과 환상(꿈)은 무엇인가요?

5) 개츠비에 관한 항간에 떠도는 소문은 무엇인가요?

6) 데이지는 호텔에서 개츠비와 톰 사이에서 왜 갈등했나요?

7) 닉이 개츠비에게 다른 사람들보다 훌륭하다고 한 이유는 무엇인가요?

③ 넓고 깊게 생각 나누기

1) 에클버그 안과 의사의 광고탑이 의미하는 것은 무엇인가요?

> 그 잿빛 땅과 그 위에 끊임없이 발작적으로 피어오르는 먼지 너머로 곧 T.J.에클버그 의사의 두 눈을 볼 수 있다. T.J.에클버그 의사의 두 눈은 푸르고 거대하다. 홍채의 높이가 무려 1미터에 달한다. 얼굴은 없고 눈만 있지만, 보이지 않는 코에 걸려 있는 거대한 노란 안경 너머로 이쪽을 바라보고 있다.
>
> (…)
>
> 오랜 세월 동안 페인트도 칠하지 않은 채 햇볕에 그을리고 비를 맞아 좀 바랬지만 여전히 두 눈은 생각에 잠긴 듯 장엄한 쓰레기 매립지를 내려다보고 있었다. (45쪽)

2) 개츠비는 데이지가 오기를 기다리며 자신의 부를 과시하기 위해 매 주 화려한 파티를 엽니다. 남에게 자신의 존재를 알리기 위해 노력한 적이 있나요? 노력했던 것이 성공했을 때 자기 정체성에 영향을 미쳤다고 생각합니까?

3-1) 개츠비의 이상과 환상(꿈)은 부자가 되어 데이지의 완벽한 사랑을 얻는 것입니다. 내가 가진 이상과 꿈은 무엇인가요?

3-2) 5년 후에 다시 만난 개츠비와 데이지가 결혼했다면 행복했을까요?

3-3) 데이지를 향한 개츠비의 사랑은 순수한 사랑에 대한 꿈일까, 외골수적인 집착일까요?

4) 개츠비는 개명한 이름입니다. 스스로 만들어낸 이상적인 모습과 성공하는 자아가 제이 개츠비의 의미입니다. 자신도 삶의 방향과 연결지어 개명하고 싶은 이름이 있나요?

> 제임스 개츠 - 바로 이것이 그의 진짜 이름. 아니면 적어도 법률상의 이름이었다. 그는 열일곱 살 때, 진정으로 인생이 시작되던 바로 그 특별한 순간에 제이 개츠비로 이름을 바꿨다. (142쪽)

5) 1920년대 미국의 상류층에서는 재력이 결혼 조건이었습니다. 그래서 가난한 개츠비도 부자가 되고 싶어 했습니다. 자신이 중요하게 여기는 결혼을 위한 가치들은 무엇인가요?

6) 현실을 거스르며 과거를 반복할 수 있는 것과 현실에 순응하며 사는 것 중 어떤 것을 선택하겠습니까?

> "나 같으면 그녀에게 너무 많은 것을 요구하지는 않을 겁니다. 과거는 반복할 수 없지 않습니까."
> 내가 불쑥 말했다.
> "과거를 반복할 수 없다고요? 아뇨, 반복할 수 있고말고요!"
> 그는 믿어지지 않는다는 듯 큰 소리로 말했다.
> 그는 마치 과거가 바로 그의 손이 닿지 않는 곳에, 자기 집 앞 그늘진 구석에 숨어 있기라도 하듯 주위를 두리번거렸다.
> "난 모든 것을 옛날과 똑같이 돌려놓을 생각입니다. 그녀도 알게 될 겁니다." 그가 단호하게 고개를 끄덕이며 말했다. (159쪽)

7-1) 닉은 예의 바른 진실한 인간이라고 할 수 있습니까?

7-2) 닉은 차 사고와 개츠비에 관한 진실을 왜 밝히지 않았을까요?

7-3) 닉은 실제 사고를 낸 운전자가 개츠비가 아닌 데이지인 것을 알고 있으면서도 밝히지 않고, 거짓된 말로 윌슨이 개츠비를 죽이도록 살인교사를 한 톰의 죄를 방임까지 했는데 어떤 처벌을 받아야 마땅할까요?

8) 닉은 개츠비의 장례를 치른 후 도덕적 순수성을 찾기 위해 중서부 고향으로 돌아가기로 했습니다. 박완서의 '자전거 도둑'에서도 순수성을 회복하려 수남이는 고향으로 돌아갑니다. 고향으로 돌아가면 이들은 찾고자 한 것을 찾고, 자기 것으로 만들 수 있을까요? 다른 해결책은 없을까요?

> 개츠비가 죽은 뒤 동부는 내 시력으로는 어떻게 바로잡을 수 없을 만큼 뒤틀린 채 그런 식으로 자주 나를 괴롭혔다. 그래서 부서지기 쉬운 나뭇잎들의 푸른 연기가 공기 중에 흩어지고 빨랫줄에 걸려 있는 젖은 옷이 바람에 날려 뻣뻣해지는 가을, 나는 고향으로 돌아가기로 결심했다. (248쪽)

9) 개츠비는 물질적 성공으로 변질된 미국의 꿈을 상징한다고 봅니다. 진정한 미국의 꿈은 무엇인가요? 진정한 한국의 꿈(코리안 드림)은 있나요?

> 그리고 달이 점점 하늘 높이 떠오르면서 실체도 없는 집들이 녹아 없어져 버리자 나는 서서히 그 옛날 네덜란드 선원들의 눈에 한때 꽃처럼 찬란히 떠올랐던 이 옛 섬 - 신세계의 싱그러운 초록색 가슴을 깨닫게 되었다. 바로 이 섬에서 자취를 감춘 나무들, 개츠비의 저택에 자리를 내준 나무들은 한때 인간의 모든 꿈 중 마지막이자 가장 위대한 꿈에 소곤거리며 영합했던 것이다. 덧없이 흘러가 버리는 매혹적인 한순간에 인간은 이 대륙을 바라보며 틀림없이 숨을 죽이고 있었을 것이다. 이해할 수도 감히 바랄 수도 없는 심미적 관조에 어쩔 수 없이 빠져 버린 채 인류 역사에서 마지막으로 놀라움을 느낄 수 있는 재능과 맞먹는 그 무엇과 직면하면서 말이다. (253쪽)

10) 사회나 국가가 잘살게 되면 대부분 도덕적인 타락이 오곤 합니다. 이를 방지할 수 있는 대안은 무엇이 있나요?

11) 이 책의 제목을 다시 정한다면 어떤 것이 어울릴까요?

4 논제와 논점의 예시

1) 데이지에 대한 개츠비의 마음은 사랑이다.
2) 개츠비는 위대하다.
3) 개츠비는 데이지에 대한 환상을 갖지 말았어야 했다.

논제 : 개츠비는 위대하다.	
찬성	반대
짧은 시간에 신흥부자가 되었다.	부자가 되기 위해 불법적인 일을 저질렀다.
이상과 환상(꿈)을 성취하기 위한 헌신적 노력이 대단했다. (순수한 사랑을 지켜냈다.)	데이지에 대해 집착하고 환상을 갖고 있다.
개츠비는 기회의 땅 아메리칸 드림의 상징이다.	변질된 아메리칸 드림일 뿐이다.

논제 : 개츠비는 데이지에 대한 환상을 갖지 말았어야 했다.	
찬성	**반대**
현실을 제대로 인식하는 지혜로움이 있어야 했다.	데이지에 대한 환상이 개츠비에게 성공의 원동력이 되었다.
데이지 때문에 부도덕한 (불법적인) 행위를 했다.	삶의 의미를 찾을 수 있다.
데이지가 벌인 사고를 은폐하려다 자신이 죽임을 당했다.	열심히 살게 하여 자기를 발전시킬 수 있었다.

2

주홍글자

너대니얼 호손/곽영미 옮김/열린책들/2012 ●박성숙

도서 선정 이유

헤스터는 무슨 이유에선지 나이 차이도 크고 외모도 기형적으로 생긴 칠링워스와 결혼한다. 온종일 서재에서 책만 읽는 학자 남편은 저녁이 되어서야 밖으로 나와 아내와 잠시 동안의 대화를 나눈다. 이런 생활이 반복되다 이들은 신세계 미국으로 떠나기로 한다. 남편이 먼저 떠나고 헤스터가 미국에 도착했는데 남편은 행방불명된 상황이었다.

헤스터는 지역민들의 존경을 받는 젊고 유능한 목사 딤즈데일과 사랑을 한다. 아기를 출산하고도 아기 아빠가 누구인지 끝끝내 밝히지 않고 'A'라는 주홍글자를 평생 가슴에 달고 살라는 벌을 받는다.

이 작품은 미국에서 마녀 사건으로 유명한 지역을 배경으로 하고 있다. 작가 너대니얼 호손은 헤스터를 통해 여성이 스스로 독립적이고 강인한 삶을 살아야 한다고 강조한다. 160여 년 전 그 시대에 여성이 어떻게 하면 인간적인 삶을 살 수 있었을지 고민하게 한다.

① 책 속으로

1) 주홍글자와 주홍글씨의 차이점은 무엇인가요?

2) 'A'가 의미하는 것은 무엇이며 그 의미는 어떻게 변화되나요?

3) 주홍글자는 남녀 주인공에게 어떻게 기능하나요?

4) 청교도들이 뉴잉글랜드(미국)를 유토피아로 건설하려 했으나 실패한 원인는 무엇일까요?

5) 지금도 사회에서 언급되는 '가슴에 주홍글자를 달게 되었다.'가 의미하는 것은 무엇인가요?

6) 헤스터 프린이 받은 벌은 그 당시 간음한 여자가 받는 일반적인 벌이었나요?

7) 처형대가 세 번 언급되는데 각각의 의미는 무엇인가요?

8) 헤스터 프린과 아서 딤즈데일의 성격을 비교하세요.

② 넓고 깊게 생각 나누기

1) 헤스터가 감옥에서 나온 후 처형대에서 3시간 동안 서 있는 벌을 받았을 때 마을 사람들은 사형시켜야 한다며 분개했습니다. 동부여에서는 간통한 여인은 죽여서 무덤도 쓰지 못하게 하고 그냥 방치해 동물의 먹이가 되게 했습니다. 남자는 똑같은 벌을 받지 않았습니다. 똑같은 행위에도 남, 여가 다른 처벌을 받는 것은 양성평등이 이루어지지 않았기 때문입니다. 지금도 여자에게만 유독 가혹한 법이나 관습이 존재하는지 이야기를 나눠 보세요.

> 이 여자는 우리 모두를 욕보였으니 죽어 마땅하다고, 어디 그런 법이 없었던가? 성서에도 있고 법령집에도 있다고, 한데 그걸 판사님들이 쓸모없게 만들었으니, 당신네 마누라나 딸들이 못된 길로 빠져도 자업자득이라 여기시라지! (69쪽)

2) 헤스터의 남편인 로저 칠링워스의 말을 통해 헤스터는 늙은 학자와 사랑하지도 않으면서 결혼했다는 것을 알 수 있습니다. 헤스터는 칠링워스와 왜 결혼을 했을까요?

> 당신에겐 정말 몹쓸 짓을 했어요. 헤스터는 나직이 말했다. 우리 서로가 몹쓸 짓을 했지. 그가 대답했다. 내 잘못이 먼저요. 꽃봉오리처럼 젊은 당신을 속여 시들어 버린 나와 그릇되고 부자연스러운 관계를 맺게 만들었으니까. 그러했기에, 부질없는 생각과 사색을 않는 사람으로서 난 복수를 할 생각도 없고 당신을 해칠 음모도 꾀하지 않소. 당신과 나, 우린 저울의 균형이 제법 잘 맞는 사람들이오. 하지만 헤스터, 우리 두 사람에게 이런 잘못을 저지른 자는 살아 있잖소! 그자가 누구요? (95쪽)

3) 헤스터 프린이 로저 칠링워스와 한 약속은 지킬 가치가 있는 것인가요?

세상 사람들에게 당신 남편은 이미 죽어 아무런 소식도 오지 않을 거라고 해두시오.

(…)

그의 비밀을 지켰듯이 당신의 비밀도 지키겠어요, 헤스터가 말했다. (98쪽)

4-1) 아서 딤스데일 목사가 자신의 죄를 고백하지 못하는 이유를 설명하고 있습니다. 동의하면 근거를 밝히고 동의하지 않으면 반박하세요.

4-2) 목사가 점점 병약해져 목숨마저 위태롭게 된 것은 누구의 잘못이라고 생각하나요?

죄를 지었으나 하느님의 영광과 인간의 행복을 간절히 바라는 나머지 남들 앞에 차마 자신의 추악한 모습을 보일 수가 없는 건지도 모르지요. 그랬다간 더는 선행을 할 수 없고, 더 훌륭한 봉사로 과거의 죄를 씻을 수도 없기 때문에 말입니다. 그래서 말로 표현할 수 없을 만큼 괴로운 마음으로, 겉은 새로 내린 눈처럼 깨끗하나 속은 씻을 수 없는 죄악에 온통 얼룩지고 더럽혀진 채 사람들 사이를 돌아다니는 겁니다. (166쪽)

내겐 떠날 권한이 없소! 비록 불쌍하고 죄 많은 사람이지만, 하늘이 나를 앉혀 놓은 곳에서 현세의 삶을 질질 끌고 나가는 것 말고 다른 생각은 해본 적이 없소. 내 영혼은 길을 잃었지만, 다른 영혼들을 위해 내가 할 수 있는 일을 하고 싶소! (246쪽)

5-1) 헤스터는 17C 뉴잉글랜드 청교도 사회를 어떻게 평가하고 있나요?

5-2) 19C에 쓰인 책에 나타나 있는 양성평등이 21C인 지금도 해결되지 않는 이유는 무엇 때문인가요?

5-3) 21C 헤스터가 되어 현시대를 비판하세요.

세상에서 가장 행복한 여자라 해도, 과연 여성으로서의 삶은 받아들일 가치가 있는 것일까?

(…)

우선은 사회의 전 구조가 뒤집히고 새로 건설되어야 한다. 그런 다음 여성이 공평하고 적절하다고 할 만한 지위를 떠맡을 수 있기 위해서는 남성의 천성 자체나 대대로 전해 내려오면서 천성에 가까워진 습성이 본질적으로 수정되어야 한다. 마지막으로, 다른 모든 난관을 제거했더라도 여성 스스로가 훨씬 크게 변모하지 않는다면 이런 앞선 개혁들을 이용할 수 없을 것이다. (206쪽)

지나온 세월 동안 그녀는 이런 소외된 관점에서 인간의 제도와 목사들이나 입법자들이 제정한 것을 바라보았다. 인디언들이 목사의 허리띠나 법복이나 처형대나 교수대나 난롯가나 교회에 대해 경의를 나타내지 않듯 그녀도 별다른 존경심 없이 그 모든 것을 비판했다. 그녀의 운명과 운수는 그녀를 자유롭게 하는 방향으로 흘렀다. 주홍 글자는 다른 여자들 같으면 감히 발을 들여놓지 못할 곳으로 들어가게 해주는 통행증과도 같았다. 치욕, 절망, 고독! 이것들이 그녀의 선생이었다. 엄격하고 난폭한 선생은 그녀를 강하게 만들었지만 잘못 가르치는 일도 많았다. (249쪽)

헤스터는 하늘의 뜻에 따라 세상이 성숙하여 좀 더 밝은 시대가 오면 남녀의 관계가 상호 행복이라는 더 탄탄한 터전 위에 설 수 있도록 새로운 진리가 밝혀질 것이라는 굳은 믿음으로 그들을 안심시켰다. (324쪽)

6) 로저는 아서가 펄의 아빠라는 것을 알고 복수의 대상으로 삼고 괴롭힙니다. 종교적으로 로저는 신을 무시한 채 인간의 신성한 마음을 악의적으로 침범하는 지적 죄악으로 용서받을 수 없는 '오만의 죄'를 저질렀다고 합니다. 일반 사회에서의 형법으로는 증거가 없다며 죄가 되지 않습니다. 우리가 로저에게 형벌을 내릴 수 있을까요?

한마디로 로저 칠링워스 노인은, 사람이 적당한 기간 동안 악마의 임무를 맡겠다고 마음만 먹으면 악마로 변모할 수 있는 능력이 있음을 보여주는 현저한 증거였다. 이 불행한 인간이 이렇게 변모하게 된 것은 지난 7년 동안 고통으로 가득한 누군가의 마음을 끊임없이 분석하며 거기서 기쁨을 얻고, 자신이 분석하고 흡족하게 바라본 그 불같은 고통에 기름을 붓는 데 열중했기 때문이다. (211쪽)

7-1) 여기서 숲은 도덕보다 앞서는 인간 본성을 찾는 곳으로 청교도 율법에 얽매여 있지 않은 자유로운 공간으로 인식했습니다. 숲을 다녀온 아서는 새 총독 축하설교 후 죽습니다. 숲에서의 시간이 아서의 죽음에 영향을 끼쳤나요?

인간의 법에 지배당한 적도, 그보다 더 높은 하느님의 진리로 교화된 적도 없는 숲의 야성적이고 이교도적인 대자연마저 이 두 영혼의 행복에 이렇듯 공명하지 않는가!(254쪽)

예전의 자아는 사라지고 없었다. 숲에서 돌아온 자는 다른 사람이었다. 예전의 순박했던 그로서는 결코 이해하지 못했던 숨은 신비를 알게 된 더 현명한 자였다. (277쪽)

7-2) 아서의 죽음은 최고의 선택이었을까요?

목사로서 그는 성직 사회의 체제에 갇혀 있을 수밖에 없었다. 단 한 번 죄를 지었지만, 양심을 철저히 지키고 아물지 않은 상처를 깨물어 고통을 들추어내는 사람이었기에, 어쩌면 그는 죄를 전혀 짓지 않은 경우보다 더욱 안전하게 도덕의 테두리 안에 있었다고 볼 수도 있다. (250쪽)

우린 법을 거역했소! 그 죄가 여기 이렇게 무섭게 드러났소! 그 사실만은 잊지 말아 주오! 나는 두렵소! 두렵소! 어쩌면 우리가 하느님을 잊었을 때, 서로의 영혼을 존중하는 마음을 잃었을 때, 이미 그때부터 우리가 내세에서의 영원하고도 순결한 재회를 바란 것은 부질없었을지 모르오. 하느님께서는 모든 것을 알고 계시오, 자비로우신 분이시오! 무엇보다 내 고통으로 자비를 증명해 보이셨소. 내 가슴에 불타는 이 고문 딱지를 지니고 다니게 하심으로써! 그 고문 딱지가 언제나 벌겋게 불타오르도록 저기 저 음험하고 무서운 늙은이를 보내 주심으로써! 모든 사람 앞에서 치욕스럽되 당당한 죽음을 맞을 수 있도록 나를 여기로 데려와 주심으로써! 이런 고통들 가운데 하나라도 없었다면 난 영원히 길을 잃고 말았을 거요! 하느님의 이름을 찬양하노라! 그분의 뜻이 이루어지길! 안녕히! (316쪽)

8) 헤스터에게 죄는 청교도가 생각하는 것처럼 죽음을 부르는 길이 아니라 인간을 더욱 깊이 이해할 수 있는 요소로 작용하고 고난을 이겨내는 힘을 갖게 되어 기독교의 '복된 죄' 관점에서 이해될 수 있습니다. 아서의 경우도 '복된 죄' 관점이 적용되나요?

9) 유럽에서 보스턴으로 돌아온 헤스터는 주홍글자를 왜 가슴에 계속 달고 살았을까요?

③ 논제와 논점의 예시

1. 헤스터와 아서는 죄인이다
2. 헤스터의 죄는 '복된 죄'이다.
3. 아서는 헤스터, 펄과 유럽으로 떠났어야 했다.
4. 헤스터는 무거운 벌(일정기간 감옥에서 수형생활을 하고, 처형대에서 세 시간 서 있고, 평생 가슴에 치욕의 징표인 'A'를 달고 다니라고 판결한 것)을 받았다.

논제 : 헤스터는 무거운 벌을 받았다.	
찬성	**반대**
평생 A로 낙인 찍히고 사는 것은 사형보다 가혹하다.	마녀로 지목되지 않았다.
엄마의 죄로 펄까지 사회에서 소외되게 했다.	속죄할 기회를 얻게 되어 오히려 성장시켰다.
교화라는 벌의 목적에 맞지 않는 이중처벌이다.	간음죄는 사형이었는데 정상참작이 된 것이다.

3

이방인

알베르 까뮈/이정서 옮김/새움/2014

●박성숙

도서 선정 이유

'햇빛 때문에 살인했습니다.' 이 한 문장으로 강하게 남아 있는 책이다. 어머니의 장례식에 가서도 슬퍼하지 않고, 집에 돌아와서는 코미디 영화를 보며 웃어대고 여자친구와의 만남을 주저하지 않는 뫼르소다. 사회의 통념을 벗어나는 주인공의 태도는 규범을 일탈하는 비도덕적 인물이었다. 그러나 책을 다시 읽으면 읽을수록 알베르 까뮈가 독자와 하고 싶은 얘기가 읽혔다. 그 사람 자체를 이해하려고 노력해야지 남과 다르다고 남들과 똑같아지라고 요구할 수 없다는 거다. 그러나 사회구성원들은 같아지라 강요까지 하며 거부하면 도덕성을 들먹이며 비도덕적이라 비난을 일삼는다.

뫼르소가 법률에 의한 살인인 사형을 선고받았을 때 부속 사제가 찾아온다. 인간은 나약한 존재이기에 고난이 닥쳤을 때는 신께 의지하고 신이 인도해 주기를 기도해야 한다고 부속 사제는 말한다. 이에 뫼르소는 신에게 매달리는 당신보다 인간 의지로 맞닥뜨리고 극복하려는 자신이 더 낫다며 부속 사제를 내쫓는다. 이런 뫼르소를 세상 사람들은 구제불능이라고 손가락질한다. 부조리한 사회에 사는 뫼르소는 외로운 이방인이다. 이제는 다양성을 인정하고 인간의 의지를 발현시키는 뫼르소가 조리한(합리적인) 사회에서 더는 이방인으로 살아가지 않았으면 좋겠다.

① 책 속으로

1) '이방인'이란 제목이 뜻하는 것은 무엇인가요?

2) 1부에 나타난 뫼르소는 어떤 사람인가요?

3) 2부에 보이는 사형선고를 받은 뫼르소의 두드러진 점은 무엇인가요?

4) 소설에 3가지의 죽음이 배치되어 있습니다. 각각을 설명하시오.

5) 뫼르소가 사형선고를 받은 이유를 설명하시오

6) 까뮈의 '이방인'을 부조리 문학이라고 합니다. 부조리란 무엇인가요?

② 넓고 깊게 생각 나누기

1) 소설 제목인 L'Etranger를 한불사전에서 찾아보면 외국인, 외부 사람, 국외자로 풀이되어 있습니다. 최초 번역자 이휘영 교수의 일본어 번역으로 '이방인'이란 제목이 등장합니다. 프랑스어 번역 그대로 제목을 정해야 하지 않을까요?

2) 세상에 살면서 자신이 세상에 대해 이방인이라고 생각한 적 있습니까? 또한, 본인이 자신을 낯설어하며 자신에게 스스로가 이방인이라고 느낀 적이 있습니까?

3) 주변 누군가를 이방인이라고 지칭한 적이 있나요? 했다면 어떤 이유 때문인가요?

4) 세상이 부조리하다고 느낀 적이 있습니까, 그럴 때 자신은 어떻게 처신했습니까?

5) 뫼르소의 행위를 비판하거나 두둔하시오

오늘, 어머니가 죽었다. 아니 어쩌면 어제인지도. 나도 모르겠다. 양로원으로부터 전보 한 통을 받았다. '모친 사망. 내일 장례식. 삼가 애도함.' 그것만으로는 알 수 없었다. 아마 어제였을 것이다.
양로원은 알제에서 80킬로미터 떨어진 마랭고에 있어서, 2시 버스를 탄다면 오후 중에는 도착할 수 있을 것이다. 그러면 나는 밤샘을 할 수 있을 테고 내일 밤이며 돌아올 것이다. 나는 사장에게 이틀의 휴가를 신청했다. 그는 그런 이유로 내게 허락하지 않을 수 없었음에도 탐탁지 않아 했다. 심지어 나는 말했다. "그건 제 탓이 아닙니다." 그는 아무 대꾸도 하지 않았다. 그제야 나는 그런 말까지 할 필요는 없었다는 생각이 들었다. 요컨대 내가 사과를 할 필요는 없었다. 오히려 그가 내게 조의를 표해야 할 일이었다. 하지만 그는 모레, 상장을 달고 있는 나를 보면 그렇게 할 것이다. 지금으로선 얼마간 엄마

> 가 돌아가지 않은 거나 마찬가지였다. 장례를 치른 후에는 반대로, 이 일은 정리가 될 테고, 모든 게 좀 더 공식적인 모습을 갖추게 될 터였다.
> 나는 2시 버스를 탔다. 매우 더운 날씨였다. 나는 평소처럼 셀레스트네 식당에서 밥을 먹었다. 모두가 내게 깊은 유감을 표했으며, 셀레스트는 내게 말했다. "누구에게나 어머니는 한 분뿐인 게지." 내가 떠날 때 그들은 문까지 따라 나왔다. 나는 조금 정신이 없었다. 에마뉘엘의 집까지 가서 검은 넥타이와 예식완장을 빌려야 했기 때문이다. 그는 몇 달 전 자신의 삼촌을 잃었다. 나는 가는 내내 거의 잠을 잤다. (15~16쪽)
>
> 나는 그녀에게 저녁에 영화관에 가지 않겠느냐고 물었다. 그녀는 또다시 웃으면서 페르낭델이 나오는 영화를 보고 싶다고 말했다. 우리가 다시 옷을 입었을 때 내가 검은 타이를 두른 걸 보고 마리는 매우 놀란 표정으로 상을 당했느냐고 물었다. 나는 엄마가 돌아가셨다고 대답했다. 그녀가 얼마나 된 일인지 알고 싶어 해서 나는 대답했다. "어제." 그녀는 뒤로 주춤 물러서긴 했지만 아무 말도 하지 않았다. 그건 내 탓이 아니라고 말하려다 사장에게 이미 그렇게 말했던 것을 떠올리곤 그만두었다. 그건 아무런 의미도 없었다. 어쨌든 누구에게나 얼마만큼의 잘못은 있지 않은가. (37쪽)

6) 기계(로봇)처럼 행동하는 여자가 의미하는 것은 무엇인가요?

> 그녀는 재킷을 벗고 앉더니 정신없이 메뉴판을 살폈다. 그녀는 셀레스트를 부르더니 곧장 명확하고도 급한 목소리로 자기가 먹을 음식 전체를 한꺼번에 주문했다. 전채를 기다리는 동안 그녀는 가방을 열고 메모지와 펜을 꺼내 미리 금액을 합산해 보더니 정확한 액수에 팁까지 더해 조끼 주머니에서 꺼낸 돈을 자기 앞에 올려놓았다. 그때 그녀의 전채가 나왔고 그녀는 그것을 단숨에 먹어 치웠다. 다음 음식을 기다리는 동안 그녀는 다시 가방에서 파란 펜과 한 주간의 라디오 프로그램이 실린 잡지 한 권을 꺼냈다. 하나씩 하나씩, 매우 주의 깊게 그녀는 거의 모든 프로그램을 체크했다. (67쪽)

7) 뫼르소는 사회의 틀 안에 있는 윤리나 도덕에 얽매이지 않는 절대 자유를 추구합니다. 이렇게 하는 이유가 무엇인가요?

8-1) 재판과정 중에 총을 다섯 발 쏜 것에 대해 변호할 기회를 준다면 어떻게 변호하겠습니까?

8-2) 뫼르소가 사형선고를 받은 이유가 정당한 것이었는지 논증하시오.

내 변호사는 인내심이 막바지에 이르렀는지, 두 팔을 높이 쳐들어 올리며 소리쳤고, 그로 인해 그의 소매가 아래로 쳐지면서 풀 먹인 셔츠의 주름이 드러났다. "도대체 이 피고가 기소된 것은 어머니의 장례식을 치러서입니까, 사람을 죽여서입니까?" 방청객들이 웃음을 터뜨렸다. (133쪽)

그러나 검사가 다시 일어서더니 "그렇습니다." 그는 힘주어 소리쳤다. "나는 이 사람이 범죄자의 심정으로 자신의 어머니를 묻었음을 고발합니다."

(…)

검사는 엄마가 죽은 이후의 사실들을 요약했다. 그는 나의 냉담함을, 내가 엄마 나이를 몰랐던 점을, 그 다음 날 여자와 함께한 수영을, 페르낭델의 영화를, 그리고 마지막 마리와 함께한 귀가를 상기시켰다. (136쪽)

내가 사회의 가장 근본적인 법규들을 무시했으므로 이 사회와는 아무런 관련이 없으며, 인간의 마음의 기본적인 반응에도 무심했으므로 인간의 마음에 호소할 수도 없을 거라고. "저는 여러분께 이자의 머리를 요구합니다." 그가 말했다. "저는 가벼운 마음으로 그러기를 요구하는 바입니다. 왜냐하면, 이미 오랜 경력을 쌓으면서 사형선고를 요청해야 하는 경우가 있었지만, 절대적이고 성스러운 명령의 자각과 괴물밖에는 읽히지 않는 이 남자의 얼굴 앞에서 제가 느끼는 공포로 인해, 결코 오늘만큼, 이 고통스러운 의무가 마땅하고, 형평에 맞고, 명백하다고 느낀 적이 없었기 때문입니다."
(140~144쪽)

9) 뫼르소는 어머니의 장례식에 가서야 양로원에서 어머니가 페레와 연애를 했다는 것을 알게 됩니다. 그때는 의미를 몰랐지만, 사형 집행 전에서야 알게 됩니다. 그 의미는 무엇인가요?

10) 뫼르소는 감방에 찾아온 부속 사제를 거부합니다. 여러분은 힘든 일에 당면했을 때 인간의 노력과 종교적 힘 중 어떤 것을 선택할 것입니까?

사제는 너무 확신하고 있는 것 같았다. 그렇지 않은가? 그런데도 그의 확실성은 여자 머리카락 한 올의 가치도 없는 것이었다. 그는 죽은 사람처럼 살고 있어서 살아 있다고조차 확신할 수 없는 것이었다. 반면에 나는 마치 빈손인 것처럼 보인다. 그러나 나는 나에 대해, 모든 것에 대해, 그가 확신하는 것 이상으로, 나의 삶을, 다가올 이 죽음을 확신하고 있었다. 그렇다. 내겐 그것밖에 없다. 그러나 적어도 나는 그 진실이 나를 꼭 움켜쥔 만큼 그것을 꼭 움켜쥐고 있었다. 나는 옳았고, 여전히 옳았으며, 항상 옳았다. (163쪽)

11. 뫼르소는 증오의 함성이라 할지라도 혼자 아닌 더불어 사는 삶을 희망합니다. 왜 죽음의 순간에서 뫼르소는 함께하는 삶을 바랐나요?

죽음에 인접해서야. 엄마는 해방감을 느끼고 모든 것을 다시 살아 볼 준비가 됐다고 느꼈음이 틀림없었다. 누구도, 그 누구도 그녀의 죽음에 울 권리를 가지고 있지 못한 것이다. 그리고 나 역시 모든 것을 다시 살아 볼 준비가 되었음을 느꼈다. 마치 이 거대한 분노가 내게서 악을 쫓아내고 희망을 비워낸 것처럼, 처음으로 신호와 별들로 가득한 그 밤 앞에서, 나는 세계의 부드러운 무관심에 자신을 열었다. 이 세계가 나와 너무도 닮았다는 것을, 마침내 한 형제라는 것을 실감했기에, 나는 행복했고, 여전히 행복하다고 느꼈다. 모든 것이 이루어졌다는 것을 위하여, 내가 혼자임이 덜 느껴질 수 있도록, 내게 남은 유일한 소원은 나의 사형 집행에 많은 구경꾼이 와서 증오의 함성으로 나를 맞아 주었으면 하는 것이다.(166쪽)

④ 논제와 논점의 예시

논제 : 뫼르소에게 사형 선고를 내린 것은 정당하다.	
찬 성	반 대
총을 다섯 발 쏜 것은 명백한, 계획적인 살인이다.	뫼르소의 심적상황이나 날씨 등 환경요인에 의해 발생한 우발적 행위이다.
엄마의 장례식과 후의 행동이 도덕적 관념이 희박한 것을 보여준다.	사형선고의 증거들이 살인사건과는 무관해 살인사건을 입증할 수 없다.
자기 죄를 인정하고 감형을 호소하지 않았다.	뫼르소를 잘 아는 지인들의 증언이 참작되지 않았다.

4

파우스트

요한 볼프강 폰 괴테/김정진 역/신원/2011

● 최수정

도서 선정 이유

파우스트는 평생 앎을 위해 정진했으나 결국 아무것도 알 수 없다는 사실을 깨닫게 되자 악마와 거래를 하게 된다. 마녀의 물약을 먹은 그는 그레첸을 보고 첫눈에 반해 사랑에 빠지지만 파우스트의 아이를 가진 그레첸은 미혼모라는 이유로 사형을 당하게 된다. 또한 파우스트는 말년에 유토피아적 국가를 만들려는 기획에 들떠 간척사업을 하게 되는데, 노부부를 포함해 간척 사업에 동원된 많은 이들의 생명이 희생된다. 천사들은 파우스트가 '끊임없이 노력하고 애쓰는 자'라는 이유로, 그레첸이 파우스트의 구원을 간절히 바라는 기도를 한다는 이유로 구원되도록 천상의 세계로 인도한다.

현대사회는 끊임없이 만족하지 못하는 파우스트적 욕망이 일반화된 사회이다. 생활하는데 필요한 기본적인 욕구 이외에 더 편리함, 더 많은 부의 축적, 더 오래 살고 싶은 장수욕 등의 인간의 욕망이 넘쳐나는 사회이다. 파우스트와 같은 성욕, 권력욕과 같은 욕망의 결과로 많은 사람이 희생되었음에도 불구하고 '끊임없이 노력하는 자는 방황하는 법이다'라는 이유로 그가 구원받을 수 있을지에 대해 토론해 볼 여지가 있다.(2부 2막의 호문쿨루스, 자연철학자 부분과 3막 헬레네 부분은 발제에서 제외하였다. 괴테가 많은 이야기를 전달하고자 했으므로 이 책에서는 생략된 부분을 뺀 나머지 부분만을 다루어도 충분하다고 생각되어 생략하였다. 297쪽~444쪽 생략)

① 들어가기 전에

근대제국주의 또는 근대자본주의에 대하여 알아봅시다.

② 책 속으로

1) 주요 등장인물을 소개해봅시다.
(주님, 파우스트, 메피스토펠레스, 마르가레테(그레첸), 마르가레테 엄마, 발렌틴)

2) 이 책의 시간적배경은 언제이고, 공간적 배경은 어디인가요?

3) 이 책에서 파우스트적 '남성적인 것'은 어떤 모습인가요?

4) '여성적인 것'은 어떤 모습으로 등장하나요?

5) 파우스트와 사랑에 빠진 결과 그레첸과 가족의 최후는 어떻게 되나요?

6) 욕망과 욕구는 어떻게 다른가요?

7) 파우스트가 이루려고 한 유토피아는 어떤 사회인가요?

8) 그레첸이 구원 받은 이유는 무엇인가요?

③ 넓고 깊게 생각 나누기

1) 메피스토펠레스가 말하는 '그자'는 파우스트를 말합니다. 인간의 인생이 하느님과 악마의 내기거리로 표현된 것에 대해 어떻게 생각하나요?

> **메피스토펠레스** 무엇을 걸으시렵니까? 내기나 합시다. 그자를 살짝 내 길로 끌어넣을 것을 당신이 허락만 해주시면, 그 자를 감쪽같이 빼돌려 당신을 배반시켜 보이겠습니다.
> **주님** 그가 지상에 살고 있는 동안은 네가 무슨 짓을 해도 말리지 않겠다. 인간은 노력하는 한 방황하기 마련이니까.
> **주님** 만일 네가 그를 붙잡을 수 있다면 너의 길로 그를 꾀어내 보아라. 그러나 결국 너는 수치스럽게 다시 내게 와 고백하게 되리라. 착한 사람은 비록 어두운 충동 속에서도 올바른 길을 잊지 않는다고.
> (23쪽)

1-1) 주님은 인간의 본성은 선하다고 판단하고 있는 것 같습니다. 여러분은 인간의 본성이 선하다고 생각하나요? 악하다고 생각하나요?

2) 중세 시대의 대부분의 사람들은 기본적인 욕구도 해결될 수 없는 불쌍한 모습으로 살았습니다. 하지만 파우스트의 욕망에 가득찬 모습은 메피스토펠레스의 눈에 띌 정도로 그 시대에는 특이한 경우였습니다. 지금은 그러한 인간의 모습이 일반화 되었습니다. 왜 그런가요?

> **메피스토펠레스** 내 눈에 비치는 것은 오로지 사람들이 고생하는 모습뿐입니다. (…)
> 사람들의 비참한 꼴을 보면 참으로 측은한 마음이 들어서 나 같은 악마도 차마 마수를 뻗칠 생각이 나지 않습니다. (21~22쪽)

3) 다음은 파우스트가 자신의 유한성에 좌절하고 있는 모습입니다. 그는 절망한 끝에 쾌락을 쫓기 위해 메피스토펠레스라는 악마와 계약을 합니다. 무언가 이루려고 노력한 결과가 내가 생각한 목표에 도달하지 못했다 하여 그렇게 노력한 과정은 무의미한 것인가요?

> **파우스트** 나는 철학도, 법학도, 의학도 거기다 심지어 신학까지도 열심히 노력하고 철저하게 연구하였다. (…). 석사니, 박사니, 이름만 근사했지, (…). 결국 우리는 아무것도 알 수 없다는 사실을 깨달았을 뿐이니, 그것을 생각하면 참으로 내 가슴은 탈 지경이다. (…). 나는 소위 회의나 의혹도 귀찮지 않을 뿐만 아니라 지옥이나 악마도 두렵지 않다. 그 대신 내게는 모든 기쁨도 사라져 버리고(…). (26~27쪽)
> **메피스토펠레스** 그렇다면 내가 이 세상에선 당신의 명령데로 쉴새없이 성실하게 시중을 들어주지. 그 대신 우리가 죽어서 저승에서 만나게 되면, 당신이 내 심부름을 꼬박꼬박 해야 하네. (…)(75쪽)
> **파우스트** 만일 네가 감언이설로 나를 속여 나에게 자만의 마음을 일으키거나 쾌락으로 나를 농락할 수가 있다면 그것이 나에게는 최후의 날이 되어도 좋으리라. 내기를 하자.
> **메피스토펠레스** 좋다.
> **파우스트** 그러면 약속한다. 내가 어느 순간, 정지하라! 너는 참 아름답다 하고 말하면, 너는 당장 나를 쇠사슬로 꼭꼭 묶어도 좋다.(77쪽)

3-1) 파우스트는 지식에 대한 끝없는 욕망을 보여줍니다. 인간의 무모한 욕망에는 또 어떤 것이 있나요?

3-2) 여러분은 어떨 때 자신의 안에서 끊임없이 만족하지 못하고 더 많은 것을 욕망하는 파우스트를 발견하게 되나요?

4) 메피스토펠레스와 같은 허무주의자가 이 세상에 많다면 어떻게 될까요?

메피스토펠레스 나는 언제나 사물의 부정을 일삼는 정령이다. 그리고 그것은 당연한 일이다. 왜냐하면 모든 생성되는 것은 멸망하기 마련이기 때문이지. 그렇다면 차라리 생겨나지 않은 것만 못하지 뭐야 (…). (65쪽)

4-1) 허무주의자의 긍정성이 있다면 무엇일까요?

5) 당시 중세독일에서 미혼모는 단두대에서 사형을 당하던 시대입니다. 괴테가 살던 시대에도 처녀가 간통하면 교회의 제단 앞에서 수의 하나만 입고 군중이 보는 가운데 신부에게 참회 속죄하지 않으면 안 되었습니다. 현재 미혼모에 대한 인식은 어떻게 바뀌었고 처우는 어떻게 바뀌었나요?

파우스트 비참한 꼴을 당하고, 절망하고 있구나. 가엾게도 오랫동안 헤매고 돌아다니다가, 마침내 잡히고 말았구나. 저 귀엽고 애처로운 아이는 죄인으로 감옥에 갇혀 무서운 고난을 겪고 있구나. (…) (198쪽)

파우스트 아무리 부탁을 해도, 타일러도 소용이 없어. 그렇다면 너를 안고 가는 수밖에 없구나.(…)

마르가레테 사형 집행의 종이 울리고 재판관은 하얀 막대기를 부러뜨렸어요. 형리들이 내 몸을 꼭 묶어서 동여맸어요. 벌써 사형장으로 끌려나왔어요. 지금 내 목덜미에 떨어지는 시퍼런 칼날을 모두들 자기 목덜미에서 느끼고 몸서리쳐요. 온 세상이 마치 무덤처럼 고요해졌어요.

파우스트 아아, 차라리 이 세상에 태어나지 않았더라면 좋았을 것을. (209~210쪽)

6) 비극 제2부에서 황제와 파우스트와 메피스토펠레스의 대화입니다. 이러한 대화를 통해 알 수 있는 당시 시대상은 무엇인가요?

재무부 장관 폐하께서 친서해 주셨기 때문에, 어젯밤에 즉각 마법사를 시켜 수천 장을 찍었습니다. 그리고 은혜가 널리 만백성에게 미칠 수 있도록 모든 종류의 지폐에다 똑같이 폐하의 어명을 넣게 하여

10, 30, 50, 100 크로네의 지폐가 생겼습니다.
그것이 백성들을 얼마나 기쁘게 하였는지, 아마 잘 모르실 것입니다. 도시를 보십시오. 다 죽게 되어 곰팡이가 피던 것이, 활기를 되찾고 기쁨에 들떠 있지 않습니까. (…)
황제 그러면 이것이 백성들에게 금돈 대신 통용된다는 거냐. 군대나 궁정의 급료도 그것으로 전액 지불되었느냐. 그렇다면 이상하기는 하지만 인정하지 않을 수 없구나.
궁내부 장관 (…) 환금업자는 점포를 활짝 열어 개방하고 있으며, 할인을 해주는 것은 물론이고 어떤 지폐든지 금화나 은화로 바꿔주고 있습니다. (…)
파우스트 남아도는 재물이 폐하께서 다스리는 이 나라의 땅속 깊이 파묻혀, 이용도 되지 않은 채 꺼내주기를 고대하고 있습니다. 아무리 웅대한 사상이라도 이런 풍부한 자원에 비하면 보잘 것 없는 것에 불과합니다. (…)
메피스토펠레스 이렇게 금이나 진주를 대신하는 지폐는 무척 편리하고, 자기가 지닌 돈의 액수도 알 수 있습니다. 그러니까 우선 물건 값을 흥정하거나 돈을 바꿀 필요 없이, 흥이 나는 대로 사랑과 술에 취할 수 있습니다. (…)
황제 우리나라는 너희들 덕분에 대단한 복지를 누리게 되었다. 가급적 공평하게 논공행상 하려고 한다. 제국의 땅속은 너희들에게 맡기겠다. 너희들은 보물의 가장 훌륭한 관리자다.
보물이 매장되어 있는 넓은 지역을 알고 있기 때문에, 그것을 파낼 때는 너희들의 지시를 받도록 하겠다. 이 나라 보배의 책임자인 두 사람은 서로 협력하여, 세계의 복지를 증진시키는 위치에 서 있는 중대한 사명을 기꺼이 완수하도록 하라. (271~274쪽)

6-1) 무한한 욕망이라는 것은 어떠한 조건일 때 가능하며, 언제부터 가능하게 되었을까요?

7) 파우스트는 말년에 유토피아를 꿈꾸며 간척사업을 단행합니다. 그의 간척사업으로 많은 이들과 노부부가 희생된 것에 대해 어떻게 생각하나요?

바우키스 희생으로 바치는 사람의 피도 틀림없이 흘렀을 거예요. 밤에 아픔을 호소하는 비명 소리가 울리고 빨갛게 타는 불꽃이 바다쪽으로 흘러가면, 아침에는 버젓이 운하 하나가 만들어져 있었어요. (…) (494쪽)
파우스트 이 말은 입 밖에 내기도 부끄러운 일이지만, 언덕 위에 사는 노인 부부를 물러나게 하고 보리수가 있는 곳을 내 거처로 삼고 싶다. (…)
멀리까지 시선이 미칠 수 있도록 하여 내가 이룩한 모든 업적을 바라보고, 현명한 식견을 가지고 백성들의 넓은 거주지를 만들어 낸 인간 정신의 걸작을 일목요연하게 바라보고 싶은 것이다. (…)

메피스토펠레스 대체 여기서 무엇 때문에 주저하는 거야. 진작 그들을 이주시켰으면 되었을 텐데.
파우스트 그러면 가서 그들을 다른 곳으로 옮겨 다오. 내가 노인들을 위해서 선택했었던 근사한 곳을 자네도 알고 있을 것이다. (…) (499~500쪽)
탑지기 링케우스 바람에 휘말리어 시뻘건 불길이 더욱 세차게 날뛴다. 이끼가 끼고 습기에 차 있던 오두막집이 불타오른다. 빨리 도와주지 않으면 안 되는데, 구조의 손길은 눈에 띄지 않는다. 아아, 저 착한 늙은 부부는 언제나 불조심에 여념이 없었는데, 애석하게도 연기의 밥이 되어 버리는구나. 참으로 무서운 참사다.(502쪽)

8) 파우스트는 행복을 예감하며 마지막 순간을 맞습니다. 과연 행복은 미래에만 찾을 수 있는 것일까요?

파우스트 그렇다, 나는 이 계획에 나의 모든 것을 바치겠다. 지혜의 마지막 결론은 이렇게 된다. 자유도 생명도 날마다 싸워서 차지하는 사람만이 그것을 누릴 만한 가치가 있는 것이라고. 따라서 여기서는 어린애, 어른, 늙은이도 위험에 둘러싸였을망정, 보람 있는 세월을 보낸다. 나도 그와 같은 사람들을 쳐다보며 자유스러운 땅에서 자유로운 백성들과 더불어 살고 싶다. 그렇게 되면 순간에 대해서 다음과 같이 말해도 좋을 것이다.
멈춰라, 너는 정말 아름답다고. 이 세상에 있어서의 나의 생애의 발자취는 몇 만 대가 지나도 영원히 멸망하지 않으리라. 이와 같이 드높은 행복을 예감하면서 나는 지금 최고의 순간을 맛보는 것이다.(513~514쪽)

8-1) 여러분은 현재에 대한 '만족'과 미래에 대한 '희망' 중에 무엇에 비중을 둘 때 더 행복한 삶이 될거라 생각하나요?

9) 파우스트의 '욕망의 결말'은 구원받는 것입니다. '인간은 노력하는 한 방황하는 법이다'라는 주님의 말을 어떻게 생각하나요?

주님 그가 지상에 살고 있는 동안은 네가 무슨 짓을 해도 말리지 않겠다. 인간은 노력하는 한 방황하기 마련이니까. (23쪽)

천사들 영계의 숭고한 인간이 악에서 구제되었습니다. 끊임없이 노력하고 애쓰는 자는 우리들이 구제할 수 있습니다. 그뿐 아니라 이 사람에게는 천상의 사랑까지 합쳐져 있습니다. 축복받은 사람들의 무리가 기꺼이 이 사람을 맞이할 것입니다. (529쪽)
속죄하는 여자 한 사람 (과거에 그레첸이라고 불렸던 여자, 성모에게 매달리며) 세상에 비길 수 없는 분, 광명에 넘쳐흐르는 분이여! 제발 저의 행복에 대해서, 자비롭게 얼굴을 돌려 주시옵소서.
옛날에 사랑하고 그리워했던 분이 이제는 맑고 깨끗해진 마음으로, 드디어 돌아왔습니다. (…)
영광의 성모 자, 더 높은 하늘로 올라오너라. 그 사람도 너를 알아보면 따라오리라. (533~534쪽)

9-1) 파우스트적 욕망이 일반화된 현대사회에서 이 책의 욕망의 결말을 받아들일 수 없다면, 나의 자아실현이 전체의 이익이 되는 '욕망의 긍정성'이 가능할지 생각해봅시다.

9-2) 나를 발전시키는 욕망은 무엇이고 소모적이고 파괴적인 욕망은 무엇일까요?

10) '영원히 여성적인 것이 우리를 구원하리라'라는 문구가 나옵니다. 책에서 여성적 요소들이 구원 받을만하다면 어떠한 면에서 그러할까요?

파우스트 황제께서 헬레네와 파리스를 눈앞에 보고 싶으니, 지금 당장 여기로 데려오라는 거야. 남자와 여자의 이상형을 뚜렷한 모습으로 보셔야 하겠다는 거지. 곧 일에 착수해 주게. 약속은 어길 수 없으니 말이야.
메피스토펠레스 경솔하게 약속을 하다니 어처구니없군.
파우스트 황제를 부유하게 해드렸으니까, 이번에는 위안을 제공해 드리지 않으면 안 돼. (…)
메피스토펠레스 금돈 대신으로 사용되는 그 종이 괴물처럼, 헬레네를 그렇게 간단히 불러낼 수 있다고 생각하는 거야. (…)(277쪽)
메피스토펠레스 외딴 곳에 여신들이 드높게 앉아 계시지. 그 둘레에는 공간도 없고, 시간도 없어. 이 여신들에 관해서는 이야기하는 것조차 곤란해. 그녀들은 어머니들이야.(…)(278쪽)
메피스토펠레스 세발 달린 향로에 빨갛게 불타는 것이 보이면, 가장 깊은 밑바닥까지 닿았다는 것을 알 수 있을 거야. (…)
어머니들은 창조와 개조의 신들로서, 영원한 뜻의 영원한 이야기를 하고 있다.(…)
어머니들이 눈치 못 채는 사이에 향로를 가지고 되돌아올 수 있어.(281~282쪽)
파우스트 이 열쇠가 내 손아귀에 들어 있지 않은가.

이것이 나를 이끌어서 외롭고 쓸쓸한 곳의 공포와 파도를 물리치고, 이렇게 단단하고 튼튼한 기슭으로 데려다 주었다. 여기에 나의 발판이 있으며, 또 이곳에는 여러 가지 현실이 있다. 여기서 부터라면 정신이 유령들과 싸워서, 영육일치(靈肉一致)의 이상과 현실이 조화하는 큰 세계를 세울 수 있다.(295쪽)

10-1) 여러분이 생각하는 '여성적인 것'의 긍정성은 무엇인가요?

10-2) 현재 '여성적인 것'의 긍정성은 어디에 필요한가요?

④ 논제와 논점의 예시

논제 : 파우스트가 구원 받는 것은 정당하다.	
찬 성	**반 대**
간척사업을 통해 사람들을 이롭게 하려고 하였다.(쾌락과 욕망의 무의미함을 깨달아 선행을 선택)	그레첸과 그녀의 가족을 죽음에 이르게 했다.
그레첸의 진정한 사랑의 기도로 구원받을 수 있다.	메피스토펠레스가 악마인줄 알면서도 그와 거래를 했다.
인간은 방황하더라도 노력하고 애쓰는 한 구원받아야 한다.	간척사업으로 많은 이들이 피해를 입었다.

5 유토피아
-모두가 행복할 수 있다는 즐거운 상상

토마스 모어 지음/정순미 풀어씀/풀빛/2007

● 전민자

도서 선정 이유

토마스 모어는 유럽의 근대화 과정에서 일어난 변화 속에서 기아와 빈부격차, 도덕의 실종과 정치적 타락으로 얼룩진 유럽의 현실을 비판하며 이 혼란한 세상을 구원할 대안으로 가상의 이상향을 제시하고 있다. 유토피아는 평등한 소유와 민주정치, 종교의 자유와 욕망의 절제, 완벽한 사회복지제도 등 당시로서는 상상도 하기 힘든 혁신적인 시스템을 갖추고 있으며 현재에도 더 나은 세상을 꿈꾸는 원동력으로 남아있다.

이 책을 통해 학생들은 유토피아 사상의 본질과 핵심이 무엇인지 알아보고, 유토피아 사상이 인류의 역사에 미친 영향력에 대해서도 토론해 볼 수 있을 것이다. 또 현대의 관점에서 이 사상이 갖는 한계점은 어떤 것이며, 학생 개인과 우리 사회에 진정 바람직한 유토피아의 모습은 어떠해야 하는지 토론해 보아도 좋을 것이다.

① 들어가기 전에

1) 토마스 모어(1478 ~ 1535)와 그가 살았던 당시의 시대적 상황을 알아봅시다.

2) 유토피아론의 사상적 배경은 무엇인지 알아봅시다.

3) 다른 유토피아 이론에는 어떤 것이 있는지 알아봅시다.

② 책 속으로

1) 유토피아 섬을 탐험한 사람의 이름은 무엇이며 그를 내세워 유토피아 섬에 대해 이야기하고 있는 토마스 모어의 속내는 무엇인가요?

2) 당시 영국 국민들을 빈곤의 나락으로 떨어뜨린 인클로저 운동이란 무엇인가요?

3) 라파엘은 가난 때문에 도둑이 된 사람들은 어떻게 처벌해야 한다고 주장했나요?

4) 유토피아 사람들은 하루에 여섯 시간밖에는 노동하지 않습니다. 그런데도 생활에 필요한 모든 것이 초과 생산되고 있습니다. 그 이유는 무엇인가요?

5) 유토피아 사람들이 인간다운 삶을 누리기 위해서는 다른 어떤 사람들의 희생이 필요합니다. 누구인가요? 다른 사람의 희생을 딛고 선 유토피아가 진정한 유토피아가 될 수 있다고 생각하나요?

6) 유토피아에서는 금이나 보석이 하찮은 물건으로 치부됩니다. 그 이유는 무엇이며, 모어는 무엇을 주장하고 싶어서 이런 이야기를 만든 걸까요?

7) 유토피아에서는 육체적 쾌락과 정신적 쾌락을 모두 중요하게 여기고 헛된 쾌락을 경계합니다. 참된 쾌락과 헛된 쾌락은 무엇일까요?

8) 모두가 평등한 유토피아에서 노예가 있습니다. 노예 제도를 둔 이유는 무엇인가요?

9) 유토피아는 모든 국민이 노동하고, 생산물을 공유하며 배급하는 사회라는 면에서 현실에서의 공산주의 사회와 같아 보이지만 다른 점이 있습니다. 어떤 점이 다를까요?

10) 유토피아라는 나라의 특징을 정리해보세요.

정치제도	
경제제도	
사회제도	
제도를 받쳐주는 이념적 배경	

③ 넓고 깊게 생각 나누기

1) 편법과 불의가 판치는 정치현실을 개혁하기 위한 방법론으로 라파엘은 제도의 혁명적 변혁을, 토마스 모어는 참여를 통한 점진적인 개선을 주장합니다. 두 주장의 장·단점을 비교해 보고 여러분은 어떤 방식의 개혁이 옳다고 보는지 이야기해 봅시다.

> 모어 : 직접적으로 그들에게 충고하지 말고 간접적으로 하십시오. 가능한 한 모든 일을 요령껏 다루어야 하며, 귀하가 바로잡을 수 없는 일에 대해서는 그 잘못된 점을 줄이도록 노력해야 합니다. 인간이 완전해질 때까지 세상은 결코 완전해지지 않을 것입니다. 그리고 인간이 완전해진다는 것은 참으로 기대하기 어려운 것입니다.
>
> 라파엘 : 그런 방법으로는 아무 것도 이루지 못합니다. 미친 사람들을 고치러 다니다가 저도 마찬가지로 미쳐버리게 되는 격이지요.(…) 간접적으로 충고를 하고 사태를 바로잡을 수 없을 때에는 요령껏 처신하여 최대한으로 사태의 악화를 막으라는 당신의 말씀에 대해서 저는 이해할 수가 없습니다.(…) 감화를 받기는커녕 가장 훌륭한 사람조차도 악에 물들이는 그런 사람들 사이에서 무슨 훌륭한 일을 할 수 있겠습니까?(…) 악에 빠지던가 아니면 그들의 어리석음과 잘못을 못 본 체하든가 둘 중의 하나를 택해야 합니다. (60~62쪽)

2) 철학자 플라톤은 그의 저서 〈국가〉에서 모든 국민들을 행복하게 하는 유일한 방법은 재산의 평등한 소유라고 주장했습니다. 라파엘도 유토피아 섬이 재산공유제도를 가장 잘 실현하고 있다고 이야기합니다. 그러나 역사의 경험을 통해 우리는 사유재산제도와 공동소유제도는 모두 허점과 문제점을 가지고 있다는 것을 알고 있습니다. 이 두 제도들의 장단점을 살펴보고 어떤 점을 보완하면 좋을지 이야기해 봅시다.

> 라파엘 : 사유재산제도를 완전히 폐지하지 않는 한, 결코 공정한 재산의 분배나 인간 생활의 참된 행복을 실현시킬 수는 없으리라고 확신합니다. 사유재산제도가 존속하는 한, 대부분의 사람들은 빈곤과 고통의 짐에서 허덕일 수밖에 없을 것입니다.(…) 개인이 소유할 수 있는 돈이나 토지의 한도를 법으로 규정하고 적절한 법률에 의해 왕과 국민의 권리를 조절할 수는 있을 것입니다.(…) 이러한 종류의 법률은 마치 만성병환자가 끊임없는 투약으로 약간 회복되는 것처럼 분명히 증상을 완화시킬 수 있을 것입니다.

모어 : 저는 귀하의 말씀에 동의할 수 없습니다. 저는 오히려 공동소유 제도 아래에서는 행복한 생활이 불가능하다고 생각합니다. 착실히 일하려고 하는 자는 하나도 없을 것이므로 항상 결핍상태에 놓여 있을 것입니다. 이윤추구의 동기가 없으면 누구나 게을러져서 다른 사람이 자신을 위해 일해 주기를 바라게 됩니다. (66~67쪽)

3) 토마스 모어는 사치품에 탐닉하고, 돈과 부자에게 굽신거리는 당시 사람들의 물질주의적 가치관을 비판합니다. 그로부터 500여 년이 지났지만, 세상의 가치는 더욱 심각한 황금만능주의로 치닫고 있습니다. 인간의 삶을 100으로 봤을 때 돈이 차지하는 비중이 얼마나 된다고 생각하나요? 그 이유도 함께 이야기해봅시다.

별보다도 빛이 희미한 작은 돌조각에 매혹되고, 또 질이 좋은 양털로 짠 옷을 입었다고 해서 더 잘났다고 뽐내는 어리석은 사람들을 유토피아 사람들은 도무지 이해할 수 없었습니다. 또한 유토피아 사람들은 세계 도처에서 금과 같이 전혀 쓸모없는 물건을 인간보다 더 가치 있고 소중하게 여기는 까닭을 이해하지 못합니다. 그러나 유토피아 사람들이 가장 이상하게 여기고 혐오하는 것은 부자에게 빚을 진 것도 아니고 머리를 숙여야 할 하등의 이유도 없는데, 단지 그가 부자라는 점 때문에 그를 존경하는 어리석은 태도입니다. (113~114쪽)

4) 토마스 모어는 한정된 재화를 두고 인간이 탐욕을 부리게 되면 공동체의 행복이 깨진다고 했습니다. 그는 교육과 관습을 통한 의식의 변화를 통해 개인의 행복보다 공동체 전체가 행복한 나라를 만들면 그 안에서 모든 개인이 행복해진다고 했는데요. 여러분은 이러한 모어의 생각에 공감하나요?

5) 유토피아에서는 치료가 불가능한 환자들이 명예롭게 죽을 수 있도록 사제와 공직자가 안락사를 권장합니다. 토마스 모어는 독실한 가톨릭 신자였는데 왜 교리와 반대되는 안락사를 주장했다고 생각하나요?

"솔직히 말해서, 당신은 정상적인 생활을 절대로 하지 못합니다. 당신은 다른 사람에게는 귀찮은 존재처럼 여겨지고 당신 자신에게도 짐이 됩니다. 사실, 당신은 실제로 죽은 사람과 마찬가지 생활을 하고 있습니다.(…) 당신은 왜 탈출을 해서 더 좋은 세계로 가지 않습니까? 그럴 생각이 있으면 말씀만 하십시오. 그러면 우리는 당신을 해방시킬 준비를 하겠습니다."(139쪽)

6) 모어는 유토피아에서 노예의 존재를 인정하였고 전쟁은 시민을 보호하기 위해 용병이나 우방국의 군대를 보내 대신 치러야한다고 주장합니다. 또 유토피아 사회의 평등한 분배를 위해 인구를 엄격히 조절해야 하고 그를 위해 강제이주나 식민지 개척 등을 제시하고 있습니다. 이러한 정책들이 갖는 부작용은 무엇이라고 생각하나요?

7) 유토피아에서는 종교의 다양성과 신앙의 자유가 보장되어 있고, 다른 종교를 심하게 비난하거나 공격하는 경우에 엄격하게 처벌합니다. 오늘날에도 서로 다른 종교끼리 죽고 죽이는 일이 세계 곳곳에서 일어나고 있습니다. 2015년 1월에 발생한 프랑스 〈샤를리 에브도〉잡지 테러는 이슬람 선지자 무함마드에 대한 풍자와 조롱이 원인이 되어 12명이 죽고 20여 명이 부상당한 사건입니다. 끝없는 종교간의 갈등을 없애기 위해서 필요한 것은 무엇일까요?

8) 유토피아의 복지는 공유재산제도를 기반으로 한 보편적 복지시스템입니다. 그렇다면 우리나라처럼 사유재산을 전제로 유지되는 자본주의 사회에서 보편적 복지시스템이 제대로 가동되기 위해서 필요한 것은 무엇일까요?

> 유토피아는 세계에서 가장 좋은 국가일 뿐 아니라 공화국이라고 부를 수 있는 유일한 국가입니다. 다른 곳에서는 사람들이 입만 열면 공공의 이익을 말하지만, 실제로는 개인의 이익만을 추구하고 있습니다. 그러나 유토피아에서는 사유 재산이 없기 때문에 사람들은 사회에 대한 의무를 성실히 수행합니다. (…) 유토피아에서는 모든 곳이 공동소유이기 때문에 공동 창고가 가득 차 있는 한, 가난을 두려워할 필요가 없습니다. 누구나 공정한 분배를 받기 때문에 가난한 사람이나 거지가 있을 수 없습니다. 재산을 가진 사람은 하나도 없으면서 모든 사람이 한결같이 부자인 것입니다.(190~191쪽)

8) 모어는 이상적인 나라의 조건으로 ①사회에 꼭 필요한 노동을 제공하는 사람들, 즉 노동자 · 농부들이 존중받고 ②공유재산제도를 시행하며 ③국민에 의해 대표자가 선출되는 공화국을 제시했습니다. 500년이 지난 오늘날에도 인류가 꿈꾸는 이상 사회는 실현되지 않고 있습니다. 여러분이 생각하는 이상 국가의 조건은 무엇인가요?

9) 고도로 발전하여 삶의 모습은 편리해졌지만 인간 사이의 차별과 억압, 강자와 약자가 존재하는 오늘날의 세계 Vs. 기술력은 낮을지 몰라도 인간 사이의 차별과 억압이 없고 도덕적이며 탐욕이 절제된 유토피아 중 여러분은 어떤 사회에서 살고 싶으신가요?

10) 현대의 관점에서 해석할 때 유토피아 사상의 한계는 무엇인가요?

11) 많은 한계에도 불구하고 이 책은 후세에 큰 영향을 끼쳤습니다. 이 책의 가치와 의미는 무엇이라고 생각하나요?

12) 우리나라를 유토피아로 만들려면 어떤 일이 우선되어야 하는지 이야기해 봅시다.

④ 논제와 논점의 예시

유토피아는 이상적인 국가이다.	
찬성	반대
완벽한 복지 시스템을 갖추고 있다.	탐욕(욕구)을 너무 누르고 인정하지 않아서 사회 발전의 동력이 떨어진다.
노동과 분배가 평등하게 이루어진다.	개성이 존중되지 않는 획일화된 사회이다.
지배계층과 피지배계층의 구분이 없다.	다른 공동체의 희생(식민지 · 노예)을 바탕으로 존재하는 사회이다.
자급자족이 가능한 사회이다.	약자를 배려하지 않았다.

6

난장이가 쏘아올린 작은 공

조세희/이성과 힘/2000

● 최수정

도서 선정 이유

영수 가족은 죽어라 일했지만 도시 근로자의 최저 생계비도 벌지 못했다. 설상가상으로 그들 집에 강제철거 명령이 떨어졌다. 집을 잃게 된 영수 아버지 난장이는 삶을 비관해 자살을 한다. 영수는 거대 자본가인 은강회사에서 일하는 노동자이다. 그는 노동자들의 억압의 중심인 은강회사 회장을 제거하는 살인을 통해 세상을 변화시키고자 했다. 그는 불공평한 세상의 악을 단죄하고 바꾸어 놓으려 했지만 결국 사형선고를 받게 된다.

지섭과 난장이와 윤호는 순수하며 행복한 세계인 '달나라'에 대해 이야기하곤 했다. 저자는 영희의 꿈에서 아버지의 까만 쇠공이 날아가는 모습을 보여줌으로써 도시 빈민의 이상세계인 '달나라'를 향한 꿈은 이루어질 수 없음을 암시한다.

그동안 거대 부동산업자와 거대자본가에 의한 부당이윤의 모습은 변화되었을 것이다. 하지만 현재도 노사갈등은 여전히 존재하고 가진자들의 억압과 독재는 사회구조 전반에 자리 잡고 있어, 이 작품은 가난한 자의 희생과 고통을 공감할 이들을 위해 계속 존재할 것이다.

① 들어가기 전에

1) 자본주의란 무엇이고 분배란 무엇인지 알아봅시다.

2) 전태일은 어떤 사람인지 알아보세요.

② 책 속으로

1) 주요 등장인물들은 어떤 사람들인지 소개해 보세요.
(난장이, 영수, 지섭, 윤호, 영희, 영호, 신애, 현우)

2) 지섭은 왜 난장이를 우주인으로 표현했나요?

3) 지섭은 윤호에게 도도새 이야기를 합니다. 그는 이 이야기를 통해 무엇을 말하고 싶었을까요?

4) 지섭과 윤호의 대화에서 나오는 달나라는 어떤 세계를 말하는지 말해봅시다.

5) 영수가 일하는 공장의 사장은 종종 '불황'이라는 말과 '노-사가 공평히 나누어 갖게 될 부'에 대해 자주 언급합니다. 그 의도는 무엇인가요?

6) 윤호는 성당에서 경애에게 고문하는 고문리 역을 해보이며 너는 '죄인'이라고 합니다. 그 이유는 무엇인가요?

7) 윤호는 입시의 셋째 해를 보내면서 저희들이 가져야 할 어떤 과제를 떠올리고는 했습니다. 그 과제란 무었이었나요?

8) 영호는 '타살당한 아버지'란 표현을 썼습니다. 그 의미는 무엇인가요?

9) 영호는 은강회사에서 일하는 노동자들이 어떤 욕망을 갖기를 바랬나요?

③ 넓고 깊게 생각 나누기

1) 이야기의 도입부에서 수학 교사의 질문입니다. 저자가 다음 이야기를 통해 말하고 싶었던 것은 무엇일까요?

> 두 아이가 굴뚝 청소를 했다. 한 아이는 얼굴이 새까맣게 되어 내려왔고, 또 한 아이는 그을음을 전혀

> 묻히지 않은 깨끗한 얼굴로 내려왔다. 제군은 어느 쪽의 아이가 얼굴을 씻을 것이라고 생각하는가? (…)
> 잠시 후에 한 학생이 일어섰다. 얼굴이 더러운 아이가 얼굴을 씻을 것입니다.
> 그런데, 그렇지가 않다.(…)
> 얼굴이 더러운 아이는 깨끗한 얼굴의 아이를 보고 자기도 깨끗하다고 생각한다. 이와 반대로 깨끗한 얼굴을 한 아이는 상대방의 더러운 얼굴을 보고 자기도 더럽다고 생각할 것이다. (…)
> (다시 교사는 똑같은 질문을 한다. 그리고 다른 대답을 한다)
> 두 아이는 함께 똑같은 굴뚝을 청소했다. 따라서 한 아이의 얼굴이 깨끗한데 다른 한 아이의 얼굴은 더럽다는 일은 있을 수가 없다.
> 교사는 분필을 들고 돌아섰다. 그는 칠판 위에다 '뫼비우스의 띠'라고 썼다.(13~15쪽)

2) 윤호 아버지 현우는 부인 신애에게 다음과 같은 말을 합니다. 그는 매일 많은 정신이 날마다 쓰레기차에 버려진다고 했는데 이는 무엇을 의미할까요?

> 아버지는 그의 생애의 마지막 몇 달을 정신병원에서 보내다 돌아갔다. 아버지는 전생애를 통해서 그의 시대, 사회와 불화했던 사람이다. 신애는 남편이 같은 혈통의 사람임을 잘 알았다. 좋은 책을 쓰는 것이 가장 큰 소망이라던 남편은 단 한 줄의 글도 쓰지 못했다.(…)
> 남편은 신문을 놓지 않았다. 그는 직장에서, 지하도 속에서, 무심히 지나치는 사람들의 시선에서, 그리고 숱한 배기 가스 속에서 쫓기며 몸둘 바를 몰라하는 자신을 느낀다고 말했었다. 그는 또 출퇴근길의 만원 버스 속에서 하루도 빼놓지 않고, 몇 대씩 줄을 지어 달려나가는 시청 쓰레기차를 본다고도 말했었다. 신애는 남편의 말을 알아듣는다. 얼마나 많은 정신이 날마다 시청 쓰레기차에 실려나가 버려지는가. 그러나 이런 식으로 말하는 사람은 이 세상에 없다.(34~35쪽)

3) 도시빈민이었던 영수 가족에게 강제철거 명령인 '철거 계고장'이 나왔습니다. 거대 자본가와 정부가 가난한자들에게 행사하는 법의 정의를 받아들일 수 있나요?

> "우린 못 떠나. 갈 곳이 없어. 그렇지 큰 오빠?"
> "어떤 놈이든 집을 헐러 오는 놈은 그냥 놔두지 않을 테야." 영호가 말했다.
> "그만둬." 내가 말했다. "그들 옆엔 법이 있다." (84쪽)
> 어머니는 뒷집 명희 어머니와 이야기하고 있었다.(…) "영희네도 어차피 아파트로 못 갈거 아녜요?"

“무슨 돈이 있다구!” “분양 아파트는 오십팔만 원이구 임대 아파트는 삼십만 원이래요.” (88쪽)
지붕이 내려앉을 때 먼지가 올랐다.(…) 아주 쉽게 끝났다.(…)
“방금 무슨 일을 하셨습니까?” 지섭이 물었다. (…) “삼십일까지 철거를 하게 돼 있었죠? 시한이 지났어요. 행정대집행법에 따라 철거 작업을 했습니다.” (124쪽)

3-1) 철거 계고장의 법의 정의를 받아들일 수 없다면 이러한 상황에서 법이 제 기능을 하기 위해서는 의식이 깨어 있어야 한다고 합니다. 의식이 깨어 있다는 것은 무엇을 의미할까요?

3-2) ‘철거계고장’에 대한 대응 방법은 저마다 달랐습니다. 어떤 대응이 바람직할까요? 나라면 어떻게 대응했을까요?(난장이, 영수, 영호, 어머니, 지섭)

4) 영수가 증오했던 이 사람들은 ‘진실’의 모습을 하고 가난한 이들에게 약속을 합니다. 하지만 맹세는 깨어지고 무엇 하나 지켜지지 않습니다. 그들의 고통을 해결할 방법은 무엇이 있을까요?

그때 아버지에게 허리를 굽혀 인사한 사람은 개천에 다리를 놓고 도로를 포장하고, 우리 동네 건물을 양성화시켜주겠다고 말했다. (…) 자기는 이러이러한 나랏일을 하겠으니 그 일을 하게 해달라고 말했다. 어른들은 손뼉을 쳤다. 우리도 따라 쳤다. 커서까지 나는 그때 일을 종종 생각하고는 했다. (…) 나는 그들을 증오했다. 그들은 거짓말쟁이였다. (…) 많은 사람들이 이미 많은 계획을 내놓았다. 그런데도 달라진 것은 없었다. 설혹 무엇을 이룬다고 해도 그것은 우리와는 상관이 없는 것이었을 것이다. 우리가 필요로 하는 것은 우리의 고통을 알아주고 그 고통을 함께 져줄 사람이었다. (90쪽)

5) 신애의 동생과 동생 친구가 나누는 대화입니다. 둘의 데모를 막던 대학 교수가 동생친구의 상사가 되었습니다. 동생친구는 고민 끝에 그의 제안을 받아들입니다. 동생친구가 희망을 찾지 않기로 했다고 했는데 어떤 희망일까요?

과거 : 동생 또래들은 불행한 대학 생활을 했다. 대학은 툭하면 문을 닫았다. (…) 다행히 동생과 동생친구는 골방에서 다른 아이들이 골치가 아프다고 안 읽는 책도 읽고, 담배를 빡빡 빨아대며 입씨름도

했다. 두 사람에게 이 사회는 괴물덩어리였다. (146쪽)
그들은 그들의 생각을 글로 써서 학교 신문에 싣기로 했었다. 동생과 동생의 친구가 글을 썼다. (…) 그는 이따위 글을 신문에 싣는 것은 무서운 죄악이며 설사 실어준다고 해도 이 원고를 쓴 사람은 고통을 받게 될 것이라고 말했다. 그는 교수였다. "도대체 자네들이 원하는 게 뭔가?" (148쪽)
"도대체 자네들의 적은 누구인가? 햇빛 줄기인가? 별빛 줄기인가? 아니면 그림잔가?" (…) 이것은 확실히 위선적인 인간의 말이었다. (…) 큰 소리로 구호를 외쳐대던 아이들이 군에 들어간 뒤였다. 몇 개의 법도 새로 만들어졌다. 아이들은 캠퍼스 안에서 포커를 시작했다. (…)
"모두 한편이 돼가고 있다." (…) "한편이 돼가면서 마비 현상을 일으키고 있어." (152~153쪽)

현재 : " '다음 주부터 이 옆방으로 와 일해주게.' 알겠니? 그러면 자기가 나를 끌어주겠다는 거야." (…) "앞으로의 처신 문제가 나를 불안하게 해. 이것이 내가 개인으로 갖는 가장 큰 불안야." (…)
동생의 친구는 변해버렸다. (…) 친구는 애써 잃어버린 희망을 찾지 않기로 했을 것이다. 그 친구는 냉,난방 시설을 갖춘 큰 집에 없는 게 없이 해놓고 산다. (156~158쪽)

6) 다음은 영수 가족의 생존비입니다. 그 돈을 벌어오기 위해 영수 가족은 죽어라 일했지만 늘 생계는 불안했습니다. 현재 이러한 모순은 변화되었다고 생각하나요?

생활비가 아니라 살아 남기 위한 생존비였다. 우리 삼 남매는 죽어라 공장 일을 했다. (…) 네 명의 가족을 둔 그해 도시 근로자의 최저 이론 생계비는 팔만삼천사백팔십 원이었다. 어머니가 확인한 삼남매의 수입 총액은 팔만이백삼십일원이었다. 그러나 보험료, 국민저축, 상조회비, 노동조합비, 후생비, 식비 등을 제하고 어머니 손에 들어온 돈은 육만이천삼백오십일 원밖에 안되었다. (210쪽)

사용자1 : 다시 말하지만 여러분이 잘못 알고 있어요. 회사가 이익을 올리면 그 이익 전체를 몇 사람이 나누어 갖는 줄 아는데 아주 위험한 생각야요. 기업 이윤은 사회로 환원되고, 종업원 봉급으로 지급되고, 주주 배당금으로 나가고, 기업 자체 축적금으로 공정하게 배분되는 겁니다. (230쪽)

조합원들은 식사를 거부하고 버티다 쓰러졌다.(…) 어두운 은강 공작창 뒷골목에서 나는 힘센 그림자들에게 맞아 쓰러졌었다. 지섭은 내가 분배의 약속을 일방적으로 파기한 기업주의 부당 이윤 중에서 이억 정도를 덜어내는 데 성공한 것으로 계산했다. 그리고 보이지 않는 것으로 조합원들의 의식을 들었다. (255쪽)

7) 영수의 아버지는 사랑을 갖지 않은 사람을 벌하기 위해 법을 제정해야 한다고 했습니다. 영수는 동의하지 않았지만 나중에는 아버지 생각에 동의하게 됩니다. 영수의 생각에 동의하나요?

> 아버지가 꿈꾼 세상에서 강요되는 것은 사랑이다. 사랑으로 일하고 사랑으로 자식을 키운다. (…) 사랑으로 평형을 이루고…….
> 그러나 아버지가 그린 세상도 이상 사회는 아니었다. 사랑을 갖지 않은 사람을 벌하기 위해 법을 제정해야 한다는 것이 문제였다. 법을 가져야 한다면 이 세계와 다를 것이 없다. 내가 그린 세상에서는 누구나 자유로운 이성에 의해 살아갈 수 있다. 나는 아버지가 꿈꾼 세상에서 법률 제정이라는 공식을 빼 버렸다. (213쪽)
> 나는 그날 밤 아버지가 그린 세상을 다시 생각했다. 아버지가 그린 세상에서는 지나친 부의 축적을 사랑의 상실로 공인하고, 사랑을 갖지 않은 사람 집에 내리는 햇빛을 가려버리고, 바람도 막아버리고, 전깃줄도 잘라버리고, 수도선도 끊어버린다. 그 세상 사람들은 사랑으로 일하고, 사랑으로 자식을 키운다. 비도 사랑으로 내리게 하고, 사랑으로 평형을 이루고, 사랑으로 바람을 불러 작은 미나리아재비 꽃줄기에까지 머물게 한다. (…)
> 그날 밤 나는 나의 생각을 수정하기로 했다. 아버지가 옳았다. 모두 잘못을 저지르고 있었다. 예외란 있을 수 없었다. 은강에서는 신도 예외가 아니었다. (233~234쪽)

8) 난장이의 큰 아들 영수가 거대 자본가인 은강 회사의 회장을 살해하는 것으로 악을 단죄하고 세상을 바꾸어 놓을 수 있을까요? 그의 방법에 대해 어떻게 생각하나요?

9) 은강회사 회장의 손자 경훈은 영수의 사형 판결을 지켜본 이후 가시고기 꿈을 꾸게됩니다. 그가 꾼 꿈의 의미는 무엇일까요?

> 나는 물안경을 쓰고 물 속으로 들어가 내 그물로 오는 살찐 고기들이 그물코에 걸리는 것을 보려고 했다. 한 떼의 고기들이 내 그물을 향해 왔다. 그러나 그것은 살찐 고기들이 아니었다. 앙상한 뼈와 가시에 두 눈과 가슴지느러미만 단 큰 가시고기들이었다. 수백 수천 마리의 큰 가시고기들이 뼈와 가시 소리를 내며 와 내 그물에 걸렸다. 나는 무서웠다. (…)
> 그것들이 그물코에서 빠져나와 수천 수만 줄기의 인광을 뿜어내며 나에게 뛰어올랐다. 가시가 몸에 닿을 때마다 나의 살갗은 찢어졌다. (302~303쪽)

④ 논제와 논점의 예시

논제 : 난장이는 타살 당했다.	
찬 성	반 대
평생 노역에 시달렸지만 빈곤에서 벗어나지 못해 희망이 남아 있지 않았다.	도시 빈민으로서의 삶을 비관해 본인이 죽음을 선택한 것이다.
악덕 투기꾼의 이윤 창출에 희생 당했다.(자녀들 또한 거대 자본가의 이윤창출에 희생되어 제대로 된 월급과 처우를 받지 못했다.)	가족들이 열심히 협력해서 세상을 헤쳐 나가야 했다.
빈민계층인 난장이를 구체할 사회복지 제도가 미미했다.	사회와 연대해서 바꾸려고 했어야 했다.

7

광장

최인훈/문학과지성사/1989 ●전민자

도서 선정 이유

해방 뒤 대학생 이명준은 부패한 자본주의와 타락한 자유만이 존재하는 남한 사회에 환멸을 느낀다. 사상의 자유를 찾아 월북을 단행하였지만, 이념이 왜곡되고 인간다운 삶이 사라져버린 북한 사회의 부자유한 현실에 그는 다시 절망한다. 한국전쟁이 발발하고 이명준은 인민군 장교로 참전했다가 국군의 포로가 된다. 전쟁 후 포로수용소에서 남북한 행을 모두 거부하고 중립국을 선택한 명준은 인도로 가는 배 위에서 결국 바다에 몸을 던져 자살한다. 해방 직후 이념과 현실의 갈등 속에서 좌절하고 마는 지식인의 비극을 통해 작가는 분단 상황의 현실을 비판하고 있다.

이 책은 인간에게 있어 '밀실'과 '광장'이란 각각 어떤 의미이며, 양자의 조화로운 공존이 개인과 사회의 영역에서 어떻게 가능할 것인지 생각하게 한다. 또 주인공의 두 선택, 즉 '중립국 선택'과 '자살'이 최선의 것이었는지 평가해봄으로서 지식인의 사회적 역할에 대해서도 토론해볼 수 있다.

① 들어가기 전에

1) 주인공 이명준이 살았던 시대(광복 직후 ~ 한국전쟁 종식)에 대해 알아보고, 우리 역사에서 이 시대가 가지는 의미에 대해 이야기해 봅시다.

2) 한국전쟁이 끝난 후 진행된 반공포로 석방에 대해 알아봅시다.

② 책 속으로

1) 이명준은 왜 아버지의 친구집에서 살고 있나요?

2) 이명준이 S서 취조실에서 형사에게 고문을 당한 이유는 무엇인가요?

3) 이명준이 월북을 하게 된 계기는 무엇이었나요?

4) 북한에 간 이명준의 눈에 비친 북한사회의 모습은 어땠나요?

5) 북한국 장교가 되어 내려온 명준 앞에 태식이 붙들려 온 이유는 무엇인가요?

6) 명준이 낙동강 전선으로 배치된 이유는 무엇인가요?

7) 낙동강 전선에서 이명준이 재회한 사람은 누구인가요?

8) 전쟁 후 포로가 된 이명준이 선택한 나라는 어디인가요?

③ 넓고 깊게 생각 나누기

1) 이 책을 읽은 소감과 가장 인상깊었던 장면을 이야기해 봅시다.

2) 주인공 이명준은 철학과 학생으로 '삶의 보람'이나 '삶의 의미'를 추구하는 청년입니다. 이에 비해 친구인 태식과 영미는 '삶의 즐거움'을 추구하는 인생관을 가지고 살아가고 있습니다. 여러분이 추구하는 삶의 모습은 이명준 편에 가까운가요? 태식 편에 가까운가요?

철학과 3학년쯤 되면 누리와 삶에 대한 그 어떤 그럴싸한 맺음말이 얻어지려니 생각한다. 그러나 지금 곧이어 겨울방학이 될 3학년 가을 아무런 맺음말도 가진 것이 없다. 맺음? 맺음말이란 무엇을 말하는 것일까? 누리와 살에 대한 맺음말이란 무엇을 뜻하는 것일까? 그것만 잡히면 삶 같은 것은 매우 시시해지는 그런 무엇일까. 아니 반드시 그럴 것까지는 없고 또 그러기를 바라는 것도 아니다. 사람이 무

엇 때문에 살며 어떻게 살아야 보람을 가지고살 수 있는지를 알아야 한다.(39쪽)
쉴 새 없이 움직이고, 쫓아가고 하더라도, 그와 같은 비치는 단단함 속에 젖어가면서 살 수 있는 삶. 명준이 찾는 삶이다. 아무 일에도 흥이 안난다. 마음을 쏟을 만한 일을 찾아낼 수가 없다. 가슴이 뿌듯하면서 머릿속이 환해질, 그런 일이 없을까?(43쪽)

3) 명준은 남한사회의 여러 부조리한 모습에 실망하던 중, 명애와의 데이트를 위해 인천 바닷가를 찾았다가 목로주점 주인의 제의에 월북을 감행합니다. 이명준의 월북은 자발적인 것인가요? 상황에 의해 강요된 월북인가요?

제가 남조선을 탈출한 건 이런 사회로 오려던 게 아닙니다. 솔직히 말씀드리면 아버지가 못 견디게 그리웠던 것도 아닙니다. 무지한 형사의 고문이 두려워서도 아닙니다. 제 나이에 아버지 없어도 못 살 건 아니잖아요? 또 제가 아무리 미워도 아버지가 여기서 활약하신다고 저를 죽이기야 했겠습니까? 저는 살고 싶었던 겁니다. 보람 있게 청춘을 불태우고 싶었습니다. 정말 삶다운 삶을 살고 싶었습니다.(131~132쪽)

4) 작가는 이 작품에서 '갈매기'를 계속 등장시키고 있습니다. 갈매기는 무엇을 상징한다고 보나요?

바다를 본다. 큰 새와 꼬마 새는 바다를 향하여 미끄러지듯 내려오고 있다. 바다, 그녀들이 마음껏 날아다니는 광장을 명준은 처음 알아본다. 부채꼴 사북까지 뒷걸음질 친 그는 핑그르 뒤로 돌아 선다. 제 정신이 든 눈에 비친 푸른 광장이 거기 있다.
자기가 무엇에 홀려 있음을 깨닫는다. 그 넉넉한 뱃길에 여태껏 알아보지 못하고, 숨바꼭질을 하고, 피하려 하고 총으로 쏘려고까지 한 일을 생각하면, 무엇에 씌웠던 게 틀림없다. 큰일 날 뻔했다. 큰 새 작은 새는 좋아서 미칠 듯이, 물속에 가라앉을 듯, 탁 스치고 지나가는가 하면, 되돌아오면서, 그렇다고 한다. 무덤을 이기고 온, 못 잊을 고운 각시들이, 손짓해 부른다. 내 딸아. 비로소 마음이 놓인다.(215~217쪽)

5) 이명준은 자신의 자아를 '관념철학자의 달걀'이라고 표현합니다. 이 말의 의미는 무엇일까요?

돈의 길이 삶의 길인데, 그저 그렇게 살아가는 것이거니 돈을 잊고 살아온다. 제 삶을 꾸려주는 돈 말이다. 밥을 먹고, 잠자리를 받고, 학비를 타고, 책을 사고 하는 데 쓰이는 돈이라는 물건을 한번도 '자기'라는 것의 살갗 안에 있는 것으로 느껴본 적이 없는 거였다. 젊고 가난한 철부지 책벌레다.
자기라는 낱말 속에는 밥이며, 신발, 양말, 옷, 이불, 잠자리, 납부금, 담배, 우산……. 그런 물건이 들어있지 않았다. 오히려 어떤 물건에서 그것들 모두를 빼버리고 남는 게 자기였다. 모든 것을 드러낸 다음까지, 덩그렇게 남는 의심할 수 없는 마지막 것. 관념철학자의 달걀 이명준에게 뜻있고, 실속 있는 자기란 그런 것이다.(73~74쪽)

6) 작가는 이명준의 입을 빌어 '광장'과 '밀실'을 이야기합니다. '광장'과 '밀실'의 서로 대립되는 의미에 대해 이야기해 봅시다.

인간은 그 자신의 밀실에서만은 살 수 없어요. 그는 광장과 이어져 있어요.(64쪽)
밀실만 푸짐하고 광장은 죽었습니다. 각기의 밀실은 신분에 맞춰서 그런대로 푸짐합니다. 개미처럼 물어다 가꾸니까요.(…) 아무도 광장에서 머물지 않아요. 필요한 약탈과 사기만 끝나면 광장은 텅 빕니다. 광장이 죽은 곳, 이게 남한이 아닙니까? 광장은 비어있습니다.(67쪽)
개인의 밀실과 광장이 맞뚫렸던 시절에, 사람은 속은 편했다. 광장만이 있고 밀실이 없었던 중들과 임금들의 시절에, 세상은 아무 일 없었다. 밀실과 광장이 갈라지던 날부터, 괴로움이 비롯했다. 그 속에 목숨을 묻고 싶은 광장을 끝내 찾지 못할 때, 사람은 어떻게 해야 하는가?(92쪽)
개인적 욕망이 터부로 되어있는 고장, 북조선 사회에 무겁게 덮인 공기는 바로 이 터부의 구름이 시키는 노릇이었다.(…) 광장에는 꼭두각시뿐 사람은 없었다. 사람인 줄 알고 말을 건네려고 가까이 가면, 깎아놓은 장승이었다.(142쪽)

7) 한국전쟁이 발발하자 인민군 장교가 되어 서울로 입성한 이명준은 은인의 아들이자 친한 친구였던 태식에게 가혹한 폭력을 휘두릅니다. 그가 이렇게 행동하는 이유는 무엇일까요?

"자넨 그다지도 악한이었나?

"악한? 맞았어. 더 듣기 좋게 악마라고 불러 줘. 내 생애에 단 한번 악마가 될 수 있는 기회를 빼앗지 말아줘. 난 악마가 돼 봐야겠어. (…) 옛날 은인의 외아들을 목숨을 걸고 구해주는 공산당원. 안 돼. 그러면 나는 끝내 공중에 뜬 존재일 뿐이야. 이런 기관에 온 것도 내가 자원한 일이야. 나는 이번 전쟁을 겪어서 부활하고 싶어. 아니 탄생하고 싶단 말이야. (…) 내 손을 피로 물들이겠어. 내 심장을 증오로 가득 채워 가지고 돌아가야겠어. (169쪽)

8) 명준의 인생에서 은혜와의 사랑이 차지하는 의미는 무엇인가요?

"은혜."

"네."

고즈넉이 네 하는 이 짐승이 사랑스러웠다. 나는, 밖에서 졌기 때문에, 은혜에게 이처럼 매달리는 걸까. 이긴 시간에도 남자가 이토록 사무치는 마음을 가질 수 있을까. 아마 없을 테지. 졌을 때만 돌아와서 기대는 곳. 기대서 우는 곳.(149쪽)

눈을 뜨고 은혜를 들여다본다. 그녀도 눈을 뜨고 남자의 눈길을 맞는다. 서로, 부모미생이전 먼 옛날에 잃어버렸던 자기의 반쪽이라는 걸 분명히 몸으로 안다. 자기 몸이 아니고서야 이렇게 사랑스러울 리 없다.(…) 이 여자를 죽도록 사랑하는 수컷이면 그만이다.(188~189쪽)

9) 이명준은 판문점에서 자신을 설득하는 남 · 북한측 대표 앞에서 중립국 행을 선택합니다. 이명준의 선택에 대해 어떻게 생각하나요?

"중립국."

"당신은 고등교육까지 받은 지식인입니다. 조국은 지금 당신을 요구하고 있습니다. 당신은 위기에 처한 조국을 버리고 떠나버리렵니까?"

"중립국"

"(…) 당신은 아직 젊습니다. 우리 사회에는 할 일이 태산같습니다.(…) 조국의 품으로 돌아와서, 조국을 재건하는 일꾼이 돼 주십시오.(…)."

명준은 고개를 쳐들고, 반듯하게 된 천막 천장을 올려다본다. 한층 가락을 낮춘 목소리로 혼잣말 외듯 나직이 말할 것이다.

"중립국." (198~199쪽)

10) 이명준은 유토피아를 꿈꾸고 그것을 찾아 헤맸습니다. 그가 추구한 이상향은 어떤 곳인가요?

11) 그는 남북한 어느 곳에서도 그리던 이상향을 찾지 못하고 중립국을 선택합니다. 중립국은 그가 생각한 이상향의 조건에 합당한 곳인가요?

> 중립국, 아무도 나를 아는 사람이 없는 땅. 하루 종일 거리를 싸다닌대도 어깨 한번 치는 사람이 없는 거리. 내가 어떤 사람이었던지도 모를뿐더러 알려고 하는 사람도 없다.
> 병원 문지기라든지, 소방서 감시원이라든지, 극장의 매표원, 그런 될 수 있는 대로 마음을 쓰는 일이 적고, 그 대신 똑같은 움직임을 하루 종일 되풀이만 하면 되는 일을 할 테다.(200~201쪽)
> 이런 모든 것이 알지 못하는 나라에서는 이루어지리라고 믿었다. 그래서 중립국을 골랐다.(204쪽)

12) 이명준은 남한과 북한사회 모두에 실망하여 중립국을 택한 후 잠시 새로운 삶을 꿈꾸었습니다. 그러나 그곳에 도착도 하기 전 배 위에서 바다로 뛰어들어 자살합니다. 그의 자살은 현실도피인가요? 불가피한 선택인가요?

> 그의 삶의 터는 부채꼴, 넓은 데서 점점 안으로 오므라들고 있었다. 마지막으로 은혜와 둘이 안고 뒹굴던 동굴이 그 부채꼴 위에 있다. 사람이 안고 뒹구는 목숨의 꿈이 다르지 않느니. 어디선가 그런 소리도 들렸다. 그는 지금, 부채의 사북자리에 서있다. 삶의 광장은 좁아지다 못해 끝내 그의 두 발바닥이 차지하는 넓이가 되고 말았다. 자 이제는? 모르는 나라, 아무도 자기를 알 리 없는 먼 나라로 가서, 전혀 새사람이 되기 위해 이 배를 탔다.
> (…) 다만 한 가지만 없었다면, 그는 두 마리 새들을 방금까지 알아보지 못한 것이었다. 무덤 속에서 몸을 푼 한 여자의 용기를, 방금 태어난 아기를 한 팔로 보듬고 다른 팔로 무덤을 깨뜨리고 하늘 높이 치솟는 여자를, 그리고 마침내 그를 찾아내고야 만 그들의 사랑을. (216쪽)

13) 1961년판 서문에서 작가는 "인간은 광장이나 밀실 어느 한 쪽 공간에 갇히면 살 수 없다"고 말합니다. 이명준은 자신이 갇혀 있던 이념의 밀실을 버리고 사랑했던 여인과 딸이 있는 푸른 광장을 선택했습니다. 그의 죽음을 통해 작가가 우리에게 전하려고 했던 메시지는 무엇이라고 생각하나요?

④ 논제와 논점의 예시

이명준의 자살은 불가피했다.	
찬성	**반대**
남, 북, 중립국 어느 곳도 자신의 이상향이 될 수 없음을 알았기 때문이다.	살아서 자신이 생각하는 이상사회를 건설하기 위해 노력해야 했다.
은혜의 죽음으로 사랑을 잃었기 때문에 이 땅에서 살아갈 의미를 찾지 못했다.	주어진 현실 사회에 적응하며 살아가는 것도 의미있는 삶이다.
이상향 건설을 위해 뜻을 같이할 동지(조력자)를 만나지 못했다.	중립국을 택한 자신의 선택에 대해 책임져야 했다. 가보지도 않고 너무 일찍 포기해버렸다.

8

동물농장

조지 오웰 지음/김욱동 옮김/푸른숲주니어/2011

● 박정화

도서 선정 이유

농장의 동물들은 열심히 일을 하지만 생산물을 나눠 갖지 못하고 먹을 것조차 부족한 상태에서 메이저 영감의 호소로 반란을 일으켰다. 농장주 존스를 내쫓고 나폴레옹과 스노우볼의 지도하에 모두가 평등한 사회인 '동물농장'을 세운다. 농장을 운영하는 방법에서 사사건건 부딪히던 스노우볼과 나폴레옹의 갈등은 풍차건설을 둘러싸고 권력싸움으로 표면화된다. 나폴레옹은 스노우볼을 몰아내고 간교한 스킬러와 양들, 훈련시킨 개들을 이용하여 불평하거나 항의하는 동물들을 억압하고, 작업량은 늘리면서 식량 배급은 줄인다.

나폴레옹이 중심이 된 돼지들은 존스 부부가 살던 집에서 술을 마시고 침대에서 자며, 자신들의 적인 인간들과 거래를 한다. 이 책을 통해서 감시받지 않는 권력은 반드시 부패하며, 저항하지 않는 대중들의 무지와 무관심 속에서 절대 권력이 출현하게 됨을 알 수 있다. 누구나 평등한 사회를 꿈꾸던 동물 농장은 인간에게 착취당하던 장원농장의 상태로 돌아가게 되는데, 동물농장이 변질된 것은 누구의 책임이라고 할 수 있을까?

① 들어가기 전에

1) 풍자소설과 우화소설에 대해 이야기해 보아요.

2) 전체주의란 무엇인가요?

② 책 속으로

1) 책을 읽기 전에 생각한 '동물 농장'과 책을 읽고 난 후의 '동물 농장' 에 대한 생각은 어

떠했나요?

2) '장원 농장'은 어떤 의미일까요?

3) 동물농장'에서 '인간'과 '동물'이 상징하는 것은 각각 무엇일까요?

4) 메이저, 복서, 나폴레옹, 벤자민은 각각 누구를 의미하며, 그 특성에 대해 이야기해 보아요.

5) 가장 기억에 남는 사건은 무엇인가요? 그 이유는 무엇인가요?

6) 작가 오웰이 '동물 농장'을 통해서 하고 싶었던 이야기는 무엇일까요?

③ 책 깊고 넓게

1) 메이저는 '인간이야말로 우리의 유일하고 진정한 적입니다.'라고 하였는데 왜 그렇게 이야기했을까요?

> 우리가 상상하는 것 이상으로 우리 모두는 편안하고 품위 있는 생활을 누릴 수 있는 것입니다. 그런데 무엇 때문에 우리는 이처럼 비참한 생활을 계속해야 하는 걸까요? 그것은 우리가 힘들여 생산한 것을 인간이 모두 빼앗아 가기 때문입니다. 동무들, 우리가 안고 있는 모든 문제에 대한 답이 바로 여기에 있고. 한 마디로 간단하게 요약하자면 바로 '인간'이오. 인간이야말로 우리의 유일하고 진정한 적입니다. 인간을 이 농장에서 몰아내기만 하면 굶주림과 고된 노동의 근본적인 원인이 영원히 사라지게 되는 것이오. 인간은 생산은 하지 않으면서 소비만 하는 유일한 동물입니다.(15-16쪽)

2) 스노볼은 어떤 인물인지 이야기해 봅시다.

> 스노볼은 동물들을 모아서 '동물 위원회'라는 것을 조직하느라 바쁘게 지냈다. 그는 지칠 줄 모르고 이 일에 매달렸다. 읽기와 쓰기를 배우는 학습반을 만들고, 암탉들을 위한 '달걀 생산 위원회', 암소들을 위한 '깨끗한 꼬리 연맹'을 만들었다. '야생 동물 재교육 위원회'도 조직했는데, 이 위원회의 목적은 들

쥐나 토끼를 길들이는 데 있었다. 또 양들을 위해서도 '더 하얀 양모 생산 운동'을 조직하는 등 이러저러한 여러 단체를 만드는 데 여념이 없었다.(44쪽)

3) 스노볼과 나폴레옹은 각자 자신들의 지지자를 늘리려고 합니다. 둘 중 누구의 방법이 좋다고 생각하나요?

이들에게는 각자 추종자들이 있어서, 때로는 격렬한 논쟁이 벌어지기도 했다. 스노볼은 회의 때마다 뛰어난 연설을 하여 다수의 지지자를 얻었다. 반면 나폴레옹은 기회가 있을 때마다 개별적으로 은밀히 접촉해 짬짬이 표를 끌어 모으는 수완이 뛰어났다.
특히 나폴레옹은 양들한테 인기가 있었다. 이 무렵 양들은 시도 때도 없이 "네 발은 좋고, 두 발은 나쁘다!"라고 외쳐 댔는데, 그 때문에 회의가 중단되는 일이 적지 않았다....
스노볼은 본채에서 발견한 '농부와 목축업자'라는 해묵은 잡지 몇 권을 면밀히 연구하여 여러 가지 개혁안과 개선안을 잔뜩 내놓았다.(64쪽)

4) 스노볼은 어렵지만 풍차건설이 필요하다고 주장하고, 나폴레옹은 식량증산이 가장 시급한 문제라고 주장합니다. 여러분은 둘 중 누구의 안이 동물농장에 더 필요하다고 생각합니까?

풍차 건설 문제를 둘러싸고 농장 전체가 두 파로 심각하게 갈라졌다. 스노볼 역시 풍차 건설이 어려운 일이라는 사실을 부정하지 않았다. 돌을 깨어 벽을 세우고 풍차의 날개도 만들어야 하며, 그 다음에는 발전기와 전선을 설치해야 했다. 그는 이런 것을 만드는 자재들을 어떤 식으로 구할지에 대해서는 아무런 대책도 내놓지 않았다.
그러면서도 풍차는 적어도 일 년 안에 완성할 수 있다고 주장했다. 풍차가 완성되면 노동력이 크게 절감되어 동물들은 일주일에 사흘만 일하면 될 것이라고 장담했다.
한편 나폴레옹은 지금 무엇보다도 가장 시급한 문제는 식량 증산이라고 주장했다. 풍차 건설에 시간과 노력을 낭비하다 보면 모두 굶어 죽는 것은 시간문제라고 했다. 마침내 동물들은 두 파로 갈라졌다. 한쪽은 "스노볼에 투표하면 주 삼일 노동!" 이라는 구호를, 다른 한쪽은 "나폴레옹에 투표하면 여물통에 건초가 가득!"이라는 구호를 내세웠다.(68쪽)

5) 동물 농장을 지키기 위해서, 스노볼은 동물들이 훈련해야 한다고 주장한 반면, 나폴레옹은 다른 농장의 동물들의 반란을 부추기는 것이 효과적이라고 합니다. 여러분은 어느 방법이 좋다고 생각하나요?

늘 그랬듯 이 문제에 대해서도 스노볼과 나폴레옹은 서로 의견이 맞지 않았다. 나폴레옹은 총기를 입수하여 동물들이 다룰 수 있도록 훈련을 해야 한다고 주장했다. 그러나 스노볼은 다른 농장에 파견할 비둘기의 수를 늘려서 그곳의 동물들이 반란을 일으키도록 부추겨야 한다고 했다. 한쪽은 스스로를 방어할 수 없다면 반드시 정복당하고 말 것이라는 생각인 반면, 다른 한쪽은 곳곳에서 반란이 일어난다면 스스로를 방어할 필요조차 없을 것이라는 생각이었다.(69쪽)

6) 처음으로 반란 사건이 일어났으나 암탉들은 항복하고 말았습니다. 암탉들이 계속 싸웠다면 나폴레옹이 변하였을까요?

존스를 추방한 이후 처음으로 반란 비슷한 사건이 터졌다. 젊은 암탉 세 마리의 주도 아래 암탉들은 나폴레옹의 요구를 물리치기 위해 단호한 행동을 취했다. 그들이 택한 방법은 서까래로 날아 올라가 거기서 알을 낳은 다음 바닥에 떨어뜨려 깨 버리는 것이었다.
그러자 나폴레옹도 신속하고 무자비하게 조치를 취했다. 그는 암탉들에게 주는 식량 배급을 중지하라고 명령했다...
암탉들은 닷새 동안 버티다가 결국 항복을 하고 각자의 둥우리로 돌아갔다. 그러는 사이에 암탉 아홉 마리가 죽었다.(97~98쪽)

7) 복서는 어떤 인물일까요? 그 특징과 배워야 할 점, 고쳐야 할 점에 대해 토의해 봅시다.

복서는 가쁜 숨을 훅훅 몰아쉬며, 우람한 옆구리에 땀이 흥건한 채 발굽으로 땅을 긁으면서 힘겹게 비탈길을 오르곤 했다. 그 모습을 보는 동물들은 저도 모르게 절로 머리를 숙이며 감탄하였다. 클로버는 그런 복서에게 몸을 너무 혹사하지 말라고 충고했다. 하지만 복서는 막무가내였다.
"내가 좀 더 열심히 일하면 돼."
"나폴레옹 동무는 언제나 옳다."
복서에게는 이 좌우명이 모든 어려운 문제를 해결해 주는 답인 듯했다. 그는 젊은 수탉에게 이제부터는 아침에 삼십 분이 아니라 사십오 분 일찍 깨워 달라고 부탁했다.(82쪽)

8) 클로버는 인간들의 복귀만은 어떻게든 막아야 한다고 생각했는데 그 이유는 무엇인가요?

클로버는 반란을 일으키거나 명령을 어길 마음은 조금도 없었다. 비록 이런 상황이라 하더라도 어쨌든 존스 시절과 비교하면 훨씬 더 낫다고 생각했다. 그렇기에 인간들의 복귀만은 어떻게든 막아야 한다는 사실을 잘 알고 있었다. 무슨 일이 있어도 그녀는 끝까지 충성스럽게 남아 있을 것이다. 열심히 일하고, 주어진 명령을 충실히 수행하고, 나폴레옹의 통치를 받아들일 것이다.(111쪽)

9) 당나귀 벤저민을 인간에 비유한다면 어떤 유형의 인물이라고 생각하나요?

어느 쪽에도 가담하지 않은 것은 오직 벤저민뿐이었다. 그는 식량이 증산된다는 주장도, 풍차가 노동을 덜어 준다는 주장도 믿지 않았다. 풍차가 있든 없든 삶은 옛날과 마찬가지로 흘러갈 것이라고, 즉 여전히 고생바가지일 것이라고 말했다.(68쪽)
클로버는 벤저민에게 여섯 번째 계명을 읽어 달라고 부탁했다. 그러나 벤저민은 늘 그렇듯 자기는 그런 일에 끼어들고 싶지 않다고 거절했다.(114쪽)

10) 양들이 "네 발은 좋고 두발은 '더욱' 좋다!"를 외쳐 대는 효과는 무엇일까요?

나폴레옹은 앞발에 채찍을 들고 있었다.
죽음과도 같은 침묵이 흘렀다. 소스라치게 놀란 동물들은 공포에 휩싸인 채 한쪽에 모여 서서, 돼지들이 천천히 안마당을 한 바퀴 돌며 행진하는 모습을 지켜보았다. 마치 세상이 거꾸로 뒤집힌 것만 같았다.
시간이 얼마간 흐르자 충격이 웬만큼 가라앉았다. 동물들은 이번에는 어떠한 일이 있어도, 개들이 아무리 무섭다 하더라도, 또 오랜 세월 동안 어떤 일에도 절대 불평을 늘어놓거나 비판하지 않는 습관에 길들여졌다고 해도 반드시 뭐라고 항의라도 하려고 마음먹었다. 그러나 그 순간, 신호라도 받은 듯 양들이 일제히 엄청난 소리로 외쳐 대기 시작했다.
'네 발은 좋고 두발은 '더욱' 좋다! 네 발은 좋고 두 발은 더 좋다! 네 발은 좋고 두 발은 '더욱' 좋다!'
(116~117쪽)

11) 동물농장은 성공일까요? 실패일까요? 각각의 이유에 대해 이야기해 봅시다.

④ 논제와 논점의 예시

논제 : 동물농장이 변질된 것은 나폴레옹 책임이다.	
찬성	**반대**
나폴레옹은 스노볼을 몰아내고 동물농장을 자기 마음대로 전체주의로 몰고 갔다.	알고 있으면서도 다른 동물들에게 사실을 알리지 않은 벤자민(지식인)에게도 책임이 있다.
자신의 이익과 지배를 정당화하기 위해 동물들의 동의 없이 동물주의(7계명)을 바꿨다.	나폴레옹에 대해 맹목적인 충성을 한 복서(민중)에게도 책임이 있다.
개를 동원해 동물들에게 공포심을 조장했고, 스퀼러와 양들을 동원해 진실을 날조했다.	나폴레옹의 잘못된 이념을 비판 없이 동물들에게 선동한 양떼들(언론)에게도 책임이 있다.

9

왜 세계의 절반은 굶주리는가

장 지글러 지음/유영미 옮김/갈라파고스/2012

● 안정애

도서 선정 이유

이 책은 2000년부터 유엔인권위원회 식량특별조사관으로 활동한 저자가 자신의 경험을 근거로 전 세계의 기아 실태와 그 배후 원인 등을 조목조목 따진 것으로, 초등학생인 자신의 딸에게 주제별로 알기 쉽게 질문하고 답하는 형식을 띠고 있다. 저자는 기아에 관해 가르치지 않는 학교와 '불편한 진실'에 대한 보통 사람들의 '침묵의 카르텔' 문제를 지적하면서 모든 이의 관심이 반드시 필요하다고 역설하고 있다.

저자는 '자연적인 기아'가 아닌 인간과 기업의 탐욕에 의해 만들어지는 '구조적인 기아'가 얼마나 치명적인지를 강조한다. 그리고 무엇보다도 기아의 근본적 해결을 위해서는 각국이 자급자족경제를 스스로의 힘으로 이룩하는 것 외에는 진정한 출구가 없으며, 기아의 근본적인 문제해결을 위해서는 세계를 불평등하고 비참하게 만들고 있는 살인적인 사회구조, 즉 사회윤리를 벗어난 시장원리주의경제(신자유주의), 폭력적인 금융자본 등을 바로잡아야 한다고 결론짓는다.

① 들어가기 전에

1) 장 지글러에 대하여 알아 볼까요?

지은이는 1934년에 스위스에서 출생하여 제네바 대학 교수를 지냈습니다. 1999년까지 스위스 연방의회 의원(사회당)을 역임하였으며, 인도적 관점에서 빈곤과 사회구조의 관계에 대한 글을 다수 발표하면서 기아문제 연구자가 되었습니다.

2) 2000년부터 유엔 인권위원회 식량특별조사관으로 활동하였으며, 2008년 현재 자문위

원으로 되어 있습니다.

② 책 속으로

1) 토마스 맬더스의 '인구론'은 어떤 문제점을 갖고 있나요(36~43쪽)?

2) '경제적 기아'와 '구조적 기아'의 차이점은(48~63쪽)?

3) '이름도 없는 작은 이들의 무덤'(64~66쪽)은 무엇인가요?

4) '소는 배를 채우고, 사람은 굶는다'(72~74쪽)는 무슨 뜻인가요?

5) 주요 곡물 메이저의 이름과 이들에 대한 평가는(74쪽)?

6) 부르키나파소라는 나라의 토마스 상카라의 개혁정치의 내용과 실패원인은 무엇일까요(144~151쪽)?

③ 넓고 깊게 생각 나누기

1) 기아에 관해 가르치지 않는 학교는 기아의 책임으로부터 자유로울까요? '불편한 진실'에 대한 보통 사람들의 '침묵의 카르텔'과 어떤 공통점이 있을까요?

> 정규수업 시간에 전쟁보다 더 많은 목숨을 앗아가는 기아에 대해 가르치는 학교가 있다는 이야기를 들어본 적이 없구나(…) "하나의 전선에서 이룬 승리는 다른 전선의 패배로 인해 수포로 돌아간다" (…) 뜬구름 잡는 식의 정서적인 대응은 별로 도움이 되지 않아. 배고픔은 다양한 방식으로 공격을 가하고 있어(…) 학교는 침묵하고 있어. 그들은 마땅히 해야 할 바를 하지 않고 있지. 그런 탓에 학생들은 모호한 이상이나 현실과 동떨어진 인간애를 가지고 졸업할 뿐, 기아를 초래하는 구체적인 원인과 그 끔찍한 결과에 대해서는 제대로 알지 못한단다(…) 일종의 터부로 여겨지지(…) '금기시되는 기아' (…) 그 지식 위에 침묵의 외투를 걸친다는 거지. 오늘날 학교와 정부와 대다수 시민들도 이런 수치심을 가지고 있단다(81~83쪽).

2) 구호단체들이 오히려 전쟁을 더 연장시키고, 살인자들을 배 불리고 있다는 비판(90~93쪽)에 대해 동의하나요?

3) 북한 정권의 기아대책에 대한 평가는 다음과 같이 부정적입니다. 그럼에도 불구하고 북한에 대한 인도적 지원은 계속되어야 할까요?

국제사회는 현재 북한의 기아와도 싸우고 있는데, 수도 평양에서 정권을 쥐고 있는 세력에 대한 평판은 세계적으로도 무척 나쁘단다. 1995년부터 현재까지 북한에서는 200만 명 이상이 굶어 죽었어. 대부분이 아이들이었고. 그 외에도 수백만 명이 영양실조에 허덕이고 있지. 집단화 정책, 1995년 홍수, 1997년과 1998년 연이은 가뭄 등에 의해 식량생산 치명적 타격(…) 게다가 북한정부는 농업정책을 바로 잡거나 재해복구에 힘을 쏟지도 않고 있어. 과거의 전시망상에 사로잡힌 채, 인민군의 과잉무장과 핵무기 개발 프로그램에 매년 엄청난 예산을 들이고 있지(…) 국제사회에서는 북한에 대한 기아원조 가운데 매달 배급되는 의약품이나 비타민류, 단백질 보조식품 등의 3분의 1에서 절반 정도는 군부와 비밀경찰이 가로채고 있다는 이야기가 공공연히 돌고 있다는구나. 도시나 지방의 고아원에서는 아이들이 속속 죽어나가는데도 지배층은 호화롭게 살고 있나봐(92쪽).

4) '기아를 무기로 삼는' 국가들-세르비아, 수단, 미국 등-에 대해서 어떻게 대응해야 하는지 방법을 이야기해 볼까요(개인 차원, 사회 차원, 국가 차원, 유엔 차원 등)?

5) 다음과 같이 기아를 악용하는 다국적 기업의 예 -스위스 네슬레- 와 미국 닉슨, 키신저의 부당한 반개혁 행태에 대한 대책은 어떤 것이 있을까요?

1970년 1월 1일, 칠레의 좌파정당과 노동조합이 연대한 '인민전선'이라는 동맹이 101가지 행동강령을 발표. 그 중 제1항이 승리할 경우, 15세 이하의 모든 어린이들에게 하루 0.5 리터의 분유를 무상으로 배급하겠다는 것. 당시 칠레가 시급히 해결해야 할 과제 중 하나가 많은 아이들의 영양실조. 1970년 9월, 대통령 선거 실시 결과 인민전선 후보인 살바도르 아옌데가 당선. 소아과 출신의 정치인으로 유아기의 비타민 및 단백질 부족, 소년소녀들의 건강 문제 잘 이해(…) 그러나 당시 분유과 유아식을 판매하여 엄청난 수익을 올리고 있던 독점기업 네슬레는 제 값을 주고 사려는 칠레 민주정부와의 협력을 모두 거부(…) (이유) 당시 미국의 닉슨 대통령과 그 보좌관 헨리 키신저가 아옌데 정권의 사회주의적 개혁정책을 꺼리고 있었기 때문. 외국에 대한 의존에서 벗어나 칠레의 자립성을 높이고 국내적으로 사회정의를 실현하려는 아옌데 정권의 개혁정책이 제대로 추진되면, 미국의 국제기업이 그동안 누려온 많은 특권들이 침해받을 수 있었기 때문. 키신저는 여러 가지 방법-지원 중단, 운수업계 파업 배후 조종, 광산과 공장 태업 부채질-을 동원하여 개혁정책 방해(…) 1973년 9월 11일, 미 중앙정보국(CIA), 아우구스토 피노체트 군사쿠데타 지원, 대국민 라디오 연설 후 오후 2시 30분에 살해당함(99~102쪽).

6) '환경난민'(2억 5천만 명 이상, 107~130쪽)을 해결할 수 있는 대안책은 어떤 것이 있을까요?

7) 아프리카, 아시아 등에 강제된 식민지 정책의 농업실상(단일경작 강요)과 극복 대책은 어떤 것이 있을까요?

8) 지은이가 말하고 있는 기아극복을 위한 다음과 같은 대안 외에 더 추가할 것이 있나요? 내가 개인적인 차원에서 실천할 수 있는 행동에는 어떤 것이 있을까요?

토지개량도, 사막화 대책도, 빈민가의 인프라 정비도, 농업지원도, 우물 파기 프로젝트도 결국은 헛수고로 끝나버릴 응급조치에 불과하다는 것을 알고 있어. 기아를 근본적으로 해결하기 위해서는 각국이 자급자족경제를 스스로의 힘으로 이룩하는 것 외에는 진정한 출구가 없다고 생각해(…) 무엇보다도 인간을 인간으로서 대하지 못하게 된 살인적인 사회 구조를 근본적으로 뒤엎어야 해. 인간의 얼굴을 버린 채 사회윤리를 벗어난 시장원리주의경제(신자유주의), 폭력적인 금융자본 등이 세계를 불평등하고 비참하게 만들고 있어. 그래서 결국은 자신의 손으로 자신의 나라를 바로 세우고, 자립적인 경제를 가꾸려는 노력이 우선적으로 필요한 거야(152~153쪽).

④ 논제와 논점의 예시

기아 구조를 위한 원조는 무조건 계속되어야 한다.	
찬 성	**반 대**
인도주의(인간의 존엄성 확보) 차원에서 필수적이다.	악용 가능성이 있다면 실질적인 원조 효율성이 낮다.
악용되지 않도록 철저히 모니터링하면 된다(투명성 확보).	부도덕한 정권에 힘을 실어 줄 위험성이 있다.
자급자족경제에 도움이 될 수 있다.	근본적인 해결책이 될 수 없다(기아를 초래하는 시스템에 대한 혁명적 해결 필수).

10

오래된 미래

헬레나 노르베리-호지/김종철 옮김/녹색평론사/2003

• 박성숙

도서 선정 이유

마음의 평화와 삶의 기쁨을 누리는 것을 당연한 권리라고 생각하며 사는 사람들이 있다. 히말라야 밑에 있는 '작은 티베트'로 불리는 라다크 지역 사람들이다. 많은 눈이 내려 1년에 반 이상을 외부와 고립된 삶을 살아야 하고 척박한 환경 때문에 협력하는 노동으로 살아가는 곳이다.

현대인에게 많이 나타나는 우울증 치료는 친구가 함께 있으면서 '그에게 이야기를 들려주고 다정한 말을 해주는' 것이라 한다. 우울증 환자가 거의 없을 텐데도 의서에 나타난 치료법은 명쾌하다.

이런 라다크가 인도로 편입되면서 강제적인 근대화가 일어났다. 바람직하지 못하게 변해가는 게 안타까운 저자는 라다크인들이 주체가 된 반개발프로젝트를 실시했고 효과를 보고 있다. 세계화 속에 살고 있는 지구인들이 참고할 부분이다. 그들이 삶으로 보여준 '진정한 미래는 오랜 옛 지혜 속에 있다'는 교훈은 동서고금 어디에서나 진리로 받아들일 것이라 믿는다.

① 들어가기 전에

1) 유기체적 세계관

2) 기계론적 세계관

② 책 속으로

1) 현대화 이전의 라다크 생활모습을 얘기해봅시다.

2) 우리나라 농촌모습과 라다크의 공동체 사회를 비교하여 공통점과 차이점을 찾아봅시다.

3) 라다크의 초기 현대화가 바람직하지 않은 이유는 무엇인가요?

4) 1980년에 결성한, 라다크 프로젝트의 목적은 무엇인가요?

5) '오래된 미래'라는 제목이 의미하는 것은 무엇인가요?

6) 라다크 사람에게 할 수 있는 가장 심한 모욕은 무슨 말입니까?

③ 넓고 깊게 생각 나누기

1-1) 일반적인 남성적 가치관과 여성적 가치관은 무엇인가요.

1-2) 현대 사회에서는 남성적 가치를 더 크게 추구하고 있습니다. 이유는 무엇인가요?

1-3) 라다크 남자가 여성적 가치관을 갖고 있는 모습을 정당화하세요.

> 자기 자신이 자라나면서 다른 아이들에 대해 책임을 맡는 일은 아이의 발달에 깊은 영향을 미치는 것이 틀림없다. 소년들에게 이것이 특히 중요한데 그것을 보살피고 양육하는 능력을 갖게 하기 때문이다. 전통적인 라다크에서 남성적인 특성은 그러한 자질에 위협받지 않는다. 도리어 남성적 특성은 그런 것들을 모두 포용한다. (91쪽)

2-1) 기계중심사회에 살면서 접하는 문제점은 무엇인가요? 본인의 삶을 중심으로 서술하세요.

2-2) 유기체적 세계관이 현대사회의 문제점을 극복할 수 있는 이유는 무엇인가요?

2-3) 왜 현대 사회는 라다크와 같은 사회가 되기 힘든가요?

> 나는 라다크 사람처럼 정서적으로 건강하고 안정된 사람들을 만난 일이 없다. 그 이유는 물론 복합적이며, 전체적인 삶의 방식과 세계관에서 나온다. 그러나 나는 그 가장 중요한 요인은 자신이 훨씬 큰 어떤 것의 한 부분이며, 다른 사람들과 또 자신의 주위와 뗄 수 없이 연결되어 있다는 느낌이라고 확신한다. 라다크 사람들은 자기들의 땅에 속해 있다. 그들은 나날의 친밀한 접촉을 통해서, 변화하는 계절, 필요, 제약들을 포함한 그들의 가까운 환경에 대한 지식을 통해서 그 삶 터에 결속되어 있다. 그들은 자신들이 속해 있는 살아있는 맥락을 의식하고 있다. 별들과 해와 달의 움직임은 그들의 나날의 활동에 영향을 주는 친숙한 리듬이다. (110쪽)

3) 우리나라 학교 교실에서 나이가 같은 집단끼리 공부하는 것과 나이가 다른 집단끼리 공부하는 것 중 어떤 집단을 선택하는 것이 더 나은 교육이 이루어진다고 생각하나요?

4) 라다크에 필요한 바람직한 개발 방식은 반개발프로젝트를 통한 것으로 나타났습니다. 이 외에 바람직한 개발 방식은 무엇이 있을까요?

> 대부분의 라다크 사람들은 이제 개발이 필요하다고 생각한다. 그리고 전통적인 사회가 새로운 사회와 비교해서 훨씬 더 낫지만 그것은 물론 완전한 사회는 아니었다. 분명히 개선의 여지는 있었다.
> 그러나 개발이 파괴를 의미해야 하는가? 나는 그렇게 믿지 않는다. 나는 라다크 사람들이 오랜 세월 동안 누려온 사회적, 생태적 균형을 희생하지 않고도 생활수준을 높일 수 있다고 확신한다. 그러나 그렇게 하려면, 그들은 일반적인 개발방식처럼 그들 자신의 오래된 토대를 무너뜨릴 것이 아니라 그 토대 위에다 건설을 할 필요가 있을 것이다. (171쪽)

5) 주식용으로 필요하지 않은 대단위 특수작물(커피, 차…) 재배에 대해 지역경제 입장에서 비판하세요.

6) 라다크를 여행한다면 어떤 목적으로 가고 싶나요?

④ 논제와 논점의 예시

1. 라다크는 라다크 방식대로 개발되어야 한다.

2. 제 3세계에 대한 서구의 개입은 필요하다.

3. 라다크 개발 방식을 다른 나라도 따라야 한다.

논제 : 제 3세계(라다크)에 대한 서구 개입은 필요하다.	
찬성	**반대**
서구 문명이 생활을 편리하게 한다.	주체적 의식 없이 개발이 시작됐다.
저자 (헬레나) 때문에 라다크 방식으로 발전하고 있다.	서구식 발전 모델을 라다크에 강요하는 것이 주민들 행복에 도움이 되지 않는다.
서구 도움 없으면 라다크 자정 노력이 허사가 될 수 있다.	서구 환경과 라다크의 자연 문화적 환경은 다르다.

3부 독서디베이트 : 완판

1. 프린들 주세요
2. 장건우한테 미안합니다.
3. 기억전달자
4. 레 미제라블
5. 이방인
6. 광장

1 프린들 주세요

앤드루 클레먼츠/사계절/2001

●박정화

●논제 : 닉이 '프린들'을 만든 것은 모범적이다.
●대상 : 초등학생

1 입론

찬성

안녕하세요? 찬성팀 입론을 맡은 000입니다. '프린들 주세요'는, 5학년이 된 닉이 그레인저 선생님의 '사전에 나오는 말은 바로 우리가 만드는 거란다.'라는 가르침을 듣고, '프린들'이라는 새로운 단어를 만든 것에서 시작합니다. 닉이 펜을 '프린들'로 부르려하자, 그레인저 선생님은 사전의 권위를 내세워 제재를 가합니다. 그러나 닉은 링컨초등학교 학생들과 함께 많은 사람들이 프린들을 사용하게 합니다. 결국 프린들이 사전에 등재되고 교사가 소망한 기회였다는 그레인저 선생님의 편지를 받습니다. 논제에서 프린들이란 닉이 새로 만든 단어로 펜을 의미하며, 모범의 뜻은 본받아 배울만한 본보기라는 뜻입니다. 우리팀은 '닉이 '프린들'을 만든 것은 모범적이다.'에 찬성합니다. 그 이유는 다음과 같습니다.

첫째, 풍부한 창의력으로 새로운 단어를 만든 것은 모범적인 행동입니다. 책 51쪽 세 번째 줄, 그레인저 선생님은 이 교실에 있는 우리가 개를 다른 이름으로 부르기로 하면, 그리고 다른 사람들도 모두 그렇게 하면, 개는 그 이름으로 불릴 테고, 나중에는 사전에도 그 이름이 올라가게 될 거야. '사전에 나오는 낱말은 바로 우리가 만드는 거란다.' 라고 했습니다. 사회가 변하면서 많은 새로운 낱말들이 생성되어서 지식을 전달하고, 언어생활을 풍성하게 하고 있습니다. 닉이 남과 다른 창의력으로 새로운 단어를 만들어 사전에 등재하도록 실천한 것은 모범적인 행동입니다.

둘째, 닉이 프린들을 만든 것은 언어의 창조성을 실현한 모범적인 행동입니다. 사람만이 언어를 만들어 내는 능력을 가지고 있습니다. 그레인저 선생님이 숭배하는 사전에는 45만개의 낱말이 실려 있다고 했습니다. 45만개의 낱말들도 누군가가 만들어 사용하기 시작하면서 널리 사용되었기 때문에 사전에 등재된 것입니다. 닉이 펜을 프린들로 불렀다 해도 많은 사람들이 사용하지 않았다면 없어져 버렸을 것입니다. 그러나 많은 사람들은 펜을 프린들로 부르는 것을 즐겼습니다. 따라서 프린들이라는 낱말을 만든 닉은 언어의 창조성을 몸소 실천하는 모범적인 일을 하였습니다.

셋째, 아이디어를 실천에 옮기는 닉의 행동은 교육의 모범적인 사례입니다. 책 149쪽의 그레인저 선생님이 쓰신 편지의 '난 교사로서 소망하고 꿈꿔온 기회라는 사실을 알았다. 총명한 학생들이 고리타분한 교실에서 배운 생각을 받아들여 실제로 실험하는 모습을 지켜보는 기회인거야.'에서 알 수 있듯이, 선생님도 닉을 총명한 학생으로 인정하였습니다. 그리고 닉처럼 기발한 아이디어를 실천에 옮기는 것을 교사로서 소망한다고 고백한 것을 볼 때 닉이야말로 학교에서 진정한 공부를 한 것으로 볼 수 있으며, 교육의 본보기라 할 수 있습니다.

우리팀은 닉이 그레인저 선생님의 가르침에서 얻은 기발한 아이디어를 풍부한 창의력으로 실천한 것은 모범적이라고 주장합니다. 또한 프린들이라는 새로운 단어를 만들어서 언어의 창조성을 실천하고, 그레인저 선생님으로 하여금 교사로서의 자부심을 느끼도록 한 닉의 행동은 교육의 모범적 사례라고 주장합니다.

반대

안녕하세요? 반대팀 입론을 맡은 000입니다. 장난꾸러기 닉은 3학년 때는 교실을 열대섬으로 만들었고, 4학년 때는 '삐리릿'하고 지빠귀 소리를 내서 수업을 방해하였습니다. 5학년이 되어서도 선생님이 숙제내기를 잊어버리도록 시간끌기 질문을 하는 등 수업을 방해합니다. '사전에 나오는 말은 바로 우리가 만드는 거란다.'라는 그레인저 선생님의 이야기를 듣고, 펜을 프린들로 부르기 시작하여 그레인저 선생님과 낱말전쟁을 합니다. 그 과정에서 링컨초등학교 아이들 몇백 명이 벌을 서고, 그레인저 선생님과 대치하면서, 학교를 혼란에 빠트립니다.

용어 정의는 찬성측에서 하였으므로 생략합니다. 우리팀은 '닉이 '프린들'을 만든 것은 모범적이다.'에 반대합니다. 그 이유는 다음과 같습니다.

첫째, 닉은 5학년 학생으로서 사전을 통하여 낱말과 언어의 규칙과 역사를 배워야 합니다. 사전에 엄연히 펜이라는 낱말이 기록되어 있는데, 단지 자신의 재미를 위하여 펜을 프린들로 불러서 사전의 권위에 도전하였습니다. 110쪽을 보면 그레인저 선생님은 "저는 사전이야말로 어린이를 가르치기에 가장 훌륭한 도구라고 말해왔고, 지금도 그렇게 생각합니다. 어린이들은, 낱말과 언어에는 규칙이 있으며, 그 규칙은 납득할 만한 역사를 가지고 있다는 사실을 배워야 합니다." 라고 말합니다. 5학년 학생인 닉은 훌륭한 낱말을 버리고 그저 재미로 말을 지어낼 것이 아니라, 사전을 통하여 낱말의 규칙과 역사를 배워야 합니다.

둘째, 언어의 사회성을 무시하고 의사소통에 혼란을 초래하게 됩니다. 백과사전에 언어의 사회성이란 '언어는 사회 구성원간의 약속에 의해서 정해지기 때문에 어느 한 개인이 마음대로 바꾸거나 정할 수 없다. 혼자서 특정 의미를 부여하여 다른 언어를 쓰면 사회 구성원들은 그 말을 알아들을 수 없다.'라고 설명되어 있습니다. 지식이나 물건을 표현할 단어가 없어서 새로운 낱말을 만들어야 할 때에는 사회 구성원의 약속이 필요합니다. 누구나 알고 있는 펜이라는 낱말이 있는데도, 닉이 단지 재미를 위하여 아무 의미도 없는 프린들이란 낱말을 만든 것은 언어의 사회성을 무시하고 의사소통에 장해를 일으키는 요인이 됩니다.

셋째, 닉의 행동은 수업을 방해하고 학교를 혼란에 빠트렸습니다. 닉은 초등학교 3학년 때에는 교실을 열대섬으로 만들었고, 4학년때에도 주기적으로 수업시간에 검정지빠귀 소리를 내서 선생님을 힘들게 했습니다. 닉은 5학년이 되어서도 선생님의 수업진행을 방해합니다. 펜이라는 훌륭한 낱말이 있음에도 단지 재미로 프린들이라는 낱말을 만들어서 반 친구들을 부추겼습니다. 76쪽을 보면 5학년 모두가 벌을 받았고, 다른 학년 아이들도 200명이 넘는 아이들이 남게 되어서, 부모들이 항의했고 교육위원회와 교육감까지 나설 정도로 학교를 혼란에 빠트렸고 학생들의 수업을 방해하였습니다. 결국 학생들의 수업 시간을 허비하게 된 것입니다.

우리팀은 펜이라는 낱말이 있는데도 단지 자신의 재미를 위하여 프린들이라는 새로운 낱말을 만든 닉의 행동은 언어의 사회성을 떨어뜨리고 의사소통에 혼란을 초래하는 행동임을 주장합니다. 또한 많은 학생들을 부추겨서 프린들을 사용하게 하여 수업을 방해하고, 학교를 혼란에 빠트렸으므로 '닉이 프린들을 만든 것은 모범적이다.'에 반대합니다.

② 교차질의

찬성 : 사전은 영원히 변하지 않는 것입니까?

반대 : 아닙니다. 그러나 아주 똑똑한 사람 수백 명이 오랜 세월에 걸쳐서 만들었기 때문에 꼭 변해야 할 때만 변해야 한다고 생각합니다.
찬성측에서는 사전의 권위를 인정하지 않는다는 것입니까?

찬성 : 인정하지 않는다고 하지 않았습니다.
지식이 늘고 사회가 변하면 새로운 낱말이 생기는 건 당연하지 않습니까?

반대 : 새로운 낱말이 필요할 때도 있습니다.
그러면 닉은 펜이라는 단어가 없어서 프린들을 만들었습니까?

찬성 : 그건 아닙니다.
그러나 펜이 있다고 해서 늘 펜이라고만 불러야 한다고 생각하지는 않습니다.
토론자는 매일 밥만 먹습니까?

반대 : 질문이 주제와 벗어난 것 같습니다.
영양은 골고루 섭취하는 것이 좋지만 언어는 의사소통을 위한 약속입니다.
그렇지 않습니까?

찬성 : 약속인 것은 맞습니다.
그러나 모든 물건에 이름이 하나만 있는 것은 아니지 않습니까?

반대 : 여러 개가 있는 것도 있습니다.
그러나 낱말은 필요에 의해서 오랜 세월에 걸쳐서 많은 사람들 사이에서 통용되기 때문에 낱말로 인정받게 되는 것입니다.
누구나 알고 있는 펜이라는 낱말이 없었습니까?

찬성 : 그런 건 아닙니다. 그러나 닉은 그레인저 선생님이 '사전에 나오는 말은 우리가 만든 거란다.'라고 하는 가르침을 실천하려고 프린들을 만든 것입니다.
교사의 가르침을 실천하는 닉의 행동이 교육의 모범이라고 생각하지 않습니까?

반대 : 모범이라고 생각하지 않습니다.
닉은 단지 자신의 재미를 위하여 프린들이라는 단어를 만들어서 친구들을 선동하여 그레인저 선생님의 수업을 방해하였습니다.
닉이 그레인저 선생님의 수업을 방해한 점이 전혀 없습니까?

찬성 : 조금은 방해한 점이 있지만 결국은 그레인저 선생님이 교사로서의 소망하고 꿈꿔 온 것을 이루었다는 편지 내용을 기억하시죠?

반대 : 예, 기억합니다.
그러나 많은 학생들이 벌을 받고 학교에 문제를 일으킨 점도 기억하시죠?

찬성 : 예, 기억합니다. 하지만 그것은 창의적인 생각을 실천하는 과정에서 발생한 조그만 사건일 뿐입니다.

반대 : 200명도 넘는 학생이 학교에 남아서 벌을 받았고, 교육 위원회와 교육감까지 나서게 된 상황이 조그만 사건일 뿐이라고 하셨습니까?

찬성 : 그것은 하나의 과정이었습니다.

반대 : 닉이라는 한 학생이 자신의 재미를 위하여 많은 학생들의 수업을 방해하고, 학생들의 시간을 빼앗은 것이 모범적인 게 맞습니까?

③ 반론

찬성

안녕하십니까? 찬성팀 반론을 맡은 000입니다. 우리팀에서는 반대팀의 입론에 대하여 다음과 같이 반론을 제기합니다.

반대팀에서는 닉이 5학년 학생으로서 사전을 통하여 낱말의 규칙과 역사를 배워야 한다고 주장하였습니다. 반대팀은 지금 논리적 오류를 범하고 있습니다. 닉은 스스로 사전을 통하여 공부하였습니다. 39쪽을 보면, 최초의 국어사전, 국어의 발전, 윌리엄 셰익스피어, 프랑스어와 독일어에서 온 낱말, 요즘 쓰이는 낱말, 옛날에 쓰이던 낱말 등 5학년 학생 누구보다 열심히 낱말의 규칙과 역사에 대해 공부하였을 알 수 있습니다. 창조는 모방에서 나온다고 하였습니다. 닉은 사전을 통하여 낱말 공부를 많이 하였고, 그레인저 선생님의 설명을 잘 이해하였기 때문에, 낱말을 만들어가는 과정을 실천해보고 싶은 것은 아닐까요? 즉 선생님의 말씀이 맞는지 알아보고 싶은 호기심을 실천한 것입니다. 그래서 프린들이라는 새로운 낱말을 생각해내었고, 친구들과 연대해서 문방구 아줌마를 대상으로 반복적으로 사용하여 프린들이 펜을 의미한다는 것을 전달한 것입니다.

둘째로 언어의 사회성이 무엇입니까? 반대측에서는 언어가 사회 구성원간의 약속에 의해 정해지는 것이라고 하였는데, 닉은 펜 대신 프린들을 사용하도록 처음에는 친구들과 약속하였고, 점차 학급과 학교로 넓혀 구성원들이 펜을 프린들로 부르도록 노력하였습니다. 물론 처음에는 문방구 아줌마가 프린들이 뭔지 몰랐지만 모든 일이 처음부터 능숙하게 이루어지는 건 아니지 않습니까? 비록 처음에는 프린들이 무엇을 의미하는지 몰랐다하더라도 많은 사람들이 계속해서 프린들이라 불렀기 때문에 결국은 펜 대신 프린들도 새로운 낱말로 통용된 것입니다. 언어를 창조하는 능력은 인간 밖에 없습니다. 우리는 어휘력이 풍부해야 한다고 배웠습니다. 그리고 사물을 표현하거나 감정을 나타내는 단어가 하나만 있는 것은 아닙니다. 그런 의미에서 새로운 낱말을 만든 닉의 행동은 매우 모범적이라고 하겠습니다.

셋째로 닉은 수업을 방해한 것이 아니라 학생들의 지루한 학교생활에 활력을 불어넣은 것입니다. 그레인저 선생님이 편지에 쓴 것처럼 닉처럼 총명한 학생들이 고리타분한 교실을 변화시키는 것입니다. 많은 학생들은 수업을 지루해 하면서 수동적으로 받아들입니다. 그러나 닉은 선생님의 가르침을 친구들과 함께 즐겁게 실천하였습니다. 147쪽을 보면 그레인저 선생님은 닉이 배운 생각을 받아들여 그것을 세상 속에서 실제로 실험하는 보습을 지켜보는 기회로 받아들였습니다. 또한 그 실험이 어떤 결과를 낳을지 가슴 설레면서 지켜보았다고 하였습니다. 따라서 닉의 행동은 학교를 혼란에 빠트린 것이 아니라 그레인저 선생님의 보람이었습니다. 처음 단계에서 많은 학생들이 학교에서 벌을 받았고 교장선생님이 닉의 집을 방문하기도 하였지만, 사소한 문제가 발생한다고 하여 창의적인 실험을 하지 않는 것이야말로 배움을 적극적으로 실천하지 않는 행동이라고 생각합니다.

우리팀은 반대측의 주장에 대하여 닉은 사전과 그레이저 선생님에게서 배운 것을 실천하였고, 새로운 낱말을 만들어 언어의 창조성을 몸소 실현하였으므로, 닉의 행동은 모범적이라고 반론을 제기합니다.

반대

안녕하십니까? 반대팀 반론을 맡은 000입니다. 우리팀에서는 찬성팀의 입론에 대하여 다음과 같이 반론을 제기합니다.

첫째, 찬성팀에서는 닉이 새로운 단어를 만든 것을 모범적이라고 하였는데, 오히려 프린들이라는 낱말을 만들어서 학교를 혼란에 빠트렸습니다. 사전에 등재된 볼펜이라는 단어가 있는데, 단지 장난스러운 생각으로 볼펜을 프린들로 부르고 친구들과 연합해서 선생님을 골려주고 수업을 방해한 것은 이기적인 행동임을 주장합니다. 76쪽을 보면, 5학년 모두가 벌을 받았고, 다른 학년 아이들도 많이 있어서 200명도 넘는 아이들이 학교에 남게 되었습니다. 부모들이 전화로 항의했고 학교 버스 운전사들은 일손을 놓겠다고 으름장을 놓았습니다. 그러자 교육위원회와 교육감까지 나서게 되는 사건이 된 것입니다. 많은 학생들이 순간적으로 떠오르는 생각을 실천하려고 소란을 일으키면, 다른 많은 학생들의 학교생활을 혼란스럽게 만들 것이고, 학습권을 침해하게 될 것입니다.

두 번째로 언어의 창조성을 실현했다고 했는데 누구나 마음대로 새로운 단어를 만들어서 사용한다면 의사소통은 어떻게 합니까? 언어의 기능은 무엇보다 의사소통이라고 할 수 있습니다. 책 51쪽을 보면 '사전은 아주 똑똑한 사람 수백 명이 오랜 세월에 걸쳐서 만든 것이기 때문에 우리한테는 법이나 마찬가지란다.'라고 한 것처럼 언어는 긴 세월을 거쳐서 많은 사람들이 사용을 거듭하여 만들었기 때문에 의사소통에 유용한 것입니다. 요즘 세태를 보면 청소년들이나 인터넷을 자주 이용하는 사람들이 자기들만의 은어를 사용하기 때문에, 의사소통이 제대로 되지 않을 때가 있습니다. 만약에 많은 사람들이 닉처럼 장난스런 생각으로 새로운 단어를 만들어 사용한다면, 언어의 중요한 기능인 의사소통에 장해를 일으켜서 사회 갈등의 원인이 될 수 있습니다.

세 번째로 생각을 실천하는 닉의 행동이 교육의 모범적인 사례라고 하였는데, 실천하는 것이라고 모두 교육의 모범이 되는 것은 아니라고 생각합니다. 닉은 아직 5학년 학생으로서 선생님의 가르침을 성실하게 따르는 것이 오히려 모범적인 것입니다. 책 110쪽에서 그레인저 선생님은 '저는 사전이야말로 어린이를 가르치기에 가장 훌륭한 도구라고 말해 왔고, 지금도 그렇게 생각합니다. 어린이들은 낱말과 언어에는 규칙이 있으며, 그 규칙은 납득할만한 역사를 가지고 있다는 사실을 배워야 합니다. 나무랄 데 없이 훌륭한 낱말을 버리고 그저 재미로 지어낸 말을 쓰다니, 저는 그런 일을 가만히 구경만 할 수는 없습니다.'라고 말합니다. 선생님의 말처럼 어린이들은 먼저 언어의 규칙을 배우고 익혀야 합니다. 따라서 닉이 볼펜이라는 훌륭한 낱말을 두고, 재미로 프린들이라는 낱말을 만든 행동을 교육의 본보기라고 할 수 없습니다.

우리팀은 찬성팀의 주장에 대하여 펜이라는 낱말이 있는데도 단지 자신의 재미를 위하여 프린들이라는 새로운 낱말을 만든 닉의 행동은 의사소통에 혼란을 초래하는 행동이라는 반론을 제기합니다. 또한 많은 학생들을 부추겨서 프린들을 사용하게 하여 수업을 방해하였고, 학교를 혼란에 빠뜨린 것은 다른 학생들의 수업 시간을 낭비한 매우 이기적인 행동이기 때문에 찬성팀의 닉의 행동이 모범적이라는 주장에 반론을 제기합니다.

④ 전체교차질의

찬성 1 : 닉이 친구들에게 펜을 프린들로 부르도록 강요하였습니까?

반대 2 : 강요한 것은 아니지만 비밀요원을 만들어 의도적으로 동참시켰습니다.
찬성팀에서는 닉이 사전을 통하여 낱말에 대한 공부를 열심히 하였기 때문에 프린들을 생각해내었다고 하였는데 맞습니까?

찬성 1 : 맞습니다.

반대 2 : 닉은 펜이라는 낱말이 잘못되었기 때문에 프린들을 만들었나요?

찬성 2 : 그렇지는 않습니다. 그러나 재미로 만들었지만 결국은 사전에 등재되었지 않습니까?

반대 1 : 사전에 등재되었다고 해서 모두 좋은 낱말은 아니라고 생각합니다. 펜이라는 낱말이 있는데 단지 재미로 프린들을 만들어서 친구들의 수업을 방해한 것은 인정하시죠?

찬성 3 : 방해하였다고 생각하지 않습니다.
오히려 프린들을 사용하였다고 벌을 세운 그레인저 선생님이 학교의 문제를 만들었다고 생각하지 않으십니까?

반대 1 : 그레인저 선생님은 교사로서 도리를 다한 것이라고 생각합니다. 그레인저 선생님의 '어린이들은 낱말에는 규칙이 있고 그 규칙은 납득할 만한 역사를 가지고 있다는 사실을 배워야 한다.'는 생각이 잘못되었다고 생각합니까?

찬성 2 : 잘못되었다고 생각하지는 않습니다. 그러나 선생님이 '사전에 나오는 말은 바로 우리가 만드는 거란다.'라고 하신 말씀을 기억하시죠?

반대 1 : 기억합니다.

찬성 2 : 그렇다면 닉이 그레인저 선생님의 가르침을 듣고 프린들이라는 낱말을 만든 점도 인정하시죠?

반대 3 : 닉이 프린들을 만든 것은 인정합니다. 하지만 그 행동이 모범적이라는 것은 다릅니다. 우리가 지금 의사소통을 하는 것은 말이 있기 때문인 건 아시죠?

찬성 1 : 예 압니다.

반대 3 : 우리 모두가 마음대로 새로운 낱말을 만들어 사용하면 의사소통을 할 수 없다는 점도 아시죠?

찬성 1 : 예, 압니다. 그러나 사람은 언어를 만들어 내는 능력이 있습니다. 어휘가 풍부할수록 표현을 다양하게 할 수 있다는 점도 인정하시죠?

반대 2 : 예, 인정합니다. 하지만 펜이라는 낱말이 없어서 닉이 프린들을 만들었습니까?

찬성 3 : 그렇진 않습니다. 그러나 모든 사물을 지칭하는 단어가 하나만 있는 건 아니지 않습니까?

반대 3 : 물론 여러 개가 있을 수 있습니다. 그러나 사람들이 자연스럽게 사용하다 보면 새로운 낱말이 되는 것과 펜이라는 낱말이 있는데 단지 재미로 프린들을 만들어서 수업을 방해한 것은 다르다고 생각합니다.

찬성 1 : 수업에 조금 방해가 되었을 수도 있지만, 학생들은 스스로 즐겁게 참여하였기 때문에 배운 것을 실천하는 공부를 하였다고 생각하지 않습니까?

반대 2 : 그러나 학생들 입장에서는 닉 때문에 수업 진행을 방해받았고, 200명이나 되는 학생들이 방과 후에 벌을 받느라 제때 귀가하지 못해서 문제가 발생하였습니다. 그 점은 인정하시죠?

찬성 2 : 수업 진행을 방해받았다고 해서 큰 문제가 되었다고 생각하지 않습니다.

반대 1 : 학생들이 학교 수업을 방해받았는데 큰 문제가 되지 않는다고 하셨는데 그러면 어떤 것이 큰 문제입니까?

찬성 2 : 저...

반대 1 : 찬성팀에서는 대답을 하지 못하였습니다. 닉의 행동이 다른 많은 학생들의 수업을 방해한 점은 인정하시는 걸로 알겠습니다.

찬성 3 : 인정하지 않습니다. 선생님의 설명을 조용히 듣는 것만이 훌륭한 수업이라고 생각하십니까?

반대 3 : 그렇진 않습니다. 하지만 많은 학생들이 선생님의 뜻을 거역하고 프린들이라는 낱말을 사용하였기 때문에 벌을 받고 교육위원회까지 나서는 문제로 발전하였습니다.

링컨초등학교에 큰 사건을 일으킨 것은 인정하시죠?

찬성 1 : 사건인 건 맞습니다. 그러나 늘 조용한 학교생활이 모범적인 건 아니지 않습니까?

반대 2 : 맞습니다. 그러나 재미로 사건을 만들어서 학생들의 수업 진행을 방해하는 것은 다른 많은 친구들의 수업권을 침해한 행위가 아닙니까?

⑤ 최종변론

찬성

안녕하십니까? 찬성팀 최종변론을 맡은 000입니다.

우리팀은 닉이 풍부한 창의력을 실천하여 새로운 단어를 만들어 사전에 등재되도록 한 것은 언어의 창조성을 실현한 모범적인 행동이라고 주장하였습니다. 그리고 그레인저 선생님의 '사전에 나오는 낱말은 바로 우리가 만드는 거란다.'라는 가르침에 아이디어를 얻어서, '프린들'이라는 새로운 단어를 낱말사전에 등재하도록 노력한 닉의 행동은 그레인저 선생님으로부터 교사로서의 소망을 이룬 것이라는 고백을 듣게 되는 교육의 모범적인 사례임을 주장하였습니다. 그러나 반대팀에서는 닉이 프린들이라는 새로운 단어를 만든 것은 언어의 기능인 의사소통에 장해를 초래한다고 하였습니다. 그리고 닉은 5학년 학생이기 때문에 새로운 낱말을 만들기보다 언어의 역사를 배우고 선생님의 가르침을 따라야 한다고 반론을 제기하였습니다.

물론 언어의 의사소통 기능은 중요합니다. 그레인저 선생님이 처음 학생들을 가르치던 시절에는 우주 왕복선이나 비디오, 컴퓨터 같은 단어가 없었다고 하였습니다. 변화하는 사회와 새로운 지식을 전달하기 위하여 새로운 단어들이 생성되고 있습니다. 새로운 단어들이 만들어지지 않는다면 의사소통을 할 수 있겠습니까? 그러므로 반대팀에서 새로운 단어를 만드는 것이 의사소통에 방해가 된다고 하는 것은 논리적 오류임을 한 번 더 강조합니다. 그리고 닉이 5학년 학생이기 때문에 선생님의 가르침을 따르는 것이 모범적인 행동이라고 하였는데, 이것 또한 논리적으로 맞지 않습니다. 그레인저 선생님은 학생들이 배운 생각을 세상 속에서 실제로 실험하는 모습을 지켜보는 것이 선생님의 설레임이라고 하였습니다. 닉이 기발한 아이디어를 실천한 것은 그레인저 선생님의 가르침을 누구보다 성실히 이행한 교육의 본보기인 것입니다.

여러분은 휴대폰을 아시죠? 30년 전만 해도 우리 모두 휴대폰이라는 단어를 몰랐지만 지금은 어린이에서부터 노인에 이르기까지 휴대폰이라는 단어를 모르는 사람은 거의 없을 것입니다. 이처럼 세상은 변화하고 있습니다. 세상의 변화와 더불어 새로운 단어들이 만들어지고 있습니다. 닉은 펜을 펜이라고 부르는 것에 대한 편견을 깨고 프린들이라는 새로운 단어를 탄생시켰습니다. 세상은 닉처럼 기발한 생각을 끈기 있게 실천하는 사람들로 인하여 발전하는 것입니다. 우리가 교육을 받는 것은 교육받은 것을 실천하여 세상을 변화시키고, 발전시키기 위한 것입니다. 닉이 그레인저 선생님의 가르침에서 얻은 아이디어를 실천한 것은 교육의 모범이라 할 수 있습니다. 또한 닉은 그레인저 선생님에게 교사로서의 소망 사항을 이루었다는 자부심을 안겨주었습니다. 그러므로 프린들을 만든 닉의 행동은 교육의 모범적인 사례임을 다시한번 더 강조하며, 이러한 우리팀의 논리적 타당성이 우월함을 주장합니다.

반대

안녕하십니까? 반대팀 최종변론을 맡은 000입니다.

우리팀에서는 닉은 5학년 학생으로서 재미로 프린들을 만들기 보다는 사전을 통하여 낱말과 언어의 규칙과 역사를 배워야 한다고 주장하였습니다. 언어 기능 중 가장 중요한 것은 의사소통이라고 생각합니다. 펜이라는 낱말이 있는데 프린들이라는 새로운 말을 만들어서 의사소통에 장해를 일으키고 수업 진행을 방해하는 행동을 모범적이라고 할 수 없습니다. 무엇보다 단지 자신의 재미를 위하여 수업 진행을 방해하고, 많은 학생들을 벌을 받게 하여 학교를 혼란에 빠트렸기 때문에 프린들을 만든 닉의 행동이 모범적이라는 주장에 반대합니다. 찬성팀에서는 닉이 사전을 통하여 공부하였고, 언어의 창조성을 들어서 새로운 낱말을 만든 닉의 행동은 모범적이며, 학생들의 지루한 학교생활에 활력을 불어넣었다고 반론을 제기하였습니다.

펜이라는 낱말이 없어서 의사소통에 문제가 있는데 닉이 프린들이라는 낱말을 만들었다면 매우 훌륭한 일이라고 칭찬할 수 있습니다. 하지만 깃털에서 유래하고 많은 사람들이 불편 없이 사용하고 있는 펜이라는 단어가 있는데, 자신의 재미를 위하여 프린들을 만든 것은 이기적인 행동이라고 주장합니다. 저자는 프린들이 사전에 등재되는 것으로 닉의 행동을 옹호하고 있지만 그러면 다른 학생들이 수업에 방해를 받고 학교에 남아서 벌을 받은 것은 상관없다는 것인가요? 닉의 입장에서는 재미로 시작해서 좋은 결과를 얻었기 때문에 모범적인 행동이라고 할 수 있을지 몰라도 학교는 공동생활을 하는 곳입니다. 그리고 학생들이 교사로부터 수업을 배우는 곳이기도 합니다. 닉은 본인의 재미를 위하여 친구들과 비밀 요원을 결성하였고 많은 학생들이 선생님의 지도를 무시하고 프린들을 사용하여 벌을 받게 함으로써 수업을 방해하였고, 학교를 혼란에 빠트렸습니다.

우리는 결과만을 강조하는 사회에 살고 있는 것 같습니다. 특히 올림픽같은 경기를 보면 일등만 잘 했다고 칭찬하고 부각시킵니다. 비록 꼴찌를 하더라도 그 사람이 어떤 난관을 극복하고 경기에 참여하였는지는 알려고 하지 않습니다. 여러분들도 과정은 어떻게 되든 결과만 좋으면 좋다고 생각하십니까? '프린들 주세요'에서 저자는 프린들이 사전에 등재되고 닉은 부자가 되어서 선생님 이름으로 장학기금을 내놓았다는 등 닉의 행동을 미화하고 있습니다. 그러나 그 과정에서 닉이 반 친구들의 수업을 방해하고 선생님의 수업 진행을 방해한 점을 기억하시기 바랍니다. 그리고 학교의 200명이 넘는 학생들이 벌을 받았습니다. 그 학생들의 귀중한 시간은 누가 보상합니까? 닉은 기발한 생각을 하여 재미있는 학교생활을 보내고 방송에 나와서 유명하게 되면서 상업적으로 많은 돈을 벌어서 좋은 결과를 얻었다고 주장할 수 있을지 모르지만 닉으로 인하여 다른 많은 학생들이 수업의 피해를 받고 학교가 혼란스럽게 된 점을 간과해서는 아니 된다고 생각합니다. 따라서 닉은 자신의 재미를 추구하기에 앞서 친구들의 소중한 수업시간을 방해하는 문제에 대해 고민했어야 함을 강력히 주장합니다.

2 장건우한테 미안합니다.

이경화 지음/바람의 아이들/2007

● 현정희

● 논제 : 김진숙 선생님은 교사 자질이 없다.

● 대상 : 중등 독서 동아리

① 입론

찬성

안녕하십니까. 저는 '김진숙 선생님은 교사 자질이 없다'의 찬성팀 입론자 이00입니다. 김진숙 선생님은 그동안 소외받아왔던 미진이와 소영이에게는 그 누구보다 좋은 선생님입니다. 하지만 김진숙 선생님의 관심과 사랑은 이들에게만 집중되어 있습니다. 때문에 아이들의 관계에서 교사로서 공평하지 못한 태도를 보이며, 건우를 비롯한 반 아이들에게 크고 작은 상처를 안깁니다. 때문에 저희팀은 '김진숙 선생님은 교사 자질이 없다'에 찬성합니다.

먼저 교사의 자질이란 교사라는 전문가로서의 갖춰야 할 인간적인 바탕을 뜻하며, 저희가 찬성하는 이유는 첫째, 김진숙 선생님은 모범생인 건우에게 큰 상처를 주었기 때문입니다. 쪽팔려 게임의 경우 미진이와 소영이의 잘못이 명백함에도 불구하고 건우에게 일방적인 희생을 요구했습니다. 이 때문에 건우가 받은 상처를 전혀 이해하지 못하고, 오히려 건우 엄마의 공개 사과 요구를 반아이들에게 밝히기까지 했습니다. 이 상황에서 건우는 '아이들의 따가운 눈초리를 받으며 자리를 돌아오는데 다리에 커다란 바위를 매단 것처럼 잘 걸어지지가 않았다. 모난 자갈 하나가 가슴에 콕 박혀 숨을 쉴 때마다 따끔거렸다'고 밝힙니다. 과연 소외받는 아이들을 더 사랑하기 위해 다른 누군가에게 이러한 상처를 주는 교사의 행동을 어쩔 수 없는 것이라 말할 수 있을까요?

둘째, 김진숙 선생님은 교사로서 반 아이들에게 공평하지 못했습니다. 앞서 말한 것처럼 김진숙 선생님은 쭉팔려 게임에서 당연히 혼났어야 할 미진이와 소영이를 오히려 걱정하고 위로합니다. 반면 사과와 위로를 받아야 할 건우에게는 좋은 환경에서 자란다는 이유만으로 "많이 가진 사람이 나눠야 하는 거야" "너는 똑똑하니까 잘 알아들었을 거라고 생각한다. 그렇지?"라며 자신의 생각을 강요합니다. 다음은 선생님의 사랑을 독차지하는 미진이를 질투하면서 싸움이 벌인 우제가 한 말입니다. "너무 불공평한 거 아니냐? 왜 똑같은 인간한테 차별이냐." 이것이 우제만의 생각일까요? 아마도 반 아이들 모두의 생각일 것입니다.

셋째, 김진숙 선생님의 행동은 반 아이들이 소영이와 미진이를 소외시키도록 만들었습니다. 반 아이들은 특별대우를 받는 소영이와 미진이를 못마땅해 합니다. 책 66쪽에서는 소영이조차 '선생님한테 사랑만 받을 수 있다면 애들이 뭐라고 하는 것 정도는 아무렇지도 않을 줄 알았는데 억울한 생각이 든다'고 밝힙니다. 결국 김진숙 선생님은 미진이와 소영이 조차 또 다른 이유로 친구들 사이에게 소외되게 만든 것입니다. 때문에 저희팀은 김진숙 선생님은 교사로서 자질이 없다고 주장합니다.

반대

안녕하십니까. 저는 '김진숙 선생님은 교사 자질이 없다'의 반대팀 입론자 서00입니다. 김진숙 선생님에게는 중요한 마음의 규칙이 있습니다. 소외된 아이들의 이름을 먼저 불러주고자 하는 것입니다. 이런 김진숙 선생임의 마음 덕분에 학교에서 소외받던 미진이와 소영이는 희망과 자신감을 찾아갑니다. 물론 그 과정에서 건우가 상처를 받은 것은 사실입니다. 하지만 김진숙 선생님은 자신의 잘못을 깨닫고 반 아이들에게 사과합니다. 그 과정을 통해 선생님도 반아이들도 한 뼘 성장하게 된 것입니다. 때문에 저희팀은 '김진숙 선생님은 교사 자질이 없다'에 반대합니다. 여기서 자질이라 함은 교사가 될 수 있는 인간적인 바탕으로 해석하겠습니다.

저희팀이 '김진숙 선생님은 교사 자질이 없다'에 반대하는 이유는 첫째, 김진숙 선생님은 따뜻한 관심과 사랑으로 소외된 아이들의 자신감을 찾아주었기 때문입니다. 그전까지는 혼날 때만 존재감이 있었던 소영이와 미진이는 김진숙 선생님을 만나 발표도 잘 하고 큰 소리로 웃는 일도 많아졌습니다. 성적도 많이 올랐고 학교 생활도 더욱 열심히 했습니다. 친구들 역시 소영이와 미진이를 다르게 보기 시작했습니다. 열악한 환경에서 이제까지 다른 선생님들과 친구들에게 무시만 당하고 지냈던 아이들에게 꿈과 희망을 심어주는 것은 교사로서 굉장히 가치 있는 일임에 분명합니다.

둘째, 교사로서 바람직한 가치관을 갖고 학급을 운영했습니다. 많이 가진 사람이 나눠야 한다는 김진숙 선생님의 생각이 잘못된 것일까요? 소외된 아이들의 이름을 먼저 불러주고자 했던 선생님의 마음은 요즘 같은 세상에 꼭 필요하다고 생각합니다. 선생님의 진정성은 반 아이들도 느끼고 있습니다. 책 40쪽에서 보면 선생님을 싫어하는 애들보다 좋아하는 애들이 더 많다고 나옵니다. 공부 잘한다고 예뻐하지도 않고 엄마들이 학교 오는 것도 싫어하고 스승의 날에서 선물 못하게 하는 선생님. "초코파이 케이크로 그렇게 기뻐하는 분은 아마 우리 선생님 하날거다"라는 아이들의 반응을 보면 확인할 수 있습니다.

셋째, 자신의 잘못을 인정하고 사과함으로서 반 아이들의 긍정적인 변화를 가져왔습니다. 김진숙 선생님은 자신의 옳다고 믿었던 행동에 문제가 있었음을 깨닫는 순간, "선생님이 혼자서 한 이름 불러 주기 놀이 때문에 상처 받은 사람이 있다면 미안합니다. 사과할게요"라며 고개까지 수그려 반 아이들에게 사과합니다. 자신의 잘못을 인정하고 깊이 뉘우친다는 뜻입니다. 이 과정을 통해 선생님도 아이들도 서로에게 이해하며 성장하게 됩니다. 완벽한 사람은 없습니다. 김진숙 선생님 역시 완벽하지는 않습니다. 하지만 그 누가 김진숙 선생님을 교사로서 자질이 없다고 말할 수 있을까요?

② 교차질의

찬성 : 질문하겠습니다. 선생님을 싫어하는 애들보다 좋아하는 애들이 더 많다고 하셨는데, 좋아하는 애들이 많다고 해서 그 교사가 자질을 갖춘 것이라고 볼 수 있을까요?

반대 : 물론 아이들이 좋아한다고 해서 그 교사가 무조건 훌륭한 교사라고 할 수는 없습니다. 하지만 저희팀이 주장하는 것은 김진숙 선생님의 진정성을 아이들도 느끼고 있었다는 것입니다. 김진숙 선생님의 행동이 건우에게 상처를 주기는 했지만 선생님이 나쁜 선생님은 아니었다는 뜻이죠.

찬성 : 반 아이들은 분명 김진숙 선생님이 공평하지 않다고 생각합니다. 특히 호준이는 "건우 너한테는 좀 미안하지만 난 우리 선생님 그래도 좀 괜찮다고 생각해"라고 말합니다. 건우한테 미안하다는 것은 선생님이 분명 건우한테는 잘못하고 있다는 것을 의미합니다. 그렇다면 대부분이 아이들이 좋아하는 선생님이라면 소수의 아이

들이 상처를 받아도 괜찮다는 말씀인가요?

반대 : 그런 뜻이 아닙니다. 선생님의 마음을 보라는 말씀이죠. 그럼 저희가 질문하겠습니다. 이 세상에는 완벽한 인간은 없습니다. 그렇죠?

찬성 : 그렇다고 할 수 있습니다.

반대 : 저희팀은 김진숙 선생님의 행동이 완전히 옳다고 주장하는 것이 아닙니다. 김진숙 선생님이 자신의 잘못은 인정하지 않고, 계속해서 자기 혼자만의 이름 불러주기를 할 것이라면 모르겠습니다. 하지만 김진숙 선생님은 자신의 문제를 깨닫고 반성했습니다. 그리고 반 아이들과 함께 모두의 이름 불러주기를 시작하고 있습니다. 이러한 과정을 겪어낸 김진숙 선생님을 자질 없는 교사라고 할 수 있을까요?

찬성 : 물론입니다. 소외된 아이들을 사랑하는 선생님이라고 해서 모든 것을 용서 받을 수는 없습니다. 소영이와 미진이가 소중한 만큼 건우나 반 아이들 한명 한명 모두 소중합니다. 반대로 건우 같은 아이들만 아끼고 예뻐하면서 미진이와 소영이와 같은 아이들에게 상처를 입힌 선생님에게 반성하고 사과했다는 이유만으로 좋은 교사라고 할 수 있겠습니까?

반대 : 그 교사가 진정으로 뉘우치고 반성하며 앞으로 더욱 아이들을 잘 이끌어 나갈 수 있다면 교사로서 자질이 없다고는 할 수 없습니다.

찬성 : 또 질문하겠습니다. 김진숙 선생님의 사과는 반 아이들의 이야기를 듣고 충격을 받아 순간적으로 이루어졌습니다. 가장 큰 상처를 받은 건우에게 직접 사과하고 용서를 받아야 하는 것 아닌가요?

반대 : 책에서는 사과를 하는 장면이 이야기의 마무리였기 때문에 건우와 김진숙 선생님의 이후 관계까지는 나타나지는 않았습니다. 하지만 김진숙 선생님이라면 건우의 상처도 이해하게 되었을 것이며, 2학기에는 보다 좋은 관계가 펼쳐졌을 것입니다.

③ 반론

찬성

안녕하십니까. 저는 '김진숙 선생님은 교사 자질이 없다'의 찬성팀 반론자 김00입니다.

반대팀에서는 첫째, 김진숙 선생님은 따뜻한 관심과 사랑으로 소외된 아이들의 자신감을 찾아주었기 때문에 김진숙 선생님은 교사 자질이 있다고 주장하셨습니다. 하지만 미진이와 소영이에게 자신감을 찾아주기 위해 건우는 커다란 상처를 입어야만 했고, 반 아이들은 역시 공평하지 못한 대우에 불만을 갖게 되었습니다. 따뜻한 관심과 사랑은 오직 미진이와 소영이에게 집중되었고, 그 결과로 반 아이들은 오히려 미진이와 소영이를 싫어하게 만들었습니다. 과연 이러한 행동을 학급 전체를 이끌어가야 할 교사로서 자질이 있다고 볼 수 있는 것일까요?

둘째, 교사로서 바람직한 가치관을 갖고 학급을 운영했다고 하셨습니다. 교사로서 바람직한 가치관은 관심과 애정을 갖고 아이들을 공평하게 대하는 것입니다. 하지만 김진숙 선생님에게 공평이란 찾아볼 수 없습니다. 발표를 잘 하지 못하는 미진이와 소영이에게는 칭찬을 아끼지 않으면서도 건우에게는 분명하게 말하라며 지적을 합니다. 친구의 뺨을 때린 미진이와 소영이를 걱정하면서도 뺨을 맞은 건우에게는 이해하라고 말합니다. 억울한 건우의 마음도 선생님의 관심을 받고 싶은 우제의 마음도 소영이와 미진이만 아끼는 선생님에 대한 반 아이들의 불만도 전혀 알아채지 못한 채 한 학기를 보냅니다. 이러한 선생님이 학급 운영을 잘했다고 볼 수 있습니까?

셋째, 자신의 잘못을 인정하고 사과함으로서 반 아이들의 긍정적인 변화를 가져왔다고 주장하셨습니다. 하지만 선생님의 사과는 순간적이었습니다. "한소영이 착한 어린이래, 말도 안돼, 원래 착한 어린이 상은 선생님이 제일 좋아하는 애 주는 거잖아"라는 말을 듣는 순간, 김진숙 선생님은 당황했습니다. 자신의 잘못을 뉘우친 것이 아니라, 반 아이들에게 자신이 왜 그렇게 할 수밖에 없었는지를 변명한 것입니다. 여전히 자신의 잣대가 옳다고 믿고 있는 것입니다. 반대팀에서는 김진숙 선생님이 건우의 상처를 이해하게 될 것이며 관계가 좋아질 것이라고 하셨지만, 과연 김진숙 선생님이 자신의 행동으로 건우가 얼마나 상처를 받았는지 알고 있을까요? 얼음 땡 놀이를 할 때도 선생님은 건우에게 말을 걸지 않았습니다. 김진숙 선생님이 모든 아이들이 외톨이가 되지 않았으면 하는 마음을 갖고 있었는지는 모르겠습니다. 하지만 그 마음으로 또 다른 외톨이들을 만들어 내고 있는 것은 확실합니다. 때문에 저희는 김진숙 선생님은 교사 자질이 없다고 주장합니다.

반대

안녕하십니까. 저는 '김진숙 선생님은 교사 자질이 없다'의 반대팀 반론자 양00입니다. 먼저 찬성팀께서는 지속적으로 김진숙 선생님의 공평성을 문제시하고 있습니다. 하지만 공평이라는 것은 물리적으로 똑같음을 의미하지 않다는 것을 말씀드리고 싶습니다. 어려운 아이들에게 더 관심을 갖는 것 자체가 공평하지 않다고 말할 수는 없다는 것입니다. 그렇다면 다소 문제는 있었지만 김진숙 선생님의 교사로서의 진정성은 누구나 공감할 수 있을 것이라 생각합니다. 그럼 본격적인 반론을 시작하겠습니다.

반대팀께서는 첫째, 건우가 받은 상처를 예를 들며 김진숙 선생님이 교사의 자질이 없다고 하셨습니다. 물론 쪽팔려 게임과 그 이후의 공개 사과의 과정에서 김진숙 선생님의 행동이 바람직하지 못했다는 것은 저희팀도 인정합니다. 하지만 김진숙 선생님은 좋은 환경에서 자라 언제나 당당한 건우가 정말 괜찮을 것이라고, 자신의 이야기를 듣고 이해해줄 것이라 믿었던 것입니다. 절대로 소영이와 미진이를 위해 건우 같은 아이가 상처받아도 괜찮다고 생각한 것이 아닙니다. 만약 건우가 자신의 억울한 심정을 적극적으로 선생님께 전달했다면 상황은 달라졌을 수 있습니다. 반 아이들의 서운한 마음을 듣고 바로 고개 숙여 사과할 수 있는 선생님이기 때문입니다.

둘째, 반대팀께서는 김진숙 선생님이 교사로서 반 아이들에게 공평하지 못했다고 주장하셨습니다. 하지만 앞서 말한 것처럼 공평의 의미가 꼭 물리적으로 같은 것을 의미하지는 않습니다. 교사로서 다양한 아이들을 똑같이 대한다는 것 자체가 불가능합니다. 과연 숙제를 할 수 없는, 지각을 할 수 밖에 없는 미진이와 소영이의 상황을 알면서도 그 기준을 강요하고 혼내는 것이 것이 교사로서 바람직한 태도일까요?

반대팀의 마지막 주장은 김진숙 선생님의 행동이 오히려 소영이와 미진이를 소외시켰다고 주장했습니다. 하지만 이는 소영이와 미진이의 지난 날을 고려하지 않은 주장입니다. 소영이와 미진이는 선생님과 친구들 사이에서 무시당하는 학생들이었습니다. 건우는 책 12쪽에서 "예전에는 소영이가 혼날 때만 저런 애가 우리 반에 있었지"라고 생각했다고 밝힙니다. 이런 아이들을 더욱 사랑해줘서 소외시켰다는 것은 억지 주장이 아닐까요. 반 아이들도 이제 소영이와 미진이를 예전처럼 함부로하지 않습니다. 모두가 관심조차 갖지 않았던 아이들의 존재감을 찾아주는 이런 선생님에게 교사의 자질이 없다고 말할 수 있겠습니까? 이상입니다.

④ 전체교차질의

찬성 : 질문하겠습니다. 반대팀께서는 계속해서 소외된 아이들에게 더 많은 관심을 갖는 것은 공평하지 않은 것이 아니라고 주장하고 있습니다. 그래서 김진숙 선생님은 교사로서 충분히 자질이 있다고 말씀하시는 것 맞죠?

반대 : 네, 그렇습니다. 김진숙 선생님의 가치관은 교사로서 바람직하다는 말씀입니다.

찬성 : 저희팀 역시 어려운 아이들에게 관심을 갖고 애쓰는 선생님의 모습이 잘못됐다고 이야기 하는 것이 아닙니다. 저희가 주장하는 것은 김진숙 선생님의 이러한 가치관에서 비롯된 행동들이 여러 가지 문제를 일으켰다는 것입니다. 계속 말씀드리지만 건우의 경우, 선생님의 말과 행동으로 심각한 분노와 억울함을 호소하고 있습니다.

반대 : 건우의 상처는 인정합니다. 하지만 건우도 이런 경험을 통해 많은 것을 배우고 성장해나갈 수 있을 것입니다.

찬성 : 무엇을 배운다는 것이죠?

반대 : 그전의 건우는 선생님들의 사랑을 받으며 소영이와 미진이 같은 아이들에게는 관심조차 없었습니다. 사실 소영이와 미진이는 학교 입학 이후 계속해서 겪었던 어려움을 건우는 처음 맛본 것일지도 모릅니다. 반 아이들 모두와의 이름 불러주기를 통해 건우도 다른 친구들을 더욱 이해할 수 있게 되지 않겠습니까?

찬성 : 반대팀의 주장처럼 건우가 이번 사건을 통해 성장할 수도 있지만, 반대로 계속 상처를 안고 살아갈 수도 있습니다. 하지만 그 결과에 따라서 김진숙 선생님의 평가가 달라지는 것은 아닙니다. 김진숙 선생님은 분명 건우에게 상처를 주는 잘못된 말과 행동을 한 것은 사실이 아닌가요?

반대 : 누구나 살면서 실수를 할 수 있습니다. 교사도 마찬가지입니다. 자신의 실수를 진심으로 반성하고 사과하며 이를 바로잡기 위해 노력할 수 있는 교사라면 그 자체만으로도 자질이 있는 것은 아닌가요?

찬성 : 반대팀은 김진숙 선생님이 진심으로 반성했고, 앞으로는 건우에게 상처주는 일이 없을 것이라고 생각하지만 저희는 그렇지 않습니다. 김진숙 선생님은 자신의 생각이 옳다고 믿고 있고 어떤 형태로든 이러한 문제는 또 나타날 수 있다고 생각합니다.

반대 : 그렇지 않습니다. 김진숙 선생님은 "혼자서 한 이름 불러주기 놀이 때문에 상처받은 사람이 있다면 미안하다"며 고개 숙여 사과했습니다. 아이들도 그런 선생님을 보며 가슴 한편이 아려왔습니다. 상처받는 아이들이 하나도 없기를 바라는 선생님의 마음을 충분히 확인할 수 있습니다.

찬성 : 아닙니다. 김진숙 선생님은 가장 상처가 큰 건우에게 사과를 하지도 않았을 뿐 아니라, 오히려 자신의 어릴 적 이야기를 아이들에게 들려주며 자신의 행동을 정당화시키려 했습니다. 반 아이들의 마음은 돌려놓을 수 있을지 모르겠지만, 과연 건우가 받은 상처가 치유될 수 있을지 의문입니다.

5 최종변론

찬성

안녕하십니까. 저는 '김진숙 선생님은 교사 자질이 없다'의 찬성팀 최종변론을 맡은 허00입니다. 과연 우리가 원하는 선생님은 어떤 모습일까요? 소외된 학생에게 특별한 애정과 관심을 갖는 훌륭한 선생님. 어찌 보면 김진숙 선생님은 우리가 원하는 선생님의 모습일지도 모릅니다.

하지만 소외된 학생들에게 자신감과 희망을 심어주려는 과정에서 다른 학생들이 상처받고 소외된다면 그것은 괜찮은 일일까요? 반대로 억울함을 갖는 아이들이 생기는 것은 어쩔 수 없는 일로 치부해도 되는 것일까요?

쪽팔려 게임을 통해 공개적으로 뺨을 맞은 건우는 생생하게 떠오르는 기억을 잠시도 놓치 못하고 얼굴이 화끈거리고 커다란 바늘로 가슴을 한 땀 한 땀 꿰매는 것처럼 아픕니다. 하지만 김진숙 선생님은 건우의 아픔을 보기는커녕 미진이와 소영이의 가정환경을 설명하며 이해하라고 강요합니다. '건우는 엄마와 아빠의 사랑을 듬뿍 받으며 지내니까' '집도 아주 잘살고 뭐 하나 부족한 게 없으니까' 김진숙 선생님의 신념은 이렇게 건우를 고통으로 몰아갑니다.

이뿐만이 아닙니다. 숙제 해오기, 지각하지 않기, 거짓말 하지 않기와 같은 기본을 자주 강조하는 김진숙 선생님은 기본을 가장 지키지 않는 미진이와 소영이에게 한없이 너그럽게 대합니다. 너무나 공평치 않은 잣대를 가지고 아이들을 대하면서 반 아이들은 상대적인 박탈감을 느낄 수 밖에 없게 됩니다.

과연 이러한 김진숙 선생님을 교사로서 자질이 있다고 해야 할까요? 교사는 특별한 몇몇 아이들을 위해서만 존재하는 것이 아닙니다. 누군가에게 더 좋은 영향을 미칠 수는 있지만 소수의 몇몇 아이들을 위해 결코 다른 아이들이 희생되어서는 안됩니다.

하지만 김진숙 선생님은 미진이와 소영이만을 바라보았습니다. 그 아이들의 상처와 아픔과 상황만을 살피며 각기 다른 아이들은 보려하지 않았습니다. 그 과정에서 건우는 상처투성이가 되고 반 아이들은 오히려 소영이와 미진이를 미워하게 됩니다. 또 다른 외톨이가 생기고 또 다른 분쟁과 갈등과 불평등을 야기시킨 것입니다. 과연 이러한 김진숙 선생님의 자세가 교사로서 자질이 있다고 말할 수 있겠습니까? 따라서 이번 디베이트의 승자는 저희팀이 되어야 한다고 생각합니다.

반대

안녕하십니까. 저는 '김진숙 선생님은 교사 자질이 없다'의 반대팀 최종변론을 맡은 정00입니다. 처음에는 이 책을 읽고 굉장히 화가 났습니다. 아무리 소영이와 미진이와 같은 아이들에게 관심과 사랑이 필요하다고 하지만 김진숙 선생님의 행동은 심하다는 생각이 앞섰기 때문입니다.

하지만 몇 번을 읽으면서 깨달은 것이 있습니다. 책에서도 나오지만 미진이와 소영이 같은 애는 조금만 잘못해도 출석부로 머리를 때리고 복도로 내몰아서 벌세우는 선생님과 김진숙 선생님은 너무나 다릅니다. 공부 잘하고 말썽 안 피우고 선생님 말 잘 듣는 애가 더 예쁜 게 당연하지 않냐는 5학년 담임선생님과도 다릅니다.

김진숙 선생님에게는 교사로서 지키고 싶은 옳은 신념과 가치관이 있습니다. 그리고 이를 지키기 위해 많은 노력과 열정을 다합니다. 물론 결과론적으로 건우에게는 상처가 되는 말을 하기도 하고 반 아이들에게는 상대적인 섭섭함을 안기기도 했습니다. 하지만 그 누구보다 마음 깊이 자신의 실수를 마음 아파했을 선생님입니다. 때문에 자기 혼자 이름 불러주기를 하면서 상처준 아이들에게 진심으로 사과할 수 있었습니다. 그런데도 김진숙 선생님을 교사로서 자질이 없다고 말할 수 있겠습니까?

저희팀은 김진숙 선생님은 오히려 그 어떤 선생님보다 아이들을 잘 이해하고 끌어갈 수 있는 교사라고 생각합니다. '공평한 건 아니지만 좋은 선생님'이라는 반 아이들의 말처럼 물리적인 공평함을 추구하기보다는 함께 살아가는 위한 이해와 배려를 중요시 하는 선생님이기 때문입니다. 찬성팀에서는 공평치 않은 잣대를 가지고 아이들을 대한다고 하셨지만 많이 가진 사람이 나눠야 한다는 선생님의 생각, 힘들고 어려운 사람들에게 더 관심을 기울여야 한다는 선생님의 마음은 어찌 보면 우리 사회에 꼭 필요한 인간의 도리이자 교사로서 바람직한 가치관이 아닐까요?

김진숙 선생님은 1학기를 마치면서 중요한 사실을 깨달았습니다. 자신이 미진이와 소영이를 바라보면서 많은 아이들을 놓치고 있었다는 것을요. 그리고 반성했습니다. 어떻게 해 나가야할지 솔직히 터놓고 아이들과 이야기도 나누었습니다. 이런 김진숙 선생님을 보면서 교사로서 자질이 없다고 한다면 과연 교사의 자질이란 무엇인지 묻고 싶을 뿐입니다. 이상입니다.

3 기억전달자

로이스 로리 지음/장은수 옮김/비룡소/2007

● 안정애

● 논제 : 조너스가 사는 사회는 바람직하다
● 대상 : 중학생

1 입론

찬성

안녕하십니까. 저는 찬성팀 입론을 맡은 000입니다. 이 책의 줄거리는 주인공 조너스가 기억전달자로 선발되는 과정을 중심으로 미래사회의 모습을 그리고 있습니다. 미래 사회에 대한 관심은 날로 높아지고 있습니다. 그러나 어떤 사회가 바람직한가에 대한 의견은 분분합니다. 이 책은 조너스가 살고 있는 사회가 바람직한지 아닌지, 그 이유는 무엇인지에 대해 생각하게 합니다.

저희 팀은 다음과 같은 이유로 '조너스가 사는 사회는 바람직하다'라는 논제에 찬성합니다.

첫째, 차별없는 평등사회이기 때문입니다. 직업에 대한 가치는 조금씩 다를 수 있으나 이 사회에서 이것은 좋다 아니다 이런 편견은 존재하지 않습니다. 배우자를 선택함에 있어서도 직업이나 외모나 편견에 휘둘리지 않고 그 사람의 가치를 그대로 인정하는 사회입니다, 차별의 문제점들이 존재하지 않고 사람들이 각자 본인의 가치를 발현하는 사회, 그것을 그대로 인정했기 때문에 바람직하다고 생각합니다.

둘째, 질서정연하고 예측가능하여 사회구성원들이 만족하는 사회이기 때문입니다. 배우자 선택을 예로 들더라도 이 책에서는 이상적인 가정을 꾸리는 것이 가능합니다. 화목

하고 불안이 제거된 안정적인 분위기에서 아이들을 기르는 사회는 바람직합니다. 사람들 사이에 문제가 생겼을 때 충분히 시간을 두고 사람의 경우에도 개선될 수 있는지 아닌지를 보고 결정하게 됩니다. 쓰레기, 음식 등도 시간을 정해 처리하고 시간을 두고 시간 배분을 잘 하기 때문에 사람들 간에 부딪치지 않게 조정하고, 서로간에 불화하고 불쾌해하지 않도록 조절되기 때문에 모든 구성원이 만족감을 느끼게 하는 사회입니다. 셋째, 전쟁과 기아 등의 고통이 없는 평화롭고 안전한 사회이기 때문입니다.

무엇보다도 가족들간의 평화가 유지되는 사회이며, 그 예로는 가족들간의 아침 대화 시간에 원망하기 보다는 서로 위로하고 격려함으로써 가족의 안락함을 느낄 수 있게 합니다. 그리고 현재 지구상에는 수많은 사람들이 전쟁과 기아로 죽어가고 있습니다만 이 사회는 전쟁과 기아가 없어서 죽거나 다치거나 굶어 죽는 사람이 없는 안정되고 효율적인 사회입니다. 이상과 같은 이유로 저희 팀은 "조너스가 사는 사회는 바람직하다"는 논제에 찬성합니다.

반대

안녕하십니까. 저는 반대 팀 입론을 맡은 000입니다. 저희 팀은 다음과 같은 이유로 위 논제에 반대합니다.

첫째, 몰개성적인 사회이기 때문입니다. 우리가 사는 사회는 개인이 선택할 수 있는 자유가 매우 중요합니다. 최대한의 역량과 거기에 대한 취사선택이 필요하다고 생각합니다. 이러한 자유가 배제된 사회가 조너스가 사는 사회입니다. 여기 나오는 원로위원회가 모든 개인을 통제하고 질서를 부여하고 임무를 배분하는 일을 하고 있는데, 이건 아니라고 봅니다. 왜 그런가 하면 모든 개인에게는 태어나면서부터 인간의 권리, 즉 천부인권론이 존재하기 때문에 개인이 무슨 일을 하든 자유가 주어져야 하는데 이러한 자유와 선택권을 제한하는 것은 개인이 기본적으로 가져야 할 인권을 무시한 것이기 때문에 조너스가 사는 사회는 바람직하지 않다고 생각합니다.

둘째, 몰감정의 사회이기 때문입니다. 인간이 인간으로서의 고귀함, 존귀함을 가질 수 있는 것은 감정이 있기 때문입니다. 쉬운 예를 들면 인간의 기쁨이라는 것은 인간의 슬픔, 분노라는 부정적인 감정을 자기가 스스로 조절하면서 긍정적으로 나아갈 때 사람은 더 큰 기쁨, 행복을 느낍니다. 인간이 감정없이 살아가고 있다는 것은 정해진 선, 동물적인 수준에 머무르는 것이지 인간의 존귀함을 나타낸다고 볼 수 없습니다. 따라서 몰감정적인 사회는 인간성 구현을 위해 바람직하지 않습니다.

셋째, 사회조직을 위해 살인을 저지르는 무자비한 사회이기 때문입니다. 이 사회는 원로위원회에서 임무해제를 결정하면 노인이나 아이, 장애인을 가차없이 살해하는 무자비한 사회입니다. 일례로 로베르토라는 노인이 죽게 되었는데 과정을 보면서 흐뭇해하는 장면이 나옵니다. 이러한 사회에서 숭고한 죽음인 것처럼 교육받은 사회에서나 가능한 일이고 누군가 나에게 너는 죽을 때가 다 되었다고 생을 마감할 때가 되었다고 하면 말이 안 될 것입니다. 가브리엘 아가가 밤에 칭얼댄다든가 키가 조금 모자란다는 하찮은 이유로 임무해제당하는 위기에 처하는 얘기가 나옵니다. 위원회 기준이 살인을 저지를 만큼 임무해제 될 조건이 되는 것은 말이 안 된다고 생각합니다.

저희는 이상과 같은 이유로 '조너스가 사는 사회는 바람직하다'에 반대합니다.

② 교차질의

반대 : 질문하겠습니다. 조너스가 사는 사회가 차별없는 평등사회라고 하셨는데, 그렇지 않습니다. 예를 들어 기억전달자로 선발되면 산모나 기능공과는 다른 특혜를 누리게 됩니다. 어떻게 생각하시나요?

찬성 : 물론 기억전달자는 다른 사람들과는 다른 여러 가지 특혜를 누리긴 합니다만 그것은 차별이 아니라 차이라고 생각합니다. 차별과 차이는 분명히 다릅니다. 조너스가 사는 사회는 각자의 적성과 능력에 따라 알맞은 직업을 갖게 됩니다. 예를 들면 자동차 만들기를 좋아하는 사람은 자동차 설계사나 조립공이 되는 것입니다. 우리나라 뿐만 아니라 여러 나라에서 적성에 맞는 직업교육을 시키는 이유가 바로 거기에 있습니다. 따라서 조너스가 사는 사회는 차별없는 평등사회가 맞습니다.

찬성 : 질문하겠습니다. 조너스가 사는 사회가 몰개성적이라고 하셨는데, 그렇지 않습니다. 앞서 말씀드렸듯이 이 사회는 각자의 개성과 적성, 그리고 능력에 따라 적합한 직업을 갖기 때문에 다양한 개성이 발휘되는 사회입니다. 어떻게 생각하시나요?

반대 : 책에서도 개인의 개성과 능력에 따른 원로위원회의 직업결정이 항상 옳았다고 보기 어려운 대목이 나옵니다. 구성원 중 몇 몇은 사회를 이탈하거나 죽음을 맞이하기도 하였습니다. 이들은 자신의 개성이 충분히 발휘되지 못했기 때문에 이러한 선택을 했습니다. 따라서 저희는 조너스가 사는 사회는 몰개성적이라고 생각합니다.

③ 반론

찬성

안녕하십니까. 저는 찬성팀 반론을 맡은 000입니다. 저는 반대팀의 논점을 반박하겠습니다.

첫째, 반대팀에서 조너스가 사는 사회가 선택의 자유가 없는 몰개성적인 사회라고 주장하셨는데, 먼저 선택의 자유가 없는 사회는 맞습니다만 개인의 선택이 사회의 불안과 안전을 위협한다면, 그리고 사회에 고통과 불화와 위험을 높일 수 있다면 개인의 자유는 제한할 수 있다고 생각합니다. 전문가가 가장 잘 할 수 있기 때문에 선택자유가 있더라도 사회가 바람직한 사회로 나갈 수 있다면 가능하다고 생각합니다. 예를 들면 책에서 나오듯이 옷이나 자전거의 경우 나이가 될 때까지 통제하는 것을 몰개성이라고 볼 수 있을지요? 이것은 몰개성이 아닌 오히려 개성을 발휘하고 사는 사회라고 볼 수 있습니다. 사람마다 똑같은 모습을 함으로써 이기심이나 욕심을 줄일 수 있기 때문에 몰개성적이라 할 수 없습니다.

둘째, 반대팀에서는 이 사회가 몰감정적이라고 했는데, 이 사람들이 감정을 못 느끼는 게 아니라 그 감정에 해당하는 감정어를 사용하지 못하게 하는 겁니다. 화가 났다고 했을 때 다른 단어를 대체하도록 했지 감정을 느끼지 말라고 하는 것은 아닙니다. 화가 났을 때 다른 단어를 쓰도록 한 것이지 감정 그 자체를 없다고 하는 것은 아닙니다. 책에는 동생 역시 자전거를 기대하면서 기다리는 모습이 나옵니다. 따라서 기대감, 설레임, 두근거림 등의 감정이 없다는 것은 잘못된 지적입니다.

셋째, 살인이라는 단어는 부정적이지만 점차 사회가 안락사 인정하는 흐름이 있는 것도 사실입니다. 물론 그 선택이 위원회에서 일방적으로 시행된다는 점은 있지만 본인이 인간다운 삶을 유지할 수 있는 상황이 아닐 때 고통을 갖고 삶을 유지하는 것은 무의미합니다. 고통 속에 삶을 유지하는 것보다는 인간으로서의 존엄을 지키면서 죽을 수 있는 존엄사도 개인의 삶에서 중요하다고 생각합니다. 이상 저희 팀의 반론을 마치겠습니다.

반대

안녕하십니까. 저는 반대팀 반론을 맡은 000입니다. 저는 찬성팀의 논점을 반박하겠습니다.

첫째, 상대팀에서는 조너스가 사는 사회가 개인 간의 차별을 없애서 안정적이고 질서있는 평등사회를 만든다고 했는데, 공적인 의미에서 평등이 무엇인가를 정의하는 문제라고 봅니다. 모든 사람을 로봇으로 똑같이 만드는 게 평등은 아니라고 생각합니다. 그리고 기계처럼 차별을 없앤다는 명분으로 차이를 없애는 것은 전체주의사회로 가는 길이라고 생각합니다. 모든 사람의 개성을 없애는 사회는 다양성을 파괴하고 획일화시키는 문제를 내포하고 있기 때문에 바람직하지 않습니다.

둘째, 원로위원회의 절대 권력으로 질서정연하고 예측가능한 사회를 만듦으로써 문제를 해결하고자 하는 것은 좋습니다만, 갈등이 없는 사회를 상상할 수 있을까요? 인간이 삶을 영위하는 모든 사회는 다양한 갈등을 내포하고 있기 마련입니다. 따라서 갈등이 없는 사회가 없듯이 위로부터 만들어진 사회가 완벽할 수 없으며, 구성원들 모두에게 완전한 만족감과 행복을 줄 수 있다는 것은 불가능한 꿈입니다. 사회가 바람직한 방향으로 가기 위해서는 개인 간의 차이를 인정하고 갈등을 전제로 한 것이어야 하며, 어떤 경우에도 위로부터의 질서가 강요되어서는 안 됩니다.

셋째, 고통과 실패의 두려움이 없는 안정된 사회, 전쟁과 기아가 없는 사회라고 하셨는데, 책에서는 오히려 적지 않은 사람들이 위로부터의 통제에 대해 이름 모를 불안감을 느끼는 장면이 등장합니다. 다시 말씀 드려서 조너스가 사는 사회는 조지 오웰의 [1984]에 나오는 빅 브라더의 모습을 연상케 하는 원로위원회를 통해 개인의 삶에 깊숙이 개입하는 통제사회입니다. 이상 저희 팀의 반론을 마치겠습니다.

④ 전체교차질의

찬성 : 질문하겠습니다. 조너스가 사는 사회를 로봇처럼 모든 사람이 똑같은 사회라고 지적하고 있는데, 대부분의 구성원이 만족하게 살고 있는데 어떻게 로봇사회, 전체사회라고 부를 수 있나요?

반대 : 이 사회에서 제시하는 직업들은 개성이 존중되는 다양한 직업이라고 볼 수 없습니다. 통제되고 규격화된 모습이지 결코 다양한 것이 아닙니다. 책에서는 이 사회가 색깔과 햇빛이 없는 것으로 그려집니다. 이는 사회가 단일화, 규격화, 다양성없음을 의미합니다.

찬성 : 질문하겠습니다. 친구 놀이 지도자의 경우 자기 적성에 맞는 걸 찾아 주지 않았나요?

반대 : 직업 선정을 해 주긴 하였으나 물에 빠져 죽거나 마을을 빠져 나간 인물들이 있었음을 보면 사회 구성원의 다양성, 개성 존중이 아닙니다. 책에 나오는 원로위원회는 조지 오웰의 [1984]에 나오는 빅 브라더와 비슷합니다. 이들은 사회 구성원에 의해 선출되거나 추대형식으로 그 자리에 오른 사람들이 아닙니다. 언제, 어디서, 어떻게 그들이 원로위원이 되었는지를 아무도 모릅니다. 오로지 이들의 사건해결 방식은 상명하달식의 일방적이고 전체적인 성격을 갖고 있을 뿐입니다.

찬성 : 질문하겠습니다. 전쟁과 기아 문제 등을 피할 수 있는 사회가 더 나은 것 아닌가요? 조나스 여자친구의 경우는 본인의 삶에 매우 만족해 하며 살아가고 있습니다. 우리가 사는 사회는 현실적인 곳이지 이상적인 곳이 아닙니다. 그렇게 가기는 어렵습니다. 현대사회가 안고 있는 모든 분란과 무질서 등의 문제를 해결하기 위해서는 원로위원회가 그럴 수 밖에 없었다고 생각합니다만 어떻게 생각하시나요?

반대 : 기아 문제를 예를 들면 이 문제는 개인이 헤쳐 나갈 문제지 누군가가 대신할 것은 아니라고 생각합니다. 조나스가 사는 사회는 원로위원회 등 몇몇 사람이 전쟁과 기아 문제를 전담하면서 궁극적으로는 개인을 획일화시키고, 기계화시킨다는 문제를 안고 있습니다.

이 사회에서 각 개인은 주체의식을 갖지 못해 독립적이지 못하고 엑스트라로 살아가는 존재로서 불행하다고 할 수 있습니다.

반대 : 질문하겠습니다. 그렇다면 의무가 중시되는 사회와 책임이 중시되는 사회 중 어느 것이 더 낫다고 생각하나요? 조나스가 사는 곳은 개인에게 의무만 중시하는 사회 아닌가요? 우리는 더 큰 역량을 가진 개인이 책임도 함께 지는 사회가 바람직하다고 생각하는데 어떻게 생각하시나요?

찬성 : 모든 사람이 다 큰 역량을 가질 수는 없지요. 전쟁과 기아 등의 문제는 개인이 해결하기 힘듭니다.

반대 : 질문하겠습니다. 전쟁과 기아 등 나쁜 것들만으로 역사가 이루어진 것은 아닙니다. 다른 분야에서도 개인의 역량이 발휘될 수 있는 장이 필요합니다. 이러한 장을 만들어 주지 않는 사회는 바람직하지 않다고 생각하지 않나요?

찬성 : 위로부터의 해결 방법은 개인이 겪는 고난과 역경을 막기 위해 불가피하게 택한 것으로 볼 수 있기 때문에 바람직한 해결방법이라고 생각합니다.

⑤ 최종변론

찬성

안녕하십니까. 저는 찬성팀 최종변론을 맡은 000입니다.

여러분은 어떤 미래사회를 꿈꾸십니까? 지금 우리는 극심한 차별과 전쟁과 기아, 폭력 등으로 고통받고 있습니다. 그래서 모든 사람은 차별없고 평화롭고 안전하며 질서정연한 사회를 꿈 꿉니다. 그래야 개인의 개성과 능력, 소질 등이 발휘될 수 있고 더 안락한 삶을 누릴 수 있기 때문입니다.

조너스가 속한 사회는 원로위원회에서 개인들의 역량과 가능성을 충분히 고려하여 각 개인에게 맞는 직업과 지위를 마련해 줍니다. 그에 따라 각 개인들은 자기의 위치에서 최선을 다 하는 삶을 살아 가며 이러한 삶에 만족합니다. 사람들을 적재적소에 배치함으로써 사회의 발전과 능률을 높이고 있습니다.

오늘날 우리가 직면하고 있는 불평등과 부조화는 개인들 간의 과당경쟁과 그로 인한 비효율성 때문입니다. 조너스가 사는 곳은 그럴 필요 없이 모든 사람들이 자신의 몸에 맞는 옷을 입고 각자의 능력에 따라 사회적인 역할을 함으로써 사회 전체가 조화와 평등을 이루고 있습니다.

만약 모든 사람들이 기억전달자가 되고 싶어 하고 이를 제어하는 장치가 마련되어 있지 않다면 어떤 일이 벌어질까요? 그것은 아마 극도의 혼란과 갈등, 이전투구, 더 나아가서는 전쟁이 그치지 않을 것입니다. 조너스가 사는 사회는 이러한 무질서를 통제하고 각자의 분수에 맞는 역할을 배정함으로써 사회가 조화롭고 평화롭게 꾸려지고 있습니다.

모든 사람들이 자신에게 맞는 옷을 입고 살아갈 수 있는 사회, 전쟁과 같은 폭력과 테러 없이 안정적인 환경에서 평화를 누릴 수 있는 사회가 바람직하다고 생각하며, 조너스가 사는 사회는 이러한 모습을 갖고 있기 때문에 저희 팀은 조너스가 사는 사회가 이상적이고 바람직하다고 주장합니다.

반대

안녕하십니까. 저는 반대팀 최종변론을 맡은 000입니다.

여러분은 모든 사람이 똑같은 옷을 입고 거리를 활보하는 상상을 해 본 적이 있습니까? 또 내가 원하지 않은 직업을 강요 당하며, 원치 않는 행동을 해야만 하는 사회를 상상해 본 적이 있습니까?

개인이 모여 사회가 되고 국가가 됩니다. 개인이 행복하지 않은 사회는 결코 행복할 수 없습니다. 나의 개성이 충분히 발휘되고 감정표현도 자유스러워야 하며, 무엇보다도 내 생명은 소중하므로 그 어떤 힘에 의해서도 마음대로 처리되어서는 안 됩니다.

개인을 희생해서 만들어진 사회와 국가는 그 자체가 불행입니다. 우리는 이미 독일, 이탈리아, 일본 등 개인희생이 강요된 전체주의 국가가 어떤 운명을 맞았는지 역사를 통해 잘 알고 있습니다. 이들 국가에서 개인들이 행복했다고 고백하는 것을 들어 본 적이 있나요?

인간은 주체적이고 자립적이며 스스로 생각하고 판단하는 고등동물입니다. 단순히 먹고 자고 마시며, 남이 시키는 일을 하기만 하는 기계나 로봇이 아니란 말입니다. 조나스가 사는 사회는 원로위원회라는 곳이 있어서 모든 사람들의 삶을 기계적으로 통제하고 억압하고 있습니다. 원로위원회는 구성원들이 자율적이고 민주적으로 선출한 집단이 아닙니다. 그들이 어떻게 선출되었고, 어떤 자격을 가졌으며, 누가 그런 권한을 주었는지도 불분명한 상태에서 다른 사람들의 인생을 그르칠 수도 있는 결정을 마구 내리고 있습니다.

조나스의 탈출은 이 사회가 개인의 개성과 주체성, 자율성을 말살시키고 있음을 그대로 증명하는 것 아니겠습니까? 본인이 속한 사회가 바람직하다고 판단했으면 주인공 조나스가 과연 탈출을 시도했을까요? 조너스가 판단하는 한에 있어서도 이 사회는 몰개성적이며, 반개인주의적이고 억압적인 모습을 띠는 것이었습니다.

우리 팀은 조너스의 탈출은 개성과 자율성과 주체성을 추구한 행위로서, 바람직스럽지 못한 사회로부터의 해방이라고 보고, 따라서 조나스가 속했던 사회는 바람직하지 못하다는 결론입니다.

4 레 미제라블

빅토르 위고, 대교, 김주경역, 2012

● 최수정

● 논제 : 장발장은 위험인물이다.

● 대상 : 초5~중2

1 입론

찬성

안녕하십니까. '장발장은 위험인물이다'라는 논제의 찬성측 입론을 맡은 ○○○입니다. 장발장은 가난으로 인해 빵을 훔치다 붙잡혀 19년 동안 감옥에 갇혀 있었던 절도를 한 범죄자입니다. 그는 석방된 지 얼마 되지 않아 다시 은화를 훔쳐 감옥에 수감되어 있던 중, 탈옥해 자베르에게 추적을 당하며 신분을 속이고 도주 생활을 하였습니다. 그는 예전처럼 피치 못할 상황이 되면 언제든 법을 어겨서라도 자신이 하고자 하는 일을 해내고야 말 위험인물입니다.

저희 찬성팀에서는 장발장은 탈옥하여 신분을 속이고 도주 중인 범죄자이므로 '장발장은 위험인물이다'라는 논제에 찬성합니다. 그 근거는 다음과 같습니다.

첫째, 장발장은 절도행위를 한 범죄자이며, 탈옥수 신분으로 도주 생활을 하였습니다. 장발장은 일자리가 없었다고 해도, 아이들이 굶고 있었다고 해도 빵을 훔친 것은 잘못이라는 것을 스스로 인정했습니다. 빵을 훔쳐서 5년의 형량으로 감옥 생활을 하던 장발장은 네 번의 탈옥 시도로 형량이 14년 늘어나 모두 19년의 감옥살이를 해야 했습니다. 석방이 된 장발장은 성당에서 은식기들을 또 훔쳤고, 길을 가던 중 소년의 은화를 돌려주지 않았습니다. 그 이유로 다시 감옥에 수감되어 생활하던 중 탈옥하였고 도주 생활을 계속했습니다. 이처럼 살기 어렵다하여 범죄를 저지르는 이가 많다면 사회는 혼란에 빠질 것이 분명합니다.

둘째, 신분을 위장하여 시장이 되었고 자신의 신분을 밝히지 못했습니다. 장발장은 마들렌느라는 이름으로 신분을 위장하였고, 그 다음엔 포슐르방 영감으로 위장했습니다. 그가 전과자라는 사실을 알았다면 사람들은 선한 일을 하였다 하여도 그를 시장으로 뽑아주지 않았을 것입니다. 이는 시민의 알권리를 기망한 것으로 진실을 은폐함으로서 시민들을 착오에 빠지게 하여 공정한 선거에 혼란을 초래하였습니다. 시장이라는 그의 신분은 그의 과거를 숨기기에 용이하였고 의도적으로 신분세탁을 하려고 의도한 것입니다. 그러므로 그의 선한 행위는 그의 목적 때문이지 그가 죄를 뉘우쳐서 선한 인간으로 변모되었기 때문이 아닙니다.

셋째, 장발장의 도주로 코제트가 불안한 상황에 계속 노출되었습니다. 자베르의 추적을 피하기 위해 비밀스러운 집을 빌렸고 피신할 작은 집도 두 채 더 빌렸습니다. 그는 코제트와 만일의 일에 대비하여 몇 주씩 그 두 집에 머물곤 하였습니다. 장발장이 코제트에게 잘해 주었다고는 하지만 그의 그런 도주생활이 소녀 코제트에게 심리적 불안감을 안겨주었을 것입니다.

이와 같이 저희 팀은 첫째, 장발장은 범죄자이며, 탈옥수 신분으로 도주 생활을 하였고, 둘째, 신분을 위장하여 시장이 되어 자신의 신분을 밝히지 못했고, 셋째, 장발장의 도주로 코제트가 위험한 상황에 계속 노출되었으므로 '장발장은 위험인물이다'라는 논제에 찬성합니다.

반대

안녕하십니까. '장발장은 위험인물이다'라는 논제의 반대측 입론을 맡은 ○○○입니다. 〈레 미제라블〉은 프랑스 혁명 이후 1832년 파리에서 일어난 6월 봉기를 배경으로 쓰여진 작품입니다. 당시 사회는 왕정이 무너지고 공화국이 수립되고 인민주권론도 선포되었습니다. 다시 왕정이 복고가 될 때까지 평등한 인권을 찾으려는 격변의 시기였음에도 민중이 원하던 평등과 인권을 되찾은 것은 먼 훗날의 일이었습니다. 그러한 시기에 살았던 장발장은 빵 한 조각을 훔친 이유로 19년을 감옥에 수감되어 있었습니다. 석방된 그는 뼈아픈 뉘우침으로 선한 일을 많이 하며 새로운 삶을 살게 됩니다.

'법'에 대해 용어정의를 하겠습니다. '법이란 사회를 온전히 지켜내기 위한 국가의 강제력을 수반하는 사회규범'입니다. 저희 반대측은 당시 사회가 가난한 이들의 권리를 짓밟는 상황이었고, 법을 어길 수 밖에 없도록 내몰았으므로 '장발장은 위험인물이다'라는 논제에 반대합니다. 그 근거는 다음과 같습니다.

첫째, 그 당시 법과 사회가 가난한 이들의 권리를 짓밟는 상황이었으므로, 장발장이 법을 어길 수 밖에 없도록 내몰았습니다. 장발장이 살고 있던 사회는 왕과 귀족과 부유한 부농과 부르주아들만을 위한 법이 난무하던 시대였습니다. 가난한 이들을 위한 법은 없었습니다. 왕과 귀족은 시민들에게 무거운 세금을 징수하여 가난을 면치 못하게 하면서 그들에게 당연한 권리인 일자리와 빵을 구하도록 어떻게 도와줄 것인지에 대한 의무는 게을리 했습니다. 이런 상황에서 장발장과 같은 사람들은 삶을 포기하던지 아니면 어떤 일이든 해야 하는 상황에 내몰린 것입니다. 빵 하나 훔친 댓가로 5년형을 받은 것은 이러한 가난한 이들의 유린된 인권과 상황을 고려하지 않은 가혹한 처벌입니다.

둘째, 장발장은 시민들을 위한 선한 행위를 많이 한 시장이었습니다. 장발장은 사람들의 어려운 문제를 해결해 주었고, 소송을 피하게 해주었으며, 서로 원수가 된 자들을 화해시켜 주었습니다. 그러자 모두들 그를 공정한 재판관으로 여겼습니다. 또한 마차에 깔린 포슐르방 영감을 구해주었습니다. 그가 선한 일을 많이 하자 시민들은 장발장을 좋은 사람이라고 여기고 그를 믿었습니다. 그런 장발장을 사람들이 시장으로 뽑아주어 그는 시장으로써의 힘들거나 위험에 처한 사람들을 많이 도와주었습니다. 그의 공정하고 정직하고 희생하는 모습에서 사람들은 하느님을 떠올렸습니다. 그는 완전히 새로운 사람으로 거듭났으며 선의지를 가진 사람이 되었습니다.

셋째, 곤경에 처한 코제트와 마리우스를 위해 위험을 감수했습니다. 가난으로 인해 일하기 위해선 어린 코제트를 키울 수 없었던 팡틴느는 테나르디에 부부에게 매달 돈을 지불하며 코제트를 키워달라고 부탁합니다. 부부는 코제트에게 벌을 주었고 욕설을 퍼부었으며, 그들이 남긴 음식을 식탁 밑에서 먹게 했으며, 5살 때부터 집안의 온갖 일을 시켰습니다. 그런 코제트를 구해주기로 약속한 장발장은 코제트를 딸처럼 생각하며 사랑으로 키웠습니다. 또한 ABC친구들이 봉기를 일으켰을 때, 그 일에 가담하였던 마리우스가 죽을 위기에 처하자 목숨을 구해주었습니다. 자베르 또한 장발장이 하느님의 모습을 한 범죄자임을 인정할 수 밖에 없어, 그의 도주를 묵인하였고, 고뇌하던 그는 자살을 선택하였습니다.

이와 같이 저희 팀은 첫째, 그 당시 상황은 장발장이 법을 어길 수 밖에 없도록 내몰았고, 둘째 장발장은 시민들을 위한 선한 행위를 많이 한 시장이었고, 셋째 곤경에 처한 코제트와 마리우스를 위해 위험을 감수했으므로 '장발장은 위험인물이다'라는 논제에 반대합니다.

② 교차질의

찬성 : 저희 찬성측이 먼저 질문하겠습니다. 반대측에서 당시 사회는 가난한 이들의 권리를 짓밟는 상황이었으므로 살기 위해서 어쩔 수 없었다고 하셨는데 그렇다면 살기 위해선 범죄를 저질러도 된다는 말입니까?

반대 : 범죄를 저질러도 아무런 문제가 되지 않는다는 말은 한적이 없습니다. 다만 당시 사회는 인간이 당연히 누려야 할 의식주의 기본적 욕구가 해결될 수 없는 사회였기 때문에 장발장처럼 가난한 이들은 빵을 훔치는 일까지 내몰렸다는 것입니다.

반대 : 장발장이 절도행위를 한 범죄자인 것은 맞지만, 빵을 훔친 댓가로 5년형을 살아야 한다는 법의 판결이 옳다고 보십니까?

찬성 : 현재 법에서도 절도죄는 형법 329조에 따라 '6년 이하의 징역이나 1000만원 이하 벌금'에 처하도록 하고 있습니다.

반대 : 하지만, 초범이면 검사 또는 판사에게 선처를 받아 '기소유예'로 형을 면하기도 합니다. 알고 계십니까?

찬성 : 알고 있습니다. 장발장은 은화를 밟은 채, 소년에게 주지 않아 다시 8년형을 언도받기도 했지요. 이로 보아 그는 우발적인 범죄를 저지른 것이 아니라 그의 변하지 않는 악한 근성이 입증된 셈이니, 법의 선처를 바래서는 안됩니다.

찬성 : 다음 질문하겠습니다. 반대측은 두 번째 근거로 장발장은 시민들을 위한 선한 행위를 많이 한 시장이라고 하셨습니다. 그럼 묻겠습니다. 반대측 발언자께서 범죄를 저지른 어떤 이를 안다고 가정해 봅시다. 그 사람이 선한 행위를 많이 한다고 하여 그가 선하다고 100% 믿을 수 있겠습니까?

반대 : 100% 믿을 수 있다고는 말할 수 없을 것 같습니다. 하지만 과거의 잘못을 만회하기 위해 선하게 열심히 생활하는 현재 모습도 그의 참된 모습이라고 인정할 수 있다고 봅니다. 또한 그러한 모습을 오랜 시간 겪다보면 그의 과거 또한 점점 잊혀지리라고 생각됩니다. 인간은 더 나은 삶을 영위하기 위해서 끊임없이 더 좋은 선택을 하고 노력하는 자유의지를 가진 존재이니까요.

찬성 : 반대측은 셋째로 장발장이 곤경에 처한 코제트와 마리우스를 위해 위험을 감수했다

라고 하셨는데, 범죄자라도 자신이 아끼는 사람이나 가족은 끔찍히 생각하는 법입니다. 그런 개인적인 행동을 사회로 일반화해서 그가 위험하지 않다고 말할 수 있을까요?

반대 : 저희 두 번째 근거가 그 답이 될 수 있을 것입니다. 장발장은 시장이 되기 전에도, 시장이 된 이후에도 힘들거나 위험에 처한 많은 이들을 도와주었습니다. 그는 과거의 자신의 잘못을 주교관 앞에 엎드려 기도드리며 뉘우치고 선한 삶을 살기로 마음먹었고 그렇게 했습니다. 그는 더 이상 위험인물이 아닙니다.

반대 : 장발장이 테나르디에 부부의 여인숙에서 코제트를 구해내지 않았다면 어떤 생활을 계속하고 있었을까요?

찬성 : 힘든 노예생활을 하고 있었겠죠.

반대 : 그런 곳에서 코제트를 구해냈고 친부모 이상으로 코제트를 잘 키워냈는데, 자주 옮겨 다녀야 한다는 이유로 코제트가 불안한 생활에 노출되었다고 할 수 있을까요? 장발장은 코제트의 그동안의 고통을 잘 보듬어줄 적임자 아닌가요?

찬성 : 자주 옮겨다니는 것뿐만이 아니라, 코제트와 함께 도주도 여러번 같이 했던 것으로 알고 있습니다. 그런 경험들이 코제트를 심리적으로 불안하고 위축되게 만들었을 것입니다.

③ 반론

찬성

안녕하십니까. 찬성측 반론을 맡은 ○○○입니다. 저희 찬성측은 반대팀의 앞선 발언에 대해 반론을 하겠습니다.

반대측에서는 첫째, 그 당시 상황은 법과 사회가 권리를 짓밟는 상황이었다고 하셨는데요. 법과 사회가 자신이 추구하는 이상과 다른 모습이라고 해서 법을 어기고 범죄를 저지르는 것은 무책임합니다. 교차질의에서 빵을 훔치는 그러한 범죄는 현재 선처를 받아 형을 면하기도 한다고 하셨지만 그러한 미미한 처벌이 또 다른 범죄를 야기시키는 계기가 되어서 더 많은 범죄를 양산해 내는 결과가 될 것입니다. 그리고 사회는 혼란에 빠질 것입니다. 감옥에서 석방되어 나온 장발장은 어떤 여관에서도 받아주지 않자 성당에서 하루 묵게 되었습니다. 그는 갈곳 없는 죄인을 받아준 주교님을 배신하고 성당의 은식기를 모두 가지고 도주하였습니다. 주교님이 그를 용서하며 놓아주었는데도 길을 가던 프티제르베

소년의 40수짜리 은화가 발에 굴러오자 밟은채 주지 않았습니다. 그는 감옥에서 자신의 죄를 뉘우치고 바깥 세상에서 새로운 선한 삶을 살려고 노력하기는커녕 석방되자마자 또 다시 죄의 구렁텅이로 굴러 떨어진 것입니다. 은식기를 훔친 죄는 주교님이 감춰주어 죄를 모면할 수 있었으나, 은화를 주지 않은 죄로 그는 다시 8년형의 옥살이를 하게 되었습니다. 그가 가난으로 죽을처지에 놓여 절도를 할 수 밖에 없었다고 그를 옹호하는 반대측께서 그의 뉘우침 없는 계속되는 범죄에도 그의 절도행위가 우발적이라고 주장하는 것은 자가당착입니다. 그리고 그의 악한 본성은 변화되지 않았으므로 그가 위험 인물임을 보여준 것입니다. 그렇기 때문에 끊임없이 자베르가 그를 잡기 위해 추적하는 것입니다.

둘째로, 장발장이 시민들을 위한 선한 행위를 많이 했다고 하셨는데 장발장의 선한 행위가 그의 진실로 뉘우친 선한 마음에서 우러나온 행동인지 믿을 수 없습니다. 반대측에서는 장발장이 주교관 앞에 엎드려 기도드리며 새로운 사람으로 거듭났다고 주장하고 있습니다. 하지만 입론에서도 말씀드렸듯이 그는 신분을 위장했고, 진실을 은폐함으로서 시민들을 착오에 빠지게 하여 공정한 선거에 혼란을 초래하였습니다. 시장이라는 그의 신분은 그의 과거를 숨기기에 용이하였기 때문에 의도적으로 신분을 위장하려고 의도한 것입니다. 또한 그가 감옥에서 글을 배운 목적은 증오심을 키우기 위해서였습니다. 사람들을 도와주고 선한 행위를 많이 한 것도 자신의 신분을 숨기기 위한 목적 때문이었습니다. 인간의 악한 근성은 쉽게 바뀌지 않습니다.

셋째로, 곤경에 처한 코제트와 마리우스를 위해 위험을 무릅썼다고 하셨는데, 장발장이 테나르디에 부부의 여인숙에서 노예 생활을 하던 코제트를 구해준 것은 맞습니다. 하지만 코제트를 그 곳에서 구해낸 다음 안정되고 평범한 집에서 자라게 하는 것이 코제트를 위한 길입니다. 장발장이 자베르에게 쫓겨 도주 생활을 하는 모습은 어린 코제트에게 분명 불안함을 안겨 주었을 것이고 심리적으로 위축된 생활을 하고 있었을 것입니다. 마리우스 또한 ABC 친구들과 봉기를 일으켰을 때, 장발장이 목숨을 구해주지 않았다면 목숨이 위태로웠겠지만, 그 곳에 남아 있었다고 반드시 죽었을 것이라고 장담할 수는 없습니다.

반대

안녕하십니까. 반대측 반론을 맡은 ○○○입니다. 저희 반대측은 찬성팀의 앞선 발언에 대해 반론을 펼치겠습니다.

찬성측에서 첫째, 장발장이 절도행위를 한 범죄자라고 하셨는데, 저희가 교차질의에서 말씀드렸듯이 당시 법은 인간이 당연히 누려야 할 기본적인 의식주도 해결해주지 않는 사회였고, 왕과 귀족이 가진자들 만을 위해 만든 법만이 존재하던 사회였습니다. 법은 가난한 이들을 더 궁지로 내몰고 있는 상황이었습니다. 테나르디에 부부가 코제트를 맡아 길러주는 댓가로 팡틴느에게 요구하였던 양육비가 말도 안 되는 거짓 이유로 늘어만 갔습니다. 더 이상 양육비를 감당할 수 없게 되자 그녀는 머리를 잘라 팔고 이를 뽑아 팔았으며 거리의 여자가 되었습니다. 작가는 테나르디에 부부를 통해 당시 왕정을 비유적으로 비판한 것입니다. 당시 왕정과 공화국은 각종 이유로 세금을 증액하여 시민들은 거리에 나앉을 수 밖에 없었던 처지였습니다.

둘째로, 신분을 위장하여 시장이 되었고 의도적으로 신분을 세탁하기 위해 선한 일들을 했던 것이라고 하셨는데, 인간이라면 누구나 과거에 잘못을 저질렀다 하여도, 새로운 삶을 꿈꾸고 더 잘 살아보겠다는 의지를 가질 자유가 있고 행복할 권리가 있는 것 아닙니까? 장발장에게도 그러한 권리가 있습니다. 또한 그가 선한 행위를 많이 하고 열심히 살았던 그의 행적들이 쌓여서 자연스럽게 시장이 되었던 것입니다. 장발장이 포슐르방 영감이 비가 내려 땅바닥이 몹시 질퍽거리는 도로에서 짐마차 밑에 깔려 있는 것을 구해주자, 노인은 장발장의 무릎에 입을 맞추며 그를 하느님이라고 불렀습니다. 또한 팡틴느가 '신사를 공격하였다는 죄목'으로 억울하게 감옥에 6개월 동안 수감되어 있던 것을 석방되게 해 주었고, 그녀의 빚도 갚아주고 생활비도 대 주겠다고 하였습니다. 어려운 사람이라면 이렇게 발벗고 나서는 이런 사람이 어떻게 위험인물이란 말입니까? 사람들은 그의 희생을 보며 하느님을 떠올렸습니다.

셋째, 장발장의 도주로 코제트가 불안한 상황에 계속 노출되었다고 하셨는데, 테나르디에 부부 밑에서 힘든 노예와 같은 생활을 하던 코제트는 볼품 없었고 못생겨졌다고 했습니다. 하지만 장발장이 사랑으로 키운 뒤부터는 환하게 웃는 아름다운 모습으로 변했습니다. 마리우스가 첫눈에 반할만큼 아름다운 미모를 갖게 되었던 것입니다. 그것만 보아도 장발장이 코제트를 사랑으로 잘 키운 것을 알 수 있습니다. 또한 장발장은 집에 굶고 있던 일곱 조카들에게 먹일 빵을 구하려다가 빵을 훔친 사람입니다. 형을 다 마치고 감옥에서 나왔을 때에도, 조카들과 누나를 백방으로 찾아보았지만 찾을 수 없었습니다. 그러한 장발장의 상황이 그가 팡틴느를 본능적으로 구하고 코제트를 딸처럼 아끼며 키울 수 밖에 없는 이유입니다. 아픔을 겪어본 사람만이 아픔을 이해할 수 있다고 했습니다. 장발장은 코제트의 어려움을 너무도 잘 알고 이해하며 키워줄 적임자인 것입니다.

저희 반대측은 찬성측의 '장발장이 법과 질서를 어긴 범죄자이며 탈옥수이고 신분을 위장한 위험인물'이라는 주장에 대하여 그는 시민들을 위해 선한 행위를 많이한 시장이었고, 당시 법과 사회가 그를 법을 어길 수 밖에 없도록 내몰았으므로 위험인물이 아니라는 반론을 제기하며 발언을 마치겠습니다.

4 전체 교차질의

찬성2 : 입론 교차질의에서 반대측 발언자께서 범죄를 저지른 이가 선행을 한다 하여도 100% 믿을 수는 없을 것 같다고 대답하셨습니다. 장발장이 살기 힘든 어려운 상황이 되면 언제든 범죄를 다시 저지를 수 있다는 잠재성을 인정하는 것이 되고 그의 위험성을 인정하는 것이 됩니다. 그렇지 않습니까?

반대3 : 찬성측 발언자께서 제 대답을 너무 확대해석 하시는 것 같습니다. 저는 일반인들에 대해도 어떤 사람을 100% 믿는다는 것은 어려운 일이라는 생각 때문에 그렇게 대답한 것입니다.

반대1 : 다음 질문하겠습니다. 찬성측에서 두 번째 근거로, 자신의 신분을 밝히지 못했다고 하셨는데, 누구든 인간관계에서 자신의 잘못된 과거를 숨기는 그런 행동은 인간이라면 본능적인 모습 아닌가요? 만약 찬성측 발언자께서 과거에 어떤 일로 일해 감옥에 있었던 적이 있다면 그 사실을 굳이 사람들에게 말하고 다니시겠습니까?

찬성2 : 아니요.

반대2 : 찬성측 두 번째 근거에서 이번엔 장발장의 선한 행동에 대해 질문하겠습니다. 장발장의 선하게 살고자 하는 그의 의지(선의지)가 그의 선한 행동들로 드러난 것이지 과거 자신의 신분을 속이기 위해 선한 행위를 한 것이 아니라고 생각하는데 어떻게 보십니까?

찬성3 : 인간은 그렇게 쉽게 바뀌지 않습니다. 그는 감옥에서 복수를 꿈꿨고 자신이 어떻게 살아 남을 것인가 계획했을 것입니다. 장발장 자신의 과거를 들키지 않기 위한 케릭터 설정이라고 볼 수 있습니다.

찬성1 : 저희가 반론에서 했던 발언에 대해 묻겠습니다. 반대측 발언자께서는 장발장이 생활이 어려워 저지른 절도행위이니, 선처를 받아서 형을 면하는 것이 마땅하다고 생각하시는 것 같습니다. 그렇게 감성적인 처벌로 더 많은 절도 범죄자가 증가해서 사회가 혼란해 지는 것은 당연한 이치인데 그래도 괜찮다는 말씀이십니까? 또한 사회혼란을 가중시킬 위험 인물을 방치해야 하겠습니까?

반대3 : 장발장이 빵을 훔쳐 감옥에 가던 해는 인권선언문이 공표되고, 민주적 헌법이 제정되었던 때입니다. 인권선언문에서 모든 시민에게 평등한 선거권을 부여했고 모든 시민이 자유와 평등의 권리를 가지고 있다고 천명하였지만, 가난한 민중과 여성은 여전히 평등한 인간이 될 수도 없었고, 시민의 투표권이 없었던 시대였습니다. 가난한 하층민은 권리를 존중받지 못하던 사회에서 그는 벼랑 끝에 내몰린 상황이었단 말입니다.

찬성2 : 지금 우리 나라는 메르스의 확산이 빠르고 속출하는 사망자 때문에 국민들이 불안감에 떨고 있습니다. 대전경찰청 한 관계자는 이런 때일수록 성숙한 시민의식을 보여줄 필요가 있다면서 자가격리 조치를 악의적, 상습적으로 위반한 사람에 대해서 형사처벌도 고려하고 있다고 했습니다. 이처럼 어려운 상황일수록 개인의 이기적인 행동보다는 침착한 시민 의식은 자칫 메르스를 더 확산시키는 것을 막고, 불안과 혼란에 빠질 수 있는 나라를 건재하게 해줍니다. 어려운 상황일수록 성숙한 시민의식이 필요한 것 아닙니까?

반대1 : 저희팀 입론에서 말씀드렸듯이, '법이란 사회를 온전히 지켜내기 위한 국가의 강제력을 수반하는 사회규범'입니다. 그 당시 사회는 온전히 지켜낼 가치가 있는 왕정도, 공화국도 아니였다는 것이 저희측 입장입니다.

반대1 : 지켜낼 가치가 있는 정권인 경우에만 국가의 강제력을 수반하는 법이 가치가 있는 것 아닐까요?

찬성1 : 저희는 반론에서 그에 대한 대답을 이미 한 것으로 알고 있습니다. 저희팀은 법과 사회가 자신이 추구하는 이상과 다른 모습이라고 해서 법을 어기고 범죄를 저지르는 것은 무책임하고 미미한 처벌이 사회를 혼란에 빠뜨릴 것이라고 말한바 있습니다.

반대2 : 역사상 왕정이 부패하면 백성이 내야할 세금이 계속 늘어나 살기 힘들어진 백성이 산으로 숨어들어 살거나 도적의 무리가 되어 떠돌아다니는 경우를 우리는 수없이 많이 보아왔습니다. 찬성측 발언자께서 당시 사회의 빈민 계층이라고 가정해봅시다. 한 끼 식사를 할 돈도 없어 오늘 죽을지 내일 죽을지 모르는 상황인데, 왕과 귀족의 호화로운 왕정 생활과 그들의 알량한 이익을 보호할 법을 기꺼이 지킬 용의가 있으십니까?

찬성 : -----

5 최종변론

찬성

안녕하십니까. 찬성측 최종변론을 맡은 ○○○입니다. 반대측은 당시 법은 인간이 당연히 누려야 할 기본적인 의식주도 해결해주지 않는 사회였고, 왕과 귀족이 가진자들 만을 위해 만든 법만이 존재하던 사회였으며, 법은 가난한 이들을 더 궁지로 내몰고 있는 상황이었다고 주장했습니다. 하지만 어떠한 상황에서도 법은 준수되어야하고 그는 벌을 받아 마땅합니다. 그를 벌하지 않는다면 사회질서는 혼란하게 될 것입니다. 사회를 혼란하게 하는 그는 사회 악적인 존재이며, 위험인물입니다. 둘째로, 반대측에서는 장발장이 시민들을 위한 선한 행위를 많이 한 시장이었다라고 주장하고 있습니다. 그는 선하게 변화하였고 그의 공정하고 정직하고 희생하는 모습 때문에 모두가 그를 신뢰하였다고 하였습니다. 하지만 인간 내면의 깊숙이 자리잡은 악의 근성은 쉽게 바뀌지 않습니다. 그가 석방된 이후에도 계속해서 범죄를 저지르는 것을 보면 인간 악의 근성이 쉽게 바뀔 수 없음을 자명하게 보여주고 있습니다. 그러므로 장발장은 어려운 상황이 닥치면 언제든 또 다시 법을 어기고 자신이 하고자 하는 일을 해내고야 말 위험인물입니다.

다시 한 번 말씀드리지만 법과 사회가 자신이 추구하는 이상과 다른 모습이라고 해서 법을 어기고 범죄를 저지르는 것은 무책임합니다. 그런 일이 계속된다면 사회는 혼란에 빠지게 됩니다. 장발처럼 개인의 우발적인 판단이 아니라 성숙한 시민 모두의 판단과 행동만이 어지러운 사회를 바로잡을 수 있습니다. 장발장은 사회를 생각하고 모두의 질서를 생각하여 인내하는 것이 아니라 자신의 욕구만을 채우기 바쁜 사람이었고 그의 그런 행동은 어지러운 나라를 더 혼란에 빠뜨리는 결과가 되었습니다. 그런 그는 위험인물임에 틀림 없습니다.

'급할수록 돌아가라'라는 말이 있습니다. 최근 일부 메르스 자가격리자가 자택에서 머물러 스스로를 국민들로부터 격리시키라는 자자격리 조치를 무시하고 자신이 해야할 일들을 하러 다니느라 거리를 활보한 경우가 많았습니다. 자가격리자가 '나 하나쯤이야' 하고 개인의 이익만을 우선시하여 했던 일탈행동으로 인해 국민의 생명이 더욱 위험해지는 상황에 노출된 것입니다. 나 혼자만의 눈앞의 이익만을 추구하며 즉흥적으로 앞에 닥친 상황에 대처하는 모습은 지나친 이기주의이며 개인주의입니다. 어려운 상황일수록 인내하고 법과 질서를 지키며 차분하게 대처한다면 사회 혼란을 일으킬 수 있는 상황을 잘 대처해 나갈 수 있습니다. 바로 이 지점이 판정단께서 저희 손을 들어주셔야 하는 이유입니다.

그러므로 저희 찬성측에서는 첫째, 어떠한 경우라도 법은 준수되어야 하는데 장발장은 침착하고 인내하는 시민의식이 아니라 사회혼란을 가중시키는 범죄를 저지르고 도주생활을 하였던 탈옥수였습니다. 둘째, 그가 한 선한 일들은 모두 신분을 위장하기 위함이었고 셋째, 장발장의 도주로 코제트가 심리적으로 위축된 생활로 그녀를 위험에 노출시켰으므로 '장발장은 위험인물이다'라는 논제에 찬성합니다. 지금까지 경청해주신 여러분 감사합니다.

반대

안녕하십니까. 반대측 최종변론을 맡은 ㅇㅇㅇ입니다. 찬성측에서는 첫째, 장발장이 절도행위를 한 범죄자이며 탈옥수 신분으로 신분을 위장하여 도주 생활을 하였다는 이유로 그를 위험인물이라고 주장하고 있습니다. 찬성측은 어떠한 경우라도 법은 준수되어야 하고 그가 형벌을 받는 것은 마땅하다는 입장입니다. 이러한 논점에 대해 저희 반대측은 그 당시 법과 사회가 가난한 이들의 권리를 짓밟는 상황이었으므로, 장발장이 법을 어길 수 밖에 없도록 내몰았다고 반박했습니다. 찬성측은 두 번째 논점으로 장발장이 신분을 위장하여 시장이 되어 선거에 혼란을 초래하였고 끝까지 자신의 신분을 밝히지 못했다고 했습니다. 그가 신분을 속인 것은 과거를 숨기기 위함이라고 하셨습니다. 이에 대해 저희 반대측은 장발장은 미리엘 주교관 앞에서 기도하며 새로운 사람으로 거듭났기 때문에 선의지를 가지고 좋은 일들을 많이 한 것이라고 반박했습니다.

찬성측은 장발장이 법과 사회가 자신이 추구하는 이상과 다른 모습이라고 해서 법을 어기고 범죄를 저지르는 것은 무책임하며 사회는 혼란에 빠질 것이라고 주장했습니다. 하지만 사회가 더 이상 유지되기 힘들 정도로 극도로 부패한 비정상적인 사회는 역사에서 흔히 볼 수 있습니다. 우리나라의 유구한 역사를 보아도 왕권이 부패하고 타락하면 백성들이 과중한 세금을 감당하지 못하여 산속에 숨어들어 살거나 도적 떼가 되어 살았었습니다. 정권이 부패하여 몰락하여 가던 혼돈스러운 상황에서 장발장의 법을 어긴 행위는 어려운 시절에 흔히 있었던 이야기입니다. 자베르도 인간보다 천사에 가까운 징역수를 인정할 수 밖에 없어서 장발장을 잡아야만 하는 숙명에 놓인 자신의 딜레마를 해결하지 못하고 자살을 선택했습니다. 장발장은 평생을 걸쳐 그를 추적한 자베르가 인정할 수 밖에 없었던 하느님의 모습을 한 범죄자였던 것입니다.

조선시대 정약용의 〈목민심서〉에 그가 지은 '애절양'이란 시가 나옵니다. 한 백성이 아이를 낳았는데 그 마을 아전이 16~60세의 남자가 내야할 세금을 부과하기 위해 집안에 단 한 마리뿐인 소마저 빼앗습니다. 그 백성이 앞으로 먹고 살 일이 얼마나 막막했던지, 칼로 자기 생식기를 스스로 베어냈습니다. 이렇듯 장발장이 속해 있던 당시 사회는 왕과 귀족들이 갖은 방법으로 민중들의 고혈을 착취하여 생계도 잇지 못할 정도로 폭정을 하던 시기였습니다. 바로 이점이 판정단께서 저희 팀의 손을 들어주셔야 하는 이유입니다. 장발장이 살던 시대도 여러 형태로 정권이 바뀌는 격변기였음에도 여전히 민중이 고통 받는 현실은 달라진 것이 없었고 삶을 제대로 영위할 수 없었던 때였습니다. 다수의 희생이 당연시되는 사회, 그러한 다수가 희생을 치러야만 건재한 사회였습니다. 그가 빵을 훔치는 형국에 내몰린 상황을 이해한다면 장발장에게 그 당시 법과 질서를 논하는 것이 어불성설이며 그가 위험인물이 아니라는 것을 아시리라 믿습니다.

그러므로 저희 반대측은 첫째, 당시 상황은 정권이 부패하여 극도로 불안정하여 가난한 이들의 권리를 짓밟는 상황으로 장발장이 법을 어길 수 밖에 없도록 내몰았고, 둘째, 장발장을 보고 하느님의 모습을 떠올릴 정도로 시민들을 위한 선한 행위를 많이 한 시장이었고 셋째, 곤경에 처한 코제트와 마리우스를 위해 위험을 감수했으므로 '장발장은 위험인물이다'라는 논제에 반대합니다. 경청해 주셔서 감사합니다.

5 이방인

알베르 까뮈/이정서 옮김/새움/2014

●박성숙

● 논제 : 뫼르소에게 사형 선고를 내린 것은 정당하다.
● 대상 : 중3~고2

1 입론

찬성

'뫼르소에게 사형 선고를 내린 것은 정당하다'는 논제에 찬성 입론자입니다. 뫼르소는 자기 어머니의 장례식에 참석해서 너무나 피곤한 나머지 별로 슬퍼하지도 않았습니다. 그리고 친구와 함께 알제리 해변에 나갔다가 아랍인을 총으로 쏘아 죽이게 됩니다. 그로 인해서 뫼르소는 체포되어 재판을 받게 되고 그 재판에서 사형선고를 받게 됩니다.

사형이란 나쁜 문제를 저지르고 재판 결과 그 사람을 죽이는 것을 인정했을 때 이루어지는 형벌입니다. 우리는 뫼르소가 비도덕적이며 계획적인 살인 행위를 했으므로 사형 선고를 받는 것은 정당하다는 입장이므로 논제에 찬성합니다.

첫째 뫼르소가 아랍인에게 다섯 발이나 총을 쏜 것은 명백한 계획적인 살인 행위입니다. 비록 그 아랍인이 뫼르소와 친구인 레몽에게 단도를 휘둘러 레몽에게 상처를 입힌 부분은 있지만, 그 행위 자체가 총으로 사람을 쏘아 죽여야 할 만큼 큰 죄를 지은 것은 아닙니다. 그런데도 뫼르소는 바닷가에 나갔다가 이 아랍인이 단도를 꺼내는 것을 보고 심리적인 위협을 느꼈다는 이유만으로 총을 쏘아 죽이게 됩니다. 뫼르소는 한 방을 쏘고 조금 있다 다시 네 방을 쏘면서 확인사살을 하게 됩니다. 전부터 뫼르소는 레몽에게 '언제 총을 쏘는 것이 좋을까'라고 물어 총으로 살인할 것 같은 예고들을 책에서 확인할 수가 있습니다. 이런 의미로 본다면 뫼르소가 아랍인을 다섯 발의 총을 쏴서 죽인 것은 명백한 계획적인 살인이라고 할 수 있습니다.

두 번째 논점으로 엄마의 장례식과 후의 행동이 도덕적 관념이 희박한 것을 보여줍니다. 뫼르소는 어머니의 관 앞에서 담배를 피우고 커피를 마시고 심지어 잠을 잤습니다. 양로원 원장이 관을 덮기 전에 어머니를 한 번 보겠느냐고 물었으나 뫼르소는 싫다고 했습니다. 장례식이 끝나고 집에 와서는 '이제 열두 시간 동안 실컷 잠잘 수 있겠구나' 하고 생각합니다. 다음 날에는 여자친구와 코미디 영화를 보고 또한 식사도 덤덤하게 하고 또한 모텔까지 가는 거로 보아 어머니의 죽음에 개의치 않는 사람으로 나옵니다. 이런 것들은 뫼르소의 도덕성에 문제가 있다는 것을 보여 줍니다.

세 번째, 자신의 죄를 인정하고 감형을 호소하지 않았습니다. 사실 뫼르소에게는 여러 번 법정에서 자신을 변호할 기회가 있었습니다. 살인죄는 어쩔 수 없이 인정하더라도 그럴 수밖에 없었다는 이유를 밝혔어야 했습니다. 그러나 기회가 주어졌는데도 자신을 위한 그 어떤 변명도, 변호도 하지 않았습니다. 보통 재판 과정에서 "정말 죄송합니다." 이런 말 한마디로도 그 사람의 형벌이 더 줄어들게 할 수 있는데, 전혀 그렇지 않았습니다.

이런 거로 보았을 때 뫼르소는 전혀 반성하지 않고, 죄책감도 느끼지 않아 다시 이런 상황이 닥치면 같은 범죄를 저지를 충분한 소지가 있으므로 뫼르소에게 사형선고를 내린 것은 정당하다고 주장합니다.

반대

'뫼르소에게 사형선고를 내린 것은 정당하다.'는 논제에 반대 측 입론자입니다. 소설에서 뫼르소는 아랍인을 쏘아 죽인 죄로 사형선고를 받습니다. 사형이란 범죄인의 생명을 박탈하여 그 사람을 사회에서 격리하는 게 아닌 영구히 제거시키는 형벌을 말합니다. 뫼르소는 제대로 된 법의 보호를 받지 못한 채로 재판을 받아 사형이란 형벌을 선고받았습니다. 따라서 뫼르소에게 내려진 사형선고는 정당하지 않습니다.

첫째, 뫼르소가 아랍인을 쏘아 죽인 것은 심적 상황이나 날씨 등 환경요인에 의해 발생한 우발적인 행위입니다. 뫼르소는 그냥 돌아다니다 우연히 아랍인을 만난 것이지 일부러 계획적으로 아랍인을 만나 죽이려고 한 것은 아닙니다. 또 그가 권총을 갖고 있었던 것도 원래 레몽이 그 아랍인을 쏘아 죽일까 봐 자신에게 권총을 건네달라고 해서 자신이 갖고 있었던 것입니다. 뫼르소는 총을 쏘기 전에 아랍인이 품에서 칼을 꺼내 자신에게 겨누는 것을 보았습니다. 이는 친구인 레몽을 이미 상처 입힌 아랍인이 자신도 해칠 수 있다고 뫼르소가 충분히 판단할 수 있는 근거가 됩니다. 거기다 태양 빛이 너무나 강하게 단도에 내리쬐어서 눈을 찌르는 듯한 아픈 상황이 만들어졌습니다. 이 모든 상황을 뫼르소가 자기 생명을 보호하겠다는 정당방위 입장에서 저지른 우발적 살인이라고 할 수 있습니다.

두번째 논점으로는 사형선고의 증거들이 살인사건과는 무관해 살인사건을 입증할 수 없다는 것입니다. 검사는 뫼르소의 죄를 재판하는데 상관없는 증언들을 채택하였습니다. 뫼르소가 아랍인을 죽인 이유에 초점을 두지 않고 그가 어머니의 장례식 때 울지 않고, 어머니 시신을 보지도 않고 또 그 시신 앞에서 담배와 커피를 마신 것을 보고 그가 평소에 도덕성이 결여된 사람이라고 판정 지었습니다. 하지만 그런 단편적인 이유만 갖고 뫼르소가 평소에 도덕성이 결여되었다고 증명할 수 없습니다. 또한 법조인은 윤리 또는 사회 관습에 얽매이지 않고 법을 기준으로 판단을 해야 합니다. 하지만 법조인인 검사는 뫼르소의 도덕성을 언급함으로써 판단의 공정성을 잃게 됐습니다

셋째로 뫼르소를 잘 아는 지인들의 증언들이 제대로 참작되지 않았습니다. 어머니와 절친했던 페르시 같은 경우 어머니의 장례식에서만 뫼르소를 보았지 그전에는 본 적이 없었습니다. 양로원 원장과 수위는 잠깐씩밖에는 만난 적이 없는 사람들로 장례식 날의 뫼르소 행동만으로 그를 판단하여 말할 수밖에 없는 상황이었습니다. 그런데 법정에서는 그 사람들의 말만을 주로 참작하여 재판이 진행되고 있었습니다. 그를 잘 알고 있어 그를 위한 증언들을 해줄 수 있는 샐러드 가게 주인이나 레몽, 이웃에 사는 살라만드 영감 등의 증언은 거의 참작되지 않았습니다.

불안한 심리 상태에서 일어난 살인 사건이며 살인 사건과는 무관한 불리한 증거들만이 채택되었기에 뫼르소에게 내려진 사형 선고는 정당하지 않다고 주장합니다.

② 교차질의

찬성 : 생명을 보호하기 위한 정당방위라고 하셨는데 아랍인이 뫼르소를 죽이려고 한 행위가 있습니까?

반대 : 그 전에 레몽을 칼로 상해를 입힌 장면을 분명히 보았기 때문에 자신의 생명도 위협받을 수 있다는 생각을 했을 겁니다.

찬성 : 칼을 겨누었다고 해서 그것이 총을 쏠 만큼 정당방위를 불러일으키는 행동이라고 생각하십니까?

반대 : 그만큼 생명의 위협을 느꼈다는 겁니다. 긴박하게 느꼈을 수도 있습니다. 빛 때문에

그 칼에 반사됐던 빛이 너무나 강렬해서 착각을 일으켰을 수도 있는 상황이라고 보입니다.

찬성 : 햇빛은 살인을 자기합리화하려는 핑계가 아닐까요?

반대 : 찌를 듯한 강렬한 빛이라는 말이 있죠. 그 상황에서 뫼르소는 위협감을 느낀 겁니다.

찬성 : 아랍인이 가진 칼과, 뫼르소가 가진 총 중 어느 것이 더 위협적이라고 보십니까?

반대 : 물론 총입니다. 그러나 먼저 칼을 던질 수도 있는 상황을 고려한다면 둘 다 같은 비중의 위협을 느꼈을 겁니다.

찬성 : 정당방위로 총을 한 방 쏜 것은 그렇다 치더라도 그 후에 총을 네 방을 더 쏜 것은 어떻게 설명하실 겁니까?

반대 : 당시 그는 혼란 상태에 빠져있었고, 한 방으로는 아랍인이 충분히 죽지 않았다고 판단되어 더 쏘았을 수 있습니다. 그리고 보통의 범죄자들은 흥분 상태에서 범죄를 저지르게 되는데 이럴 때 판단력이 흐려져서 이런 일을 벌일 수가 있습니다.
질문하겠습니다. 어머니의 장례식에서 일반적인 사람들의 슬픔을 나타내지 않았다는 것이 어떻게 계획적인 살인 증거가 될 수 있죠?

찬성 : 뫼르소가 우발적인 살인을 한게 아니라 도덕성이 결여되었기 때문에 몰인정하게 살인을 계획할 수 있다는 거죠.

반대 : 남들과 다른 방식으로 자신의 슬픔을 나타내거나, 또는 남들이 슬플 때 슬프지 않은 사람은 꼭 도덕성이 결여되었다고 해야 할까요?

찬성 : 다른 사람도 아닌 어머니의 죽음을 슬퍼하지 않은 것은 인간 본연의 성질인 본성마저 갖추지 못한 것으로 볼 수 있습니다.

찬성 : 남들이 하는 것을 하지 않는다 하여 같기를 원한다면 그 사회가 획일성을 강요하고 사람들에게 고정관념을 갖게 하는 억압된 사회 아닐까요?

③ 반론

찬성

'뫼르소에게 사형 선고를 내린 것은 정당하다'에 찬성 반론자입니다. 첫번째 반대팀의 논점인 그 당시 뫼르소의 심적인 상황이나 날씨 등 환경적인 요인에 의해서 발생한 우발적인 사고라고 했습니다. 우발적인 사고라고 하더라도 이것이 살인죄가 적용되지 않는 것은 아닙니다. 햇볕이나 심리적인 여건 때문에 충동적으로 약간의 정신적인 착란 상태에서 사고를 냈다고 하더라도 그것이 살인행위를 정당화시킬 수는 없는 것입니다. 거기다 뫼르소는 죽은 사람을 향해서 네발이나 더 총을 쏘는 비인도적인 행동을 저질렀습니다. 이런 부분은 아무리 그 당시 뫼르소의 상황이 힘들고 날씨가 뜨겁고 신체적으로 복잡한 상황이었다 하더라도, 이런 범죄 행위 자체를 정당화시킬 수 있는 부분은 없기 때문에 뫼르소의 상황으로 살인의 탓을 돌리는 것은 옳지 않습니다.

두번째, 사형선고의 증거들이 살인사건 입증과는 무관하다고 했습니다. 물론 증거들이 다소 직접적인 관계가 없는 부분이 있다고 인정할 수 있으나 그것이 직접적인 관계가 없다고, 전적으로 무관하다고 볼 수는 없습니다. 어머니의 장례식 모습뿐 아니라 레몽이 여자친구에게 가혹한 폭력을 가한 것을 알았는데도 경찰서에서 거짓 증언을 한 자신의 행동에 정당성을 주장하는 부분이 책에 나옵니다. 책 곳곳에 이 사람이 당연히 이런 자신의 표현방식으로 어떤 범죄를 저지를 수 있는 사람이라는 것이 분명히 드러나고 있습니다. 어떤 일을 판단할 때 구체적인 사실만 가지고 하는 것은 한계가 있다고 봅니다. 그러므로 그 사람의 전체적인 인간성이나 살아왔던 삶이나 그 사람의 행동들을 보고 어떤 구체적인 사건을 판단하는 것은 큰 무리가 없다고 주장합니다.

세번째 논점으로 뫼르소 지인의 증언이 참작되지 않았다고 했습니다. 장례식에서 뫼르소의 모습을 본 사람들은 그들이 본 모습이 뫼르소에 대해 아는 유일한 부분이라 하여도 판사는 장례식에 참석했던 사람들 말을 들을 수밖에 없는 것입니다. 그리고 샐러드 가게 주인이나 평소에 뫼르소를 아는 사람들의 증언은 참작되지 않았다는데 이 사람들도 증언을 했습니다. 그러면 뫼르소를 장례식에서 본 사람들과 평소에 본 사람들의 증언을 듣고 배심원들이 판단하게 됩니다. 물론 재판 과정에서 판사가 잘못할 수도 있지만, 이것은 판사 혼자 결정한 것도 아니고 배심원들이 뫼르소에 대한 여러 사람의 증언을 듣고 좀 더 진실성이 있어 보이는 것을 토대로 판단하는 것입니다. 그런데도 뫼르소를 평소에 잘 아는 지인들의 증언들을 참작하지 않았다는 것은 기존 법 제도를 무시하는 것이라고 판단됩니다.

반대

'뫼르소에게 사형 선고를 내린 것은 정당하다'에 반대 측 반론자입니다. 찬성 측 의견이 총을 다섯 발 쏜 것은 명백한 계획적인 살인이라고 했습니다. 레몽과 총을 갖고 저 아랍인을 언제 쏠 것인가에 대해서 뫼르소와 수시로 얘기를 나눴다고 했습니다. 그것은 레몽이 흥분해서 아랍인을 향해 총을 발사해 혹시 살인을 저지를까 봐 한 것입니다. 레몽의 흥분을 가라앉히려는 의도를 갖고 총을 건네받으며 레몽의 심리를 조절시키는 방향에서 얘기한 것입니다. 한 발이 아닌 네 번이나 더 쏜 것은 혼란스러웠고 극도의 공포감 때문에 그랬을 것입니다. 보통 살인을 저지를 때 사람들은 혼돈, 혼란 상태에 빠져있다 합니다. 그렇게 되면 자신의 판단력이 흐려지게 되고 두려워서 자신이 지금 하는 일이 무엇인지도 모르고 무의식 상태에서 그렇게 될 수 있습니다.

두번째, 엄마의 장례식과 후의 행동이 도덕적 관념이 희박한 것을 보여준다고 했습니다. 법정에서는 어머니가 돌아가셨을 때 뫼르소가 카페오레를 마신 이야기까지 거론됩니다. 거기서 그가 커피를 마신 것이 부도덕하다고 판단하는 그 법정의 재판 과정에 문제가 있다고 할 수 있습니다. 그가 너무 먼 길을 와서 아침도 먹지 않고 거기서 식사를 하겠느냐 얘기를 했을 때 식사를 거부하고 그냥 끼니 대신 무언가를 마시기 위한 음료수였지 맛있는 것을 먹고 싶어서 먹은 것이 아닙니다. 그런 식으로 '코에 걸면 코걸이고, 귀에 걸면 귀걸이'라고 너무 확대하여 해석하는 법정의 모습에서 객관성이 떨어진 것을 봤습니다. 장례식날 있었던 이런저런 사소한 증거들이 법정에서 근거 자료로 쓰였을 때 '객관적인 사형선고란 어떤 것인가'하는 생각을 하게 됐습니다.

세번째, 자신의 죄를 인정하고 감형을 호소하지 않았다 했습니다. 뫼르소는 재판과정이 이해할 수 없게 비합리적으로 진행되는 것을 보았습니다. 사건과 관계없는 일들이 증언으로 채택되고 사형이라는 판결이 내려졌습니다. 재판은 객관적 사실이라는 합리성에 근거해야 하는데 사건과 연관없는 일들이 증거로 채택된 비합리적인 판결이라는 것을 인지했습니다. 형법에서는 실제 나타난 범죄에 대해서만 처벌해야 하는 죄형법정주의가 있습니다. 그런데 죄와 상관없는 일들, 일례로 어머니의 장례식을 끌어들이는 재판을 뫼르소는 부당하다고 생각했을 것입니다. 그래서 판결을 받아들일 수 없었으므로 감형은 호소하지 않았을 것입니다.

④ 전체교차질의

찬성 2 : 뫼르소가 총을 소지하고 있었기 때문에 아랍인이 칼을 꺼낸 것이 아닙니까?

반대 1 : 아랍인에게 뫼르소가 가진 총이 보이는지 안보이는지 모르는 상태입니다. 이는 '그럴 것이다'라는 추정으로 가능성만 보고 판단하는 것입니다.

반대 3 : 가능성으로 사건을 바라보는 것이 합리적인 판단입니까?

찬성 3 : 사건의 발단은 뫼르소와 아랍인 사이의 불안감 때문이었다 해도 뫼르소는 분명한 살인을 했습니다. 명백한 사실을 바탕으로 사형을 내렸으므로 합리적인 판단입니다.

반대 2 : 뫼르소를 사형시키는 것이 근본적인 문제 해결입니까?

찬성 1 : 살해당한 아랍인을 생각해서라도 뫼르소가 받아야 할 정당한 법의 처벌입니다.

반대 3 : 무기징역도 있는데 사형은 지나친 형벌 아닐까요?

찬성 2 : 중대한 범죄를 저지른 사람은 재범 가능성이 70% 이상이라는 통계자료가 있습니다. 거기다 뫼르소는 도덕적 관념이 극히 낮으므로 그의 존재 자체가 무고한 사람들의 생명을 해칠 수 있다는 불안감으로 작용할 수 있습니다. 그러므로 뫼르소를 이 세상에서 영구히 제거하는 사형은 많은 사람들의 불안감을 없애는 것이므로 사회 안정을 위해 필요한 조치입니다.

찬성 1 : 이렇듯 명백한 살인죄인데 판결을 받아들이지 않는 것은 기만 아닙니까?

반대 2 : 죄질에 따라 판결은 달라질 수 있는 것입니다. 거기다 객관적 근거가 채택되지 않은 재판은 공정한 재판이라고 볼 수 없습니다.

찬성 2 : 객관적 사실에 그 사람의 인간성을 알 수 있는 도덕성, 증인들의 유리하고 불리한 모든 증언이 채택된 것이 공정한 재판이 아니면 뭐겠습니까?

반대 1 : 공정은 공평하고 올바름으로 일단은 어느 한쪽으로 치우침이 없어야 합니다. 이 재판은 뫼르소에게 불리한 재판으로 한쪽으로 분명하게 치우쳤으니 올바름은 찾아볼 수도 없다는 것이 확실해졌습니다.

반대 3 : 사건과 관계없는 어머니의 장례식과 여자 친구 문제, 거기다 뫼르소를 잘 모르는 증인들의 불리한 증언만을 채택한 게 공정성이 있는 재판입니까?

찬성 1 : 이것이야말로 사건을 객관적으로 바라보고 판결을 내리게 하는 공정한 재판의 조건들이 충족된 것으로 볼 수 있습니다.

찬성 3 : 뫼르소는 감형까지 호소하지 않는데 이것은 지기 죄를 스스로 인정한다고 볼 수 있는 것 아닙니까?

반대 2 : 뫼르소는 이 세상을 부조리하게 보고 있습니다. 자신은 합리적인 인간인데 세상이 합리적이지 않아 일어나는 부조리한 현상을 인지한 것입니다. 이런 부조리한 세상에 무엇인가를 기대하며 감형을 언급할 사람은 없을 것입니다.

찬성 3 : 사회부적응자가 하는 말입니다.

찬성 2 : 뫼르소를 지금 합리적인 인간이라고 보는 겁니까?

반대 2 : 예, 그렇죠.

찬성 2 : 어떤 근거로 합리적인 인간이라고 알 수 있나요? 아무 이유 없이 사람을 죽인 살인범을 합리적이라고 할 수 있습니까?

반대 3 : 오해를 불러올 수 있는 아랍인의 행동으로 일어난 정당방위라고 몇 번이나 항변했습니다.

찬성 3 : 자신이 오히려 일반인에게 이해될 수 없는 사람인데 판결을 받아들이지 않고, 찾아온 부속 사제를 위협하고 내쫓은 것은 죄를 뉘우치지 않는 것으로 볼 수 있는 것 아닙니까?

반대 1 : 판결을 인정하지 않는 것이지 죄를 인정하지 않는 것은 아닙니다. 그런 상황에 사제와의 만남을 원하지도 않는데 사제가 찾아온 것입니다. 자신의 문제를 인간 의지로 풀어내려는 뫼르소를 사제는 방해한 것으로 볼 수 있습니다.

찬성 1 : 인간은 법이 내리는 사형을 감당하기 힘들어하므로 종교의 힘으로 도와주고자 사제가 찾아온 것입니다. 마지막 뉘우침도 거부하는 뫼르소는 용서받을 수 없는 죄인으로 사형은 마땅한 벌입니다.

반대 1 : 종교의 힘을 빌리지 않는 뫼르소는 자기 힘으로 자신의 문제와 부조리한 세상이 던진 위기를 극복하려는 것입니다.

⑤ 최종변론

찬성

'뫼르소에게 사형 선고를 내린 것은 정당하다'에 찬성 측 최종 변론자입니다. 뫼르소는 솔직한 인간입니다. 자기가 느끼고 생각하는 바를 그대로 표현하며 과장하지 않는 면은 인정할 수 있습니다. 하지만 사람은 혼자 살아가는 것이 아닙니다. 사회 안에서 관계 맺으며 살아가고 있습니다. 그러려면 공감과 소통이 이루어져야 합니다. 뫼르소는 바로 이 공감능력이 없고 소통이 부재한 상태입니다. 그래서 남을 고려하지 못하는 것은 물론 머릿속에 타인이 존재하지 못하고 자기만을 내세우는 극도의 이기적 존재가 되는 겁니다. 이 상황에서 주도면밀한 살인계획을 하고, 실행에서는 한 발의 총을 쏘고 나서 시간을 두고 네 발의 확인사살을 하는 노련함을 보여줍니다. 너무나 명백한 살인을 저지른 상황에서도 후회하지 않고 죄책감을 느끼지 않고 있습니다. 남들이 인정하지 못하는 자기만의 세계에서 생각하고 판단 내리는 사람을 정상이라고 할 수 없습니다. 일반 사회에서 정상적으로 살아갈 수 없는 사람이라는 것입니다. 사회에 속한 대다수 사람에게 충격을 주고 불안을 넘은 공포감을 조성하고 있는 사람은 사회로부터 격리해야 합니다. 뫼르소는 마지막으로

라도 바른 인간으로 살 기회를 갖게 하려는 부속 사제의 배려를 거절합니다. 자신은 신에게 의지하는 종이 아닌 삶의 주인으로 살아가는 사람이니 신부보다 더 낫다며 모욕까지 합니다. 이렇듯 법정에서 보호받지 못했으면 신의 보호라도 받아야 하는데 종교적인 보호의 여지마저도 거절합니다. 그러므로 뫼르소는 영원히 이 세상과 단절시키는 것이 올바른 판결이라고 확신하는 바입니다.

반대

'뫼르소에게 사형 선고를 내린 것은 정당하다'에 반대 측 최종 변론자입니다. 장례식에서 슬퍼하지 않으면 비도덕적이라고 찬성 측에서는 주장하고 있습니다. 도덕성을 운운하는 것은 살인사건과 무관한 것인데도 비도덕적인 사람으로 몰아서 살인하는 비정한 사람이라며 단정 짓고 있습니다. 장례식에서의 모습이 이 사건과 연관성이 없는데도 이렇게 획일적인 모습으로 보는 것은 잘못된 것입니다. 큰일을 갑자기 당하면 그 상황을 제대로 인지하지 못하고 얼이 빠져 자신도 모르는 행동을 할 수도 있습니다. 이렇듯 여러 경우로 나뉘고, 개인적인 편차로 제각기 드러낼 수 있는 모습을 한 가지로 결정짓는 것은 다양성을 존중하지 않는 획일화된 사회의 병폐를 여실히 보여주는 것입니다.

여기 한 청년이 있습니다. 극도의 혼란 상태에서 아랍인이 칼을 겨눠 생명에 위협을 느끼는 상황에서 정당방위로 살인을 저지른 청년입니다. 사건과 무관한 증거들만을 받아들여 사형 선고를 내리시겠습니까? 아니면 사건에 관계된 증거들만을 채택한, 사건에만 집중하여 정상참작된 선고를 내리시겠습니까? 타당함과 정당성을 추구하는 사람이라면 당연히 후자를 선택하실 겁니다. 바로 이점이 오늘 디베이트에서 심판관님이 저희 쪽의 손을 들어주셔야 하는 충분한 이유가 된다고 생각합니다.

6 광장

최인훈/문학과지성사/1989

● 전민자

- 논제 : 이명준의 자살은 불가피했다.
- 대상 : 고등학생

1 입론

찬성

안녕하십니까? 찬성팀 입론자 OOO입니다. 해방 뒤 대학생 이명준은 남한 사회에 환멸을 느끼고 월북을 단행하지만 인간다운 삶이 사라져버린 북한 사회의 부자유한 현실에 다시 절망합니다. 한국전쟁이 발발하고 이명준은 인민군 소좌로 참전했다가 국군의 포로가 됩니다. 포로수용소에서 이명준은 남한과 북한, 그 어디에도 속하기를 거부하고 중립국을 선택하지만 결국 바다에 몸을 던져 자살하고 맙니다. 이명준이 꿈꾸는 이상향은 개인의 밀실과 공동체적 광장이 공존하는 곳입니다. 그는 남과 북, 중립국 어느 곳도 자신의 이상향이 될 수 없다고 생각하였기에 자살을 선택할 수밖에 없었습니다.

'자살'이란 스스로 자신의 목숨을 끊는 행위를 말하는데요, 저희 찬성팀에서는 남과 북 어디에서도 발붙일 곳을 찾지 못한 명준에게 있어서 자살은 피할 수 없는 선택이었다고 주장합니다.

그 이유는 첫째, 남북한과 중립국 그 어느 곳에서도 자신의 이상이 실현되지 못할 것을 알았습니다. 당시 한국사회는 극심한 혼란을 겪고 있었습니다. 남한은 일제의 잔재가 청산되지 못하고 반공구호가 난무하며 자본주의는 부패한 부조리한 사회였습니다. 북한 사회는 공산주의가 변질되어 집단의 광기로 사람을 옥죄는 사회였습니다. 남북한 어느 곳도 이명준이 이상적으로 그리던 사회가 아니었습니다. 중립국에 가서도 그는 자신의 이상이 실현될 것이라는 확신이 없었습니다. 그런 그가 선택할 것은 자살뿐이었습니다.

둘째, 은혜의 죽음으로 이 땅에서 사랑을 이룰 수 없었기 때문입니다. 이명준은 월북 후 아버지와 함께 살면서 아버지에게 실망하고, 지식인적 회색분자라고 당으로부터 비판당하면서 괴로워합니다. 그때 만난 여인이 바로 은혜입니다. 명준은 혁명의 구호만 난무하는 광장으로부터 자유로울 수 있는 자신만의 밀실을 은혜에게서 발견합니다. 그녀에게서 마음의 위로를 얻고 진심으로 그녀를 사랑합니다. 그러나 전쟁터에서 그녀는 자신의 아이를 임신한 채 그만 죽고 맙니다. 은혜는 이명준에게 허락된 마지막 광장이었기에 은혜가 없는 세상에서 이명준은 더 이상 살아갈 의미를 잃어버리고 말았습니다. 바다 위에서 갈매기를 본 순간 이명준은 갈매기를 은혜와 동일시하면서 은혜를 따라가고 만 것입니다.

셋째, 이상향 건설을 위해 뜻을 같이할 동지 또는 조력자를 만나지 못했기 때문입니다. 이명준은 개인의 밀실과 집단의 광장이 공존하면서 서로 소통하는 사회가 진정 이상적인 사회라고 규정하고 있습니다. 그러나 이명준의 이상향은 남한에서도 북한에서도 받아들여지지 못했습니다. 또한 그의 성향도 지나치게 소극적이라 동지를 규합하거나 하지 못하고 개인적 사변에 머물렀습니다. 이 세상 어디에서도 자신의 이상이 용납되지 않고, 자신의 이상을 실현하기에 뜻을 함께 할 동지조차 없는 현실에서 이명준의 자살은 불가피했습니다.

저희 찬성팀에서는 첫째, 남북한과 중립국 어디에서도 자신의 이상이 실현될 수 없을 것을 알았고 둘째, 은혜의 죽음으로 이 땅에서 사랑을 이룰 수 없었고 셋째, 이상향 건설을 위해 뜻을 같이할 동지를 만나지 못했다는 이유로 〈이명준의 자살은 불가피했다〉는 논제에 대해 찬성합니다. 경청해 주셔서 감사합니다.

반대

안녕하십니까? 반대팀 입론자 OOO입니다. 해방 뒤 대학생 이명준은 남한 사회에 환멸을 느끼고 월북을 단행하지만 인간다운 삶이 사라져버린 북한 사회의 부자유한 현실에 다시 절망합니다. 한국전쟁이 발발하고 이명준은 인민군 소좌로 참전했다가 국군의 포로가 됩니다. 포로수용소에서 이명준은 남한과 북한, 그 어디에도 속하기를 거부하고 중립국을 선택합니다. 그러나 그는 배 위에서 결국 바다에 몸을 던져 자살하고 맙니다. 이명준이 꿈꾸는 이상향은 개인의 밀실과 공동체적 광장이 공존하는 곳입니다. 그는 남과 북, 중립국 어느 곳도 자신의 이상향이 될 수 없다고 생각하였기에 자살을 선택했다고 보여집니다.

저희는 찬성팀과 마찬가지로 '자살'을 스스로 자신의 목숨을 끊는 행위로 정의하겠습니다.

저희 반대팀에서는 이상향이란 스스로 발견하고 만들어가는 것이라는 관점에서 이명준의 자살은 충분히 피할 수 있었다고 주장합니다.

그 이유는 첫째, 이명준은 살아서 자신이 생각하는 이상사회를 건설하기 위해 노력해야 했습니다. 이명준이 살았던 시대는 일제 식민지와 해방 직후의 시기입니다. 이 당시 한국 사회에서 대학을 다닐 수 있었던 한국인은 많지 않았습니다. 대학교육협의회 자료에 따르면 1945년 당시 대학 재적생의 숫자는 1만6천 명 정도에 불과했다고 합니다. 당시의 인구가 2,500만이었다는 것을 감안할 때 대학생이라는 존재는 사회적으로 많은 가능성을 가진 존재였습니다. 월북한 아버지 때문에 그가 어려움을 당한 것은 사실이지만, 당시의 시대적 상황에서 본다면 그는 선택받은 소수의 지식인으로서 혼란스러운 한반도를 위해 사명감을 가지고 헌신해야 할 사람이었습니다. 역사적으로 많은 지식인들이 그 역할을 수행해왔고, 그 결과 현재의 우리도 존재할 수 있었습니다. 그러나 그는 그러한 사명감을 갖기는커녕 행동하기보다는 관념적이며 냉소적인 태도로 일관하였습니다.

둘째, 자신이 발 딛고 서있는 현실 사회에 적응하며 건강한 몸과 정신으로 살아가는 것이야말로 진정 의미 있는 삶입니다. 모든 사람이 자신의 부모나 국적을 선택해서 태어나는 것은 아닙니다. 내가 속한 가정이나 사회가 내가 이상적으로 그리고 꿈꾸는 그런 곳이 아니라고 이명준처럼 '이도 싫다, 저도 싫다, 죽어버리자'라고 한다면 이 세상에 살아있어야 하는 사람은 얼마 없을 것입니다. 아프리카의 굶주린 난민촌에서 태어난 아기도 건강하게 자라고 교육받아서 자기 삶의 주인으로 살아갈 권리와 의무가 있습니다. 비록 현실이 내 이상에 따라주지 않고 남루하다고 하더라도 그것이 삶을 포기해야할 이유가 되지는 않습니다. 이명준은 그 어떤 현실도 받아들이길 거부하고 극단적인 선택을 함으로써 현실에서 도피해버렸습니다.

셋째, 자신의 선택에 대해 책임져야 했습니다. 비판적 지식인이었던 이명준은 남북한사회에 모두 환멸을 느껴 중립국 행을 선택했습니다. 그는 그곳에서 병원 수위 또는 극장의 매표원이 되어 이름없는 시민으로 조용히 평화롭게 살아가기를 꿈꿉니다. 이명준은 사람이 북적거리는 광장보다 혼자 호젓이 시간을 보낼 수 있는 동굴을 더 좋아하는 성격의 인물입니다. 그런 그에게 중립국에서의 익명의 삶은 더 어울릴 수도 있습니다. 그러나 그는 중립국에서의 삶을 시도해보지도 않은 채, 캘커타 항에 도착하기 하루 전 바다에 몸을 던져 자살을 감행한 것입니다. 적어도 자신이 무언가를 선택했다면, 시도는 해 보아야 하는 것 아닌가요? 새로운 삶에 대한 도전을 포기한 이명준은 자신이 선택에 대해 책임지지 않은 사람입니다.

저희는 첫째, 살아서 이상향 건설을 위해 노력했어야 했고 둘째, 현실사회에 적응하며 건강하게 살아가는 것도 의미있는 삶이며 셋째, 자신의 선택에 책임져야 했다는 이유로 〈이명준의 자살은 불가피했다〉는 논제에 반대합니다. 감사합니다.

② 교차질의

찬성 : 지식인은 안중근 의사처럼 눈에 보이는 적극적인 행동을 했어야만 하는 건가요? 이명준처럼 이상적인 사회란 어떠해야 하는지 고민하고 생각하는 지식인도 필요한 것 아닌가요?

반대 : 당시 한반도는 엄청난 혼란기였고, 식민지와 전쟁의 상처를 빨리 회복해야하는 시대적 요구가 있었습니다. 혜택받은 계층이었던 지식인들이 좀 더 적극적으로 나서 새로운 역사를 만들어나갈 필요가 있었습니다. 이명준의 소극적인 성격을 감안하더라도 지나치게 고민하고 생각만 했다는 점에서는 아쉬운 점이 많습니다.

반대 : 은혜에 대해 질문하겠습니다. 은혜는 한번 이명준을 배신하고 모스크바로 떠난 적이 있습니다. 그런 그녀를 이명준은 다시 받아들였는데요. 은혜의 죽음이 이명준의 인생에 그렇게 중요한 의미를 갖는 걸까요?

찬성 : 이명준은 북한 사회의 실상에 환멸을 느끼던 상황에서 은혜를 만나 그녀와의 사랑에 집착하는 것으로 마음의 괴로움을 달랬습니다. 비록 그녀가 배신을 했었더라도 다시 돌아왔고, 결정적으로 자신의 아이를 임신한 상태에서 전쟁터에서 전사한 것에 대해 깊은 죄의식과 부채감을 느끼고 있었습니다. 그러므로 은혜의 죽음은 이명준에게는 매우 중요한 사건이었습니다.

찬성 : 현실에 적응해서 열심히 사는 것을 의미 있는 삶이라고 말할 수 있습니까? 동식물들도 현실에 적응해서 열심히 사는 점에서는 다를 바가 없다고 보는데요.

반대 : 사람이 이 세상에 태어나는 것은 우연히 태어나는 것입니다. 이름 없이 태어나 자기 앞에 주어진 삶을 열심히 살아왔던 수많은 사람들 때문에 인류의 역사는 지속되어 왔다고 생각합니다. 동물들과 비교하셨는데요, 이 지구의 자연생태계도 자신의 자리에서 최선을 다해 번식하고 살아가는 동식물들에 의해 건강하게 지탱되고 있습니다. 저희는 현실에 적응하고 열심히 사는 것만이 의미 있다고 말씀드리지는 않았습

니다. 수많은 삶의 의미들 가운데 자신의 삶의 현장에서 자신이 지금 당장 해야 할 일들을 모색하고 발견하고 충실히 수행해 나가는 태도 또한 의미 있다고 말씀드린 것입니다.

반대 : 이명준이 자신과 뜻을 같이할 조력자를 만나지 못한 겁니까? 안한 겁니까? 그가 자신의 동지를 찾기 위해 노력한 부분은 없어 보이는데요?

찬성 : 네. 그는 기본적인 성향이 소극적인 사람입니다. 그러나 그가 그런 데는 주위의 여건도 많은 영향을 끼쳤습니다. 그의 아버지가 빨갱이라는 사실 때문에 그는 상당한 위축감을 느끼고 있었고, 그로 인해 여러 방면에서 활동하는 데 제약이 있었을 것입니다. 사람들을 만나는 것도 어려웠을 수 있습니다. 그의 성격적인 면과 함께 이러한 상황적인 요인들이 그가 활발하게 뜻을 펼치고 동지를 규합하는 데 장애가 되었을 것입니다.

③ 반론

찬성

안녕하십니까? 찬성팀 반론자 OOO입니다. 반대측 입론은 잘 들었습니다. 저희는 반대측 입론에서 동의하지 않는 부분에 대해 반론을 제기하겠습니다.

첫째, 반대팀에서는 이명준이 지식인으로서의 자신의 사회적 책무를 통감하고, 살아서 이상사회를 건설하기위해 노력했어야 한다고 주장하셨습니다. 그러나 이러한 주장은 당시 혼란스러웠던 한반도의 정세를 정확히 파악하지 못한 주장이라고 봅니다. 1948년에 남북한이 독자 정부를 수립한 이후 한반도의 분단은 예정되어 있었고, 한국전쟁으로 분단은 기정사실화되었습니다. 지식인 이명준이 건설하고자 했던 이상사회는 두 체제가 서로 조화롭게 공존하고 인간답게 살 수 있는 사회였습니다. 그러나 남북한은 자본주의와 공산주의가 날카롭게 부딪히는 냉전의 최전선이었습니다. 이러한 현실 속에서 이명준은 자신이 살아있는 동안 이 땅에서 이상사회를 건설할 수 있다는 희망을 가질 수 없었을 것입니다. 아무런 희망이 없는 그에게 자신의 사회적 책임을 다하고 노력해야한다고 강요할 수 있을까요?

둘째, 반대팀에서는 현실사회에 적응해 살아가는 것이야 말로 진정 의미 있는 삶이라고 주장하셨습니다. 물론 현실사회에 굳건히 발을 딛고 살아가야 하는 것은 맞습니다. 그러나 이러한 주장은 이명준에게는 적용하기 어려운 주장입니다. 그는 평범한 보통 사람이 아니었습니다. 지식인으로서 인간이 인간답게 살기 위한 이상사회의 모습을 자기 나름대로 설정하고 있었던 사람입니다. 남북한 그 어느 곳도 자신의 이상향이 아니었고, 그의 과거 이력으로 인해 남북 어디에서도 뿌리 내리고 살기에는 어려운 상황에 처해 있었습니다. 이러한 그에게 '현실사회에 적응해 살아야 한다, 네가 처한 현실에 뿌리내려야 한다'고 주문하는 것은 지나치게 가혹한 것이었습니다.

셋째, 반대팀에서는 중립국을 택한 자신의 선택에 책임지고, 그곳에서의 삶을 충실하게 살아나갔어야 한다고 주장하셨습니다. 불행하게도 중립국은 이명준이 자신의 의지를 가지고 선택한 곳이 아니었습니다. 남북한 어느 곳에도 갈 수 없었기에 어쩔 수 없이 받아들인 곳입니다. 또한 자신을 데리고 가려고 설득하는 양측 대표들의 입을 막기 위해 선택한 곳입니다. 책의 200페이지에 보면, '무서운 것을 너무 빨리 본 탓으로 지쳐빠진 몸이, 자연의 수명을 다하기를 기다리면서 쉬기 위해서. 그렇게 해서 결정한, 중립국 행이었다.'라는 표현이 나옵니다. 이렇듯 이명준의 중립국 선택은 책임져야하는 성질의 선택이 아니었을 뿐 아니라 기대감을 가지고 살아가야할 삶이 아니었던 것이었습니다. 이러한 상황에서 이명준은 배를 따라오던 두 마리의 갈매기가 은혜와 딸이라는 확신이 들자 그들을 따라 나선 것이고, 결국 자살하게 된 것입니다.

이러한 정황으로 미루어보아 저희 찬성팀은 이명준의 자살은 불가피한 것이었다는 주장을 다시 한번 강조하면서 반론을 마치겠습니다.

반대

안녕하십니까? 반대팀 반론자 OOO입니다. 찬성측 입론은 잘 들었습니다. 저희는 찬성측 입론에서 동의하지 않는 부분에 대해 반론을 제기하겠습니다.

첫째, 찬성팀에서는 남북한과 중립국 어디에서도 자신의 이상이 실현되지 못할 것을 알았기 때문에 이명준의 자살은 불가피했다고 주장하셨습니다. 이명준의 이상은 무엇입니까? 밀실과 광장이 맞뚫리고 서로 소통하는 세상을 이루는 것입니다. 이념대결의 최전선이었던 남과 북의 체제적 단점은 다 사라지고, 장점만이 채택된 그런 유토피아를 꿈꾸었습니다. 그러나 그런 세상은 노력 없이 쉽게 오지 않습니다. 역사적으로 보아도 많은 노력과 시행착오 끝에 북유럽의 몇몇 선진국들이 유토피아에 근접한 사회를 현실에서 이루어냈습니다. 이명준은 자신의 유토피아를 실현시키기 위해 노력하지는 않고, 당장 실현될 가능성이 없다고 비관해 성급하게 자살해버린 것입니다.

둘째, 찬성팀에서는 은혜의 죽음으로 이 땅에서 사랑을 이룰 수 없었기 때문에 이명준은 자살을 선택할 수밖에 없었다고 주장하셨습니다. 저희는 이명준의 짧은 삶에서 은혜의 의미가 각별했다는 것은 인정합니다. 월북 후 북한 사회에 실망하고 호랑이 굴에 제 발로 걸어 들어온 자신을 탓하고 있는 상황에서 만난 은혜는 구원과도 같은 존재였을 것입니다. 그러나 사랑하는 여인이 죽었다고 이 세상이 끝난 것은 아니며, 따라 죽어야 하는 것도 아닙니다. 진정 사랑했다면 오히려 죽은 사람이 못다 이룬 꿈을 이루어주기 위해 노력하는 것이 올바른 사랑의 모습이 아닐까요? 인간이 이 세상에 살아있어야 할 이유는 너무나 많습니다. 우리는 이명준의 슬픔에는 공감하지만, 은혜의 죽음으로 이 세상 사는 의미를 내려놓은 채 자신의 이상마저 내버리고 자기 삶도 끝내버린 그의 행동에는 공감할 수 없습니다.

셋째, 찬성팀에서는 뜻을 같이할 동지를 규합하지 못했기 때문에 그의 자살이 불가피했다고 주장하셨습니다. 저희는 과연 이명준이 자신의 이상을 함께 실천할 동지를 규합할 의사가 있었는지 묻고 싶습니다. 일반적으로 사회적, 정치적 목적을 달성하기 위해서 사람들은 사회단체나 정당을 조직합니다. 이러한 조직을 통해 자신과 뜻을 같이할 사람을 모으고 힘을 합치는 것이죠. 개혁이나 혁명은 개인 혼자만의 힘으로는 어렵기 때문입니다. 그러나 이명준의 행적을 살펴보면, 어떠한 단체나 정당에서 자신의 이상을 실현하고자 노력했던 적이 없습니다. 다른 사람들과의 관계 속에서 자신의 이상을 검토하고 실현 가능성을 논의해본 적도 없습니다. 혼자서 시대를 원망하고 세상의 부조리를 비판하고 있습니다. 이 작품을 읽어보면 이명준은 대학생이었을 때도, 월북했을 때에도, 중립국으로 가는 배 위에서도 언제나 혼자 독백하기를 좋아합니다. 엄밀히 따져보면 그는 동지 규합에 실패한 것이 아니라, 동지 규합을 시도조차 하지 않은 것입니다. 또 다른 사람들도 그런 소극적인 태도를 가진 그에게 선뜻 동조할 수 없었을 것입니다. 따라서 자신의 이상을 실현할 동지를 규합하지 못해 자살할 수밖에 없었다는 찬성측의 주장은 옳지 않습니다.

④ 전체교차질의

찬성 : 당시 이명준은 남북한 어디에서도 발 딛고 서있을 곳이 없는 상황이었습니다. 그런 그가 적극적으로 자신의 뜻을 펼치고 동지를 모을 수 있었을까요?

반대 : 이명준이 당시 어려운 입장에 처해있었던 것은 인정합니다. 그러나 그는 자신이 처한 어려움을 다른 사람들과의 관계와 소통을 통해 해결하려고 하지 않고 은혜와의

사랑에만 몰두함으로써 회피하려 했습니다. 말로는 광장에서의 소통이 필요하다고 했지만, 결국 동굴 속으로 도피한 것입니다. 중립국으로 가는 배 안에서도 그는 제대로 된 소통을 하지 못합니다. 긴 항해에 지친 포로들이 육지 상륙 허가를 받아달라고 통역관인 그에게 요청했을 때, 그의 애매한 태도는 오히려 포로들을 자극하여 난동을 불러일으켰습니다. 그가 동지를 모으지 못한 이유는 상황 탓이라기 보다는 이명준 개인의 관념적 성향 때문이라고 보는 것이 옳다고 봅니다.

반대 : 이명준은 배를 뒤따라 온 갈매기가 은혜와 그의 딸이라는 확신을 가졌는데요. 그것이 자살을 결심하게 되는 이유가 될 수 있습니까?

찬성 : 갈매기가 무엇을 상징하느냐는 여러 가지로 해석될 수 있겠지만, 이명준은 갈매기들이 은혜와 딸이라는 확신이 생기자, 자신도 죽어 갈매기로 환생하여 이들과 완벽한 한 가족을 이루고 싶다는 소망을 갖게 된 것이라고 생각합니다.

찬성 : 반대측에서는 지식인의 사회적 역할을 계속 강조하시는데, 그 당시 지식인의 바람직한 역할은 어떤 것이었다고 보십니까?

반대 : 혼란했던 시대 상황을 되돌아 봤을 때 온 몸을 바쳐 행동하는 지식인도 있어야 하지만 사회적 방향을 제시하는 역할을 하는 지식인도 필요합니다. 이명준에게는 그런 역할이 더 어울릴 수도 있었을 것입니다. 자신이 처한 상황의 한계 속에서 할 수 있는 일들을 모색하는 것, 또 아직 준비가 되지 않았다면 그것을 성취할 역량이 모아질 그 때를 기다리며 준비하는 것이 지식인의 바람직한 역할이라고 생각합니다. 그런 의미에서 이명준의 자살은 성급했으며 현실도피와 다를 바 없다고 봅니다.

반대 : 찬성측에서는 이명준이 중립국을 선택한 것은 본인의 의지가 아니었다고 말씀하셨습니다. 그렇다고 해도 도착도 하기 전에 자살한 것은 너무 무책임한 것 아닙니까?

찬성 : 이명준은 어쩔 수 없이 중립국을 선택했지만 오히려 그 곳에서 지식인이라는 이름을 내려놓고 일개 소시민이 되어 소박한 삶을 영위하기를 꿈꾸어 보기도 했습니다. 그가 자살한 이유는 중립국에서의 삶이 무가치하다거나 두려워서 회피하려고 했기 때문이 아닙니다. 중립국에 도착하기 직전, 그는 갈매기들에게서 은혜와 딸의 환영을 보았고, 그들 곁으로 가고 싶다는 생각을 한 것입니다. 이 세상 어디에서도 뿌리내릴 수 없었던 그는 사랑하는 그들과 함께 바다를 날면서 자신이 그리던 푸른 광장에서 살고 싶었던 것입니다. 그 푸른 바다가 바로 이명준의 이상향이었던 것입니다.

5 최종변론

찬성

안녕하십니까? 찬성팀 최종변론을 맡은 OOO입니다. 저희는 이명준이라는 한 지식인 청년이 이념의 각축장이 되어버린 조국 땅에서 자신의 이상을 실현하기 위해 방황하다 결국 자살로 생을 마감한 이야기를 읽었습니다. 과연 이명준의 자살은 불가피한 것이었을까요?

저희 찬성측에서는 이 세상 어디에서도 자신의 이상향을 이룰 수 없고, 은혜가 죽었으며, 뜻을 같이할 동지를 만나지 못했다는 이유로 그의 자살이 불가피했음을 주장했습니다. 이에 대해 반대측에서는 혼란했던 당시 사회에서 이상 사회 건설을 위한 지식인으로서의 책임을 다하지 못하고 중립국행이라는 자신의 선택에 책임지지 않은 이명준을 현실도피자라고 주장하였습니다.

그러나 반대측의 이러한 주장은 이명준에게 지나치게 가혹한 것입니다. 이명준은 남한에서는 빨갱이의 자식이며, 북한에서는 박헌영과 함께 숙청당한 전직 공산당 간부의 자식입니다. 당시 한국사회에서 빨갱이 가족들의 삶이 어땠는지는 여러분 모두 잘 알고 있을 것입니다. 그런 꼬리표를 달고 이명준이 사회 발전을 위한 어떤 주장을 펼치고, 어떤 역할을 할 수 있었을까요? 아마도 그는 글 한 줄, 연설 한 마디 제대로 할 수 없었을 것입니다. 그와 뜻을 같이 할 동지를 모으기도 쉽지 않았을 것입니다. 이러한 자신의 처지 때문에 그는 더 두렵고 위축되었을 것입니다. 결국 한반도에서는 송곳 하나 꽂을 땅이 없었던 이명준은 쫓기듯 중립국으로 떠납니다.

우리 사회는 이명준이 뿌리내릴 땅 한 뼘 주지 않고 오히려 그에게 온갖 족쇄를 채웠습니다. 그러한 상황에서 너는 지식인이니 이 사회와 끈을 놓으면 안 된다고 강요했습니다. 조국을 발전시켜야 하는 책임감을 가져야 한다고 다그쳤습니다. 이러한 족쇄와 강요로부터 벗어나기 위해 그가 선택한 것은 바로 푸른 바다였습니다. 사랑하는 은혜와 딸과 비로소 한 가족이 되어 영원한 안식을 누릴 수 있는 진정한 광장으로 떠나간 것입니다. 우리는 그 선택의 불가피성을 인정하고, 그의 선택을 존중해 주어야 합니다. 이상입니다.

반대

안녕하십니까? 반대팀 최종변론을 맡은 OOO입니다. 저희 반대팀에서는 혼란했던 당시 사회에서 이상사회 건설을 위한 지식인으로서의 책임을 다하지 못하고 중립국행이라는 자신의 선택에 책임지지 않은 이명준을 현실도피자라고 주장하였습니다. 이에 비해 찬성팀에서는 자신의 이상향을 이 세상 어디에서도 이룰 수 없고, 은혜가 죽었으며, 뜻을 같이 할 동지를 만나지 못했다는 이유로 그의 자살이 불가피했음을 주장했습니다.

저희는 찬성측의 이러한 주장이 이명준의 삶을 지나치게 감상적으로 해석하고 있다고 생각됩니다. 당시의 한국 상황에서 볼 때 월북이나 납북된 가족이나 친척을 가진 사람들의 숫자는 매우 많았습니다. 그 사람들이 모두 이 땅을 떠났습니까? 아닙니다. 이명준이 빨갱이의 아들이며 숙청된 당간부의 아들이라는 신분 때문에 남북한 공히 자유로운 활동에 제약을 받을 수는 있습니다. 그러나 그것이 이 땅을 떠나야 하는 이유, 또는 자살해야 하는 이유가 될 수는 없습니다.

대학생으로서 혜택받은 계층이었던 이명준은 자신이 배운 많은 지식들을 우리 사회의 진보를 위해 사용했어야 했습니다. 남과 북에서 자신이 직접 체험했던 일들을 사람들에게 전하고, 자신의 이상을 지지해 줄 동지들과 조력자들을 찾아 생각과 힘을 모았어야 했습니다. 사랑하는 여인의 죽음 앞에서 그녀가 못 이룬 좋은 세상을 하루 빨리 실현시키겠다고 약속했어야 했습니다. 그러나 그는 지식인으로서의 이러한 막중한 책임을 저버리고 이 땅을 떠났고, 결국 자살함으로써 조국의 발전을 위해 아무런 역할도 하지 못하고 말았습니다. 이명준과 같은 지식인들이 시대의식와 역사에 대한 사명감을 가지고 좀 더 적극적으로 나서 주었다면 우리나라의 운명은 달라졌을 것입니다.

저희 반대팀은 이명준의 자살은 불가피한 것이 아니었고, 지식인으로서의 자기소명을 다하지 못했다는 점을 다시 한 번 강조하면서 이상으로 최종변론을 마치겠습니다. 감사합니다.

지도사를 위한
독서디베이트 가이드북

2016년 1월 20일 1판 1쇄 인쇄
2016년 1월 25일 1판 1쇄 발행
2018년 10월 10일 1판 2쇄 발행

●

저 자 전민자 박정화 현정희 박성숙 안정애 최수정
발행자 박재린
발행처 도서출판 나무미디어

●

주 소 경기 성남시 분당구 정자1로 30길 107-1002
전 화 031-712-9489
팩 스 031-602-9489

●

E-mail injae8005@hanmail.net
등 록 제2016-000031호
정 가 16,000원

ISBN 979-11-86756-02-7